Von Bar Mizwa bis Zionismus

Jüdische Traditionen und Lebenswege in Westfalen

Herausgegeben vom
Jüdischen Museum Westfalen

Verlag für Regionalgeschichte
Bielefeld 2007

Titelbild
Die kleine Hanna staunend vor der Tora
(Foto Stephan Pegels)

Autoren
Johanna Eichmann, Norbert Reichling, Thomas Ridder

Redaktion
Harald Lordick

Bibliografische Information der Deutschen Nationalbibliothek
Die Deutsche Nationalbibliothek verzeichnet diese Publikation in der Deutschen Nationalbibliografie; detaillierte bibliografische Daten sind im Internet über http://dnb.d-nb.de abrufbar.

ISBN 978-3-89534-673-6

Layout und Gestaltung
STEP-Design Stephan Pegels, Essen

Druck und Verarbeitung
Druckerei Figge, Wuppertal

Gedruckt auf alterungsbeständigem Papier nach ISO 9706
Printed in Germany

Jüdische Lebenswege in Westfalen

Anhang

Jüdisches Museum Westfalen (Hg.)

Von Bar Mizwa bis Zionismus

Jüdische Traditionen und Lebenswege in Westfalen

2007. ISBN 978-3-89534-673-6
Paperback. 21 × 15 cm. 196 Seiten. 123 Abbildungen. 14,90 €

Der Band gibt fundierte Einblicke in jüdische Traditionen und Erfahrungen. Am Beispiel Westfalens erschließen sich hier Selbstverständnisse, Lebensumstände, Einflüsse und Entscheidungen deutscher Juden vom Mittelalter bis zur Gegenwart: Kapitel zu den Themen Synagoge, Tora, Gemeinden, jüdische Familie und Feste, Zionismus sind verbunden mit der Beschreibung exemplarischer Biografien und Probleme des deutsch-jüdischen Zusammenlebens. Eine gründliche Einführung ordnet die skizzierten Entwicklungen in die Gesamtgeschichte der deutschen Juden ein; Lese- und Internettipps geben vielfältige Hinweise zur weiteren Beschäftigung mit den Themen des Buches.

Jüdische Religion und Tradition

Von Bar Mizwa bis Zionismus

Jüdische Traditionen und Lebenswege in Westfalen

Inhaltsverzeichnis

Wozu ein Jüdisches Museum Westfalen?

Als sich zu Beginn der 1980er Jahre vielerorts Geschichtsgruppen bildeten, um endlich die immer noch nicht erforschte Geschichte der vernichteten jüdischen Gemeinden aufzuarbeiten, fand sich auch in Dorsten ein kleiner Kreis von Bürgerinnen und Bürgern, die wissen wollten, ob es in ihrer Stadt früher eine jüdische Gemeinde gegeben hat, wo die Familien wohnten, welche Berufe vertreten waren, ob es auch eine Synagoge gab und was schließlich mit den Menschen geschehen ist, die hier lebten. So fing es an, und solche Fragen blieben auch in der Folgezeit der Impuls, nach Jahren intensiver Forschungsarbeit in Dorsten zur Erschließung und Vertiefung der heimischen jüdischen Geschichte ein Dokumentationszentrum anzustreben - als Lernort und Forschungsstätte zum Judentum in Westfalen.

Über Jahrhunderte lebten Juden in Westfalen. In der mehrheitlich christlichen Gesellschaft gab es für sie wechselnde Phasen von Duldung und Verfolgung und schließlich der Emanzipation. Wo möglich, gründeten sie Gemeinden und Schulen und bauten Synagogen. Während dieser Zeit nahmen sie unter wechselnden Bedingungen in unterschiedlichen Berufen und Funktionen am gesellschaftlichen Leben teil.

Mit der Verleihung der Bürgerrechte 1871 schien eine gesicherte Zukunft für Juden anzubrechen. Doch der Nationalsozialismus setzte dieser Entwicklung ein Ende. Deutsche Bürgerinnen und Bürger jüdischen Glaubens und jüdischer Herkunft wurden verfolgt und ermordet. Ihre Verfolgung und Deportation war in den Nachbarschaften, den Dörfern und Städten öffentlich sichtbar. Es gab keinen öffentlichen Protest. Und nur wenige Helfer/innen fanden sich bereit, jüdische Menschen zu verstecken oder ihnen zur Flucht zu verhelfen.

In den Geschichtswerkstätten der achtziger Jahre gruppierten sich vorwiegend jüngere Leute, die nach dem Versagen der älteren Generation die Verantwortung fühlten, die Spuren jüdischen Lebens aufzufinden und zu bewahren - auch in dem Bewusstsein, dass das Gemeinwesen durch die Ausgrenzung der Juden einen großen Verlust erlitten hat.

Von einer solchen Initiative wurde 1987 in Dorsten der „Verein für jüdische Geschichte und Religion e.V." als Trägerverein für die Errichtung eines „Jüdischen Museums Westfalen" ins Leben gerufen. Mit persönlicher Unterstützung des Ministerpräsidenten von NRW, Johannes Rau (1931-2006), des Landschaftsverbandes Westfa-

len-Lippe (LWL), der Nordrhein-Westfalen-Stiftung und der Stadt Dorsten konnte am 28. Juni 1992 in einer kleinen Jugendstilvilla aus dem 19. Jahrhundert das Jüdische Museum Westfalen eröffnet werden.
Die Ausstellung beschränkte sich zunächst auf die Darstellung der jüdischen Traditionsgeschichte, wie sie im Kultus und im Brauchtum erfahrbar ist. Ein Exkurs zur Wirkungsgeschichte des Judentums im Hinblick auch auf die antijüdischen und antisemitischen Reaktionen der Umwelt ergänzte die Ausstellung, die innerhalb dieses engen Rahmens von den Besucherinnen und Besuchern als sehr informativ erfahren wurde, aber doch einen Mangel aufwies: Es fehlte weitgehend der Bezug zum Raum Westfalen.
Es dauerte neun Jahre, bis 2001 mit Hilfe eines Anbaus die Ausstellungsfläche so großzügig erweitert wurde, dass auch die bisherige Exposition neu geordnet werden konnte. Statt der enzyklopädisch vorgeführten und von der Außenperspektive her bestimmten Reihung der Feste im Jahreskreis dominiert jetzt die Binnenperspektive: Es geht um das Selbstverständnis des Judentums als Buchreligion.
2004 folgte schließlich die geschichtliche Darstellung des westfälischen Judentums vom Mittelalter bis zur Neuzeit. Auch in diesem Teil der Ausstellung geht es nicht um die lückenlose Abfolge zeitgeschichtlicher Ereignisse, sondern um die Vorstellung von Biografien, um Menschen, die von den Ereignissen der Zeit und ihrer Umwelt geprägt wurden und die selber handelnd und prägend in der Gesellschaft ihrer Zeit mitwirkten. Das Ausstellungsprinzip eines Museums wird dabei wesentlich von der „Vitrine“ bestimmt. Wie „zeigt“ man Geschichte? Je weiter wir in die Geschichte zurückgehen, um so rarer wird das Vorzeigbare. Deshalb bleibt den Ausstellungsmachern oft nichts anderes übrig, als auf Relikte der jeweiligen Epoche zurückzugreifen. Erst bei der Annäherung an die Moderne ist es möglich, Personen und Objekte in wechselseitiger Identifizierung zusammenzubringen.
Das Jüdische Museum Westfalen versteht sich von seinem Ursprung her als Lernort, an dem die Menschenrechte und die demokratische Teilhabe der Menschen an unserem Gemeinwesen gleich welcher Religion und Herkunft das Grundmotiv aller Aktivitäten bilden. Es geht dabei vor allem um das Verstehen des Judentums, seiner Religion und Kultur als eines wichtigen Grundelements der europäischen Kultur.
Rachel Salamander, die im Wissenschaftlichen Beirat auch an der Neukonzeption des Jüdischen Museums Westfalen mitgewirkt hat, formulierte in einem Kommentar zur Eröffnung des Jüdischen

Museums Berlin im September 2001 das „Wozu“ mit folgenden Worten:
„Wir befinden uns in einer Zeit, in der diejenigen langsam aussterben, die dem einstigen deutschen Judentum vor der Nazizeit angehörten. Mit ihrem Tod endet ihre Zeitzeugenschaft. Ihr persönliches Erleben gilt es in Geschichte zu transformieren. Dieser Umstand gibt dem Museum seine eigentlich Funktion: den kommenden Generationen die jüdische Vergangenheit so zu vermitteln, dass sie sich aktiv in das gegenwärtige Leben integrieren lässt.(...) Deswegen ist Geschichte nie endgültig festgeschrieben, sondern wird ständig umgeschrieben, in neue Zusammenhänge gestellt und permanent uminterpretiert. - Fazit: Nicht um Reue, Vergeben und Versöhnen geht es - so etwas ereignet sich nur in individuellen Begegnungen -; sondern um gegenseitige Anerkennung im gesellschaftlichen Zusammenleben. Die Geschichte der Juden Deutschlands ist Teil der deutschen Geschichte.“

Eintausend Jahre jüdisches Leben in Deutschland und Westfalen

Die Geschichte der Juden im Gebiet des heutigen Deutschland reicht zurück bis in die Spätantike. Zwei Dekrete des römischen Kaisers Konstantin aus den Jahren 321 und 331 an den Stadtrat von Köln geben Auskunft über eine jüdische Gemeinschaft in den Mauern der Stadt. Es ist anzunehmen, dass auch in anderen römischen Siedlungen an Rhein, Maas und Donau, besonders in Mainz, Speyer, Worms, Trier, Augsburg und Regensburg, jüdische Gemeinschaften existierten. Das Zurückdrängen der Römer aus den germanischen Provinzen im 4. und 5. Jahrhundert bedeutete das vorläufige Ende der frühen Judengemeinden. Ob sich Juden in den genannten Orten halten konnten und den Kern der späteren jüdischen Gemeinden bildeten, kann mangels archäologischer oder urkundlicher Zeugnisse kaum entschieden werden. Bis ins 11. Jahrhundert hinein sind keine jüdischen Selbstzeugnisse überliefert. Auch der weitere Ablauf der Geschichte der Juden kann nur mühsam aus Rechtstexten kirchlichen oder kaiserlichen Ursprungs rekonstruiert werden. Es konnte sich aber in Deutschland eine jüdische Tradition und Kultur eigener Prägung entwickeln. Seit etwa Ende des 11. Jahrhunderts wird der Ausdruck „Aschkenas“ als Bezeichnung für jene nordwest- und mitteleuropäischen jüdischen Gemeinden gebräuchlich.

Die rheinischen Judengemeinden entwickelten sich im 11. und 12. Jahrhundert parallel zur Ausbildung des hochmittelalterlichen Städtewesens. Im Gegensatz zur christlichen Bevölkerung blieben die Juden im allgemeinen Stadtsiedler und waren überwiegend in Bischofsstädten ansässig. In der Stadt Köln lässt sich für die zweite Hälfte des 11. Jahrhunderts ein jüdisches Wohnviertel entlang der Römermauer am Rhein nachweisen. Die archäologisch ergrabene erste Synagoge stammt aus dem frühen 11. Jahrhundert. Scherbenfunde lassen eine Entstehung der Gemeinde bereits im späten 9. Jahrhundert vermuten.
Aus etwa gleicher Zeit stammen die Mainzer Überlieferungen. Mit der aus Lucca in Oberitalien eingewanderten Familie Kalonymos begann die Blütezeit des jüdischen Mainz. Unter dem Einfluss dieser Familie wurde die Gemeinde ein Zentrum jüdischer Gelehrsamkeit. Ende des 10. Jahrhunderts entstand eine Jeschiwah von überregionaler Bedeutung.
In das späte 10. und frühe 11. Jahrhundert reichen die Judengemeinden von Speyer und Worms zurück. Die noch heute bestehende Wormser Synagoge ist in ihren ältesten Bauteilen bereits 1014 begonnen worden. 1034 wurde die wohl von Bauleuten der Dombauhütte errichtete Synagoge eingeweiht. Der älteste erhaltene Grabstein auf dem jüdischen Friedhof datiert von 1076. Die Speyerer Judengemeinde, für die es aus dem 10. Jahrhundert noch keine Quellenzeugnisse gibt, konsolidierte sich 1084.
Die Bedeutung des jüdischen Handels vor allem in Speyer und Worms erkannten sehr bald die deutschen Kaiser. 1090 erhielten die Juden beider Städte von Heinrich IV. umfangreiche Privilegien. Auch die Jeschiwot von Speyer und Worms hatten neben der Jeschiwah von Mainz einige Bedeutung. Besonders Worms war seit der Mitte des 11. Jahrhunderts ein Zentrum jüdischer Kultur und Wissenschaft. Der berühmteste Schüler des Wormser Lehrhauses ist der 1040 in Troyes geborene Salomo ben Isaak, genannt Raschi.
Die genannten Gemeinden waren nicht die einzigen in dieser Zeit. Im 10. Jahrhundert entstanden Gemeinden in Magdeburg, Merseburg und Regensburg, im 11. Jahrhundert folgten Trier, Bonn, Neuss und Xanten, vielleicht schon Nürnberg und Frankfurt. Die ökonomische Unentbehrlichkeit der Juden Mitteleuropas als Kaufleute verschaffte ihnen eine verbesserte Rechtssituation. Aufgrund ihrer maßgebenden Rolle im Fernhandel belieferten sie die bischöflichen und kaiserlichen Höfe mit Nahrungsmitteln und Luxusgütern.
Im Vergleich zu den großen jüdischen Zentren im Orient, in Afrika und in Spanien waren die Gemeinden in Deutschland klein. Im

Spät- und Hochmittelalter zählte eine Gemeinde selten mehr als 1.000 Personen. Die Intimität, die die Gemeinden auszeichnete, trug wesentlich zu der Eigenart des aschkenasischen Judentums bei. Ende des 10. Jahrhunderts zählte die jüdische Bevölkerung in Deutschland zwischen 5.000 und 10.000 Personen, und ihre Zahl am Vorabend des ersten Kreuzzugs wird auf etwa 20.000 - 25.000 geschätzt. Das starke Anwachsen der jüdischen Bevölkerung wird hauptsächlich auf Einwanderung, in gewissen Maße auch auf Übertritte zum Judentum zurückgeführt.

Das Raschi-Lehrhaus in Worms, benannt nach dem berühmtesten Schüler Salomo ben Isaak

Diese äußerlich für die Juden günstig verlaufende Entwicklung war von Anfang an gefährdet. Ein erstes Warnzeichen hatte es mit der Mainzer Vertreibung 1012 gegeben. 1096 folgte die Katastrophe. Im Gefolge des ersten Kreuzzugs kam es zu grausamen Pogromen mit Tausenden von Toten in den Gemeinden entlang des Rheins: Speyer, Worms, Mainz, Trier, Metz, Köln, Neuss und Xanten. Verantwortlich für die Massaker waren mehrere ungeordnet nach Osten ziehende Kreuzfahrerhaufen, am berüchtigsten unter ihnen war der des Grafen Emicho von Leiningen. Eine große Zahl von Opfern ist in jüdischen Memorbüchern überliefert, für Mainz allein sind es 1.014, für Worms weitere 800. Innerhalb der Monate Mai und Juni, noch bevor das reguläre Kreuzfahrerheer sich sammelte, wurden alle wichtigen Judengemeinden im rheinisch-lothringischen Raum vernichtet.

Über die akute Not, über Verfolgung und Tod hinaus hat die Kreuzzugszeit für die Juden eine nachhaltige Verschlechterung ihrer sozialen und rechtlichen Stellung gebracht. Die Kreuzzüge offenbarten den christlichen Massen die Verwundbarkeit der jüdischen Gemeinschaft. Jetzt merkten sie, dass diese wohlhabende Gruppe, die scheinbar unter dem Schutz machtvoller Fürsten stand, in Wirklichkeit von jedem Mob straflos angegriffen werden konnte. Die schwachen Kräfte von Recht und Ordnung waren gegenüber solcher Volksgewalt hilflos. Nachdem dies einmal verstanden war, hörten die Pogrome für viele Jahrhunderte nicht auf.

Trotz nachhaltiger Verschlechterung ihrer sozialen und rechtlichen Stellung konnten sich die zerstörten Judengemeinden in der Folgezeit reorganisieren. Als Folge der Pogrome kam es zu einer Dezen-

tralisierung. Die bisher auf wenige große Städte konzentrierten Juden siedelten nun zunehmend in kleineren Landstädten, so dass sich im 12. Jahrhundert die Zahl der urkundlich nachweisbaren Judensiedlungen in Deutschland vervielfachte.
Die zwei Jahrhunderte vom Beginn der staufischen Zeit bis zur Mitte des 14. Jahrhunderts waren die vielleicht wichtigsten in der Geschichte des aschkenasischen Judentums in Mitteleuropa. In ihnen bildeten sich im Zusammenwirken von geistlicher und weltlicher Macht diejenigen Strukturen heraus, die für das jüdische Mittelalter prägend wurden und das Zusammenleben von Juden und Christen auf Jahrhunderte bestimmten.

Verfolgungen und Vertreibungen
Vom 13. Jahrhundert an verschlechterten sich die Lebensbedingungen zunehmend. Die Steuerforderungen wurden immer unerträglicher. Während des gesamten Spätmittelalters bildeten die Judensteuern den größten Teil der Einkünfte der kaiserlichen Kammer. Zu den gewöhnlichen Steuern kamen Sondersteuern hinzu, und gleichzeitig wurde das Zinsgeschäft immer schwieriger. Die stets drohende Gefahr der Schuldentilgung erhöhte das Risiko beim Geldverleih und daher den Zinssatz. Das wiederum steigerte den Judenhass in der Bevölkerung. Doch war der Judenhass vor allem eine Folge der unaufhörlichen antijüdischen Agitation, die von der Kirche und ihren Wanderpredigern ausging.
Im Frühjahr 1298 wurde erstmals in Süddeutschland gegen die Juden eines Ortes die Beschuldigung des „Hostienfrevels“ erhoben. Sie hätten eine geweihte Hostie entwendet, mit einem Mörser durchstochen und zum Bluten gebracht. Andere Legenden waren der Vorwurf des „Ritualmordes“ und der „Brunnenvergiftung“. Beim Ritualmordvorwurf hieß es, die Juden benötigten zu Heilszwecken christliches Blut, und töteten deshalb Kinder. Die angebliche Brunnenvergiftung machte man den Juden meist bei Seuchen wie der Pest zum Vorwurf. Die solchen Vorwürfen folgenden Ausschreitungen konnten landesweite Ausmaße annehmen. Vor allem in allgemeinen Notzeiten führten sie zu Massenreaktionen.
All diese Unruhen aber waren nur ein Vorspiel zu dem, was sich in der Mitte des 14. Jahrhunderts im Zusammenhang mit der Ausbreitung der Pest ereignete. Während dreier Jahre wurde über ein Drittel der Bevölkerung Europas Opfer dieser Seuche. Niemand konnte sich die Ursachen des Sterbens erklären. So kam es zu zahlreichen Spekulationen und Gerüchten. Die meiste Verbreitung fand der Vorwurf gegenüber den Juden: Sie hätten die Brunnen vergiftet und dadurch die Ausbreitung der Seuche verursacht. Ende

1350 waren nahezu 100 Judengemeinden zerstört. Die meisten Juden wurden erschlagen oder auf das Land vertrieben.
Mitte des 14. Jahrhunderts gab es keine einzige größere Judengemeinde in den deutschen Städten mehr. So lebten die Juden bis in das 15. Jahrhundert hinein in dauernder Unsicherheit, und die Notwendigkeit einer plötzlichen Flucht stand ihnen ständig vor Augen. Hinzu kam die schwere Last der Besteuerung. Beides veranlasste viele Juden aus Deutschland zu fliehen. Viele wanderten zunächst nach Oberitalien aus. Im Laufe des 15. Jahrhunderts wuchs dann der Strom der Auswanderer nach Litauen und Polen, später auch ins Osmanische Reich. Doch die wichtigste Veränderung innerhalb des deutschen Judentums wurde durch die Binnenwanderung hervorgerufen. Der kleine Mittelstand und die Zünfte waren in den Städten zu einer politischen Macht geworden. Die Juden galten als scharfe Konkurrenten. Daher gab es immer stärkeren Druck auf die Magistrate, die Juden zu vertreiben. Schließlich wiesen im Lauf des 15. Jahrhunderts fast alle größeren Städte und viele der größeren Territorien ihre Juden aus. Die Vertriebenen siedelten in kleinen reichsgräflichen und reichsritterlichen Territorien, in Vorstädten oder nahe gelegenen Dörfern. Dort beschäftigten sie sich mit dem Handel zwischen Stadt und Land. Statt in größeren jüdischen Gemeinschaften lebten sie in nur kleinen Gruppen in Hunderten von Dörfern. Ohne den Schutz der Stadt, aber auch frei von Angst vor Ausschreitungen der städtischen Bevölkerung waren sie auf die Gunst vieler großer und kleiner Herren angewiesen. Das Landjudentum sollte für Jahrhunderte den Kern des deutschen Judentums bilden und seinen Charakter bestimmen.
Eine der entscheidenden Veränderungen in der jüdischen Bevölkerung im 16. Jahrhundert war ihr Wachstum. Neben einem Zuwachs in den bestehenden Gemeinden kam es auch zu Neuansiedlungen. Dies geschah oft auf Initiative des zuständigen Landesherren und in der Regel eher auf dem Lande als in Städten. Das Erstarken der Territorialherrschaft führte dazu, dass Juden mit Aufgaben betreut wurden, die den Unterhalt des fürstlichen Hofes und die Sicherung des Staatshaushaltes betrafen. Hieraus entwickelte sich später das so genannte Hofjudentum.
Die Rechtssicherheit der Juden blieb noch lange von den Interessen der Fürsten abhängig. Sie wurden geduldet, soweit sie sich „wohlverhielten" und dem Herrscher Nutzen brachten. Das alles änderte aber nichts an ihrer gesellschaftlichen Isolierung. Doch es kündigte sich eine neue Zeit an. Übergriffe wurden seltener. Die Kirche verlor allmählich ihre herrschende Position in den die Juden be-

treffenden Angelegenheiten. Das aschkenasische Judentum mit seinen althergebrachten Riten, Gebräuchen und Traditionen konnte sich in Deutschland weiterhin behaupten.

Niederlassungen der deutschen Juden um 1600
Ein Plan aus Frankfurt/M. von 1603 gibt einen Überblick über die zu dieser Zeit existierenden jüdischen Niederlassungen. Es lebten damals im deutschen Reich ca. 8.000 bis 10.000 Juden, davon allein ca. 3.000 in Frankfurt/M. Zu den aufgeführten Territorien gehörten die westfälische Grafschaft Mark (Hamm), die Fürstbistümer Münster und Paderborn, das Erzstift Köln, Minden und die Fürstabtei Corvey. Die wichtigsten jüdischen Zentren lagen in den Reichsstädten und geistlichen Territorialstaaten, so

Luthers Enttäuschung bei seinem Versuch, die Juden für das Christentum zu gewinnen, verwandelte sich in kompromisslose Ablehnung. Dieser Hass kam am stärksten in seiner Schrift „Von den Juden und ihren Lügen“ zum Ausdruck. - Titelblatt der zweiten Auflage von 1543.

unter anderem in Paderborn und Köln. Aus der Reichsstadt Dortmund waren die Juden 1596 vertrieben worden.
In den meisten Städten Deutschlands durften sich im 16. Jahrhundert jüdische Familien nur zeitlich begrenzt - für fünf oder zehn Jahre - niederlassen. Bei unerlaubter Rückkehr, die oft dringend erforderlich war, um noch ausstehende Schulden einzutreiben, drohte Inhaftierung. Diese Praxis kriminalisierte die jüdischen Geldhändler, zumal dies von den Schuldnern häufig ausgenutzt wurde. In zahlreichen norddeutschen Städten, in denen sich im 16. Jahrhundert vereinzelt neue Gemeinden bildeten, wurden diese durch erneute Vertreibungen wieder zerstört. Um 1600 konsolidierten sich auch hier wieder einige Stadtgemeinden und es kam zu Neugründungen.

Insgesamt gesehen blieben die wirtschaftlichen Möglichkeiten der Juden in Deutschland beschränkt. Ihren Geschäften begegnete man mit Misstrauen, Darlehen nahm man bei ihnen nur auf, weil man sie anderweitig kaum bekam. Indes hatten die Juden, so wenig angesehen ihre Stellung war, eine wichtige ökonomische Funktion in der feudalen Gesellschaft. Sie sorgten vornehmlich für die Vermarktung agrarischer Produkte in den Städten, halfen Liquiditätskrisen zu überwinden und übten wichtige Vermittlerdienste zwischen Stadt und Land aus.

Zum Schabbatbeginn am Freitagabend segnet der Vater seine Kinder. Kolorierter Stich nach einem Gemälde von Moritz Oppenheim

Soziale Schichtungen

Eine soziale Schichtung innerhalb der Judenschaft war ursprünglich nur sehr begrenzt vorhanden. An der Spitze standen die Rabbinen, die sich durch ihr intensives Tora- und Talmudstudium und ihre Gelehrsamkeit auszeichneten. Daneben konnte auch der materielle Wohlstand besonderes Ansehen begründen. Auf lokaler Ebene geschah das gleiche durch die Wahrnehmung von gemeindlichen Ämtern, wie Vorbeter und Gemeindevorsteher. All diese Ämter und Funktionen schufen jedoch keine abgehobene jüdische Oberschicht. Da Wohlstand und Gelehrsamkeit jedermann offen standen, das rabbinische Erziehungs- und Bildungskonzept auf Breitenwirkung angelegt war und auch die gemeindlichen Ämter von jedermann ausgeübt werden konnten, der sich befähigt fühlte, bildete sich eine Abgrenzung nach unten nicht aus.
Durch die häufigen Verfolgungen und Belästigungen seitens der christlichen Umwelt konnte es leicht zur Verarmung einzelner Familien oder ganzer Gemeinden kommen. Ein System gegenseitiger sozialer Hilfsleitungen, das jedes einzelne Gemeindemitglied verpflichtete, in Notfällen für andere einzutreten, verhinderte das Abgleiten in dauernde Armut. Dieses System funktionierte, weil im

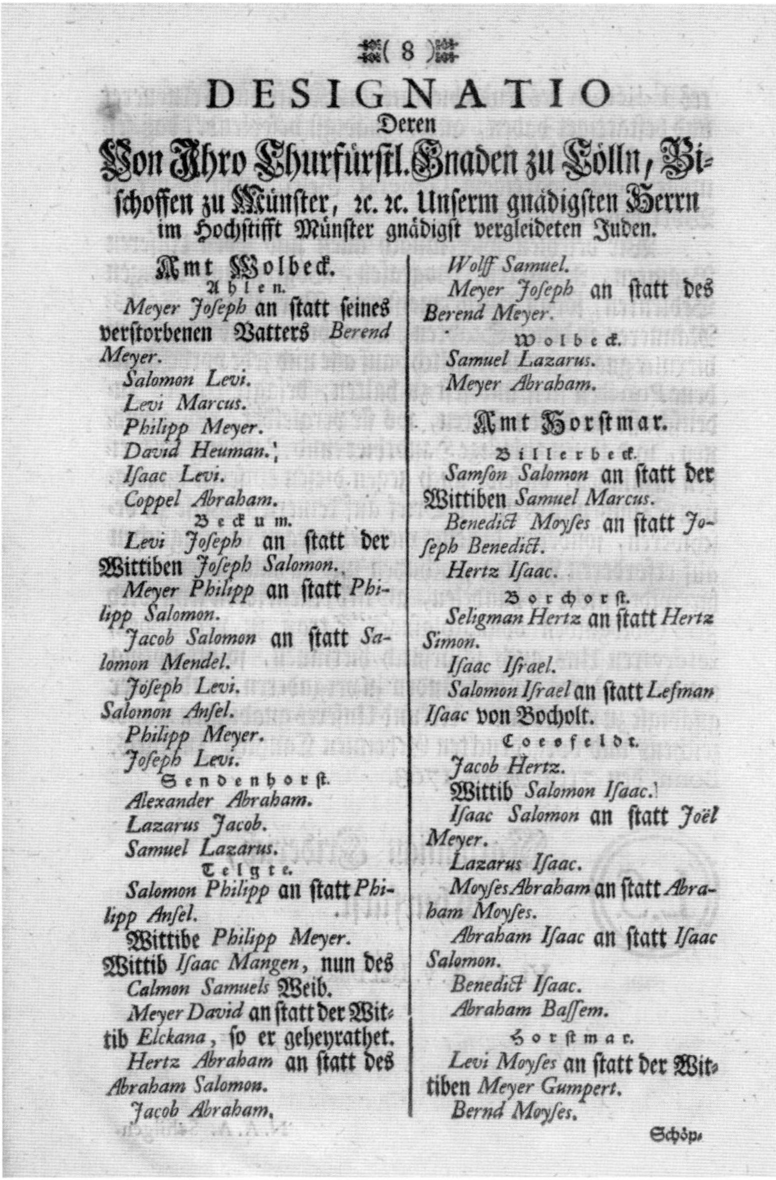

(8)

DESIGNATIO

Deren

Von Ihro Churfürstl. Gnaden zu Cölln, Bischoffen zu Münster, rc. rc. Unserm gnädigsten Herrn im Hochstifft Münster gnädigst vergleideten Juden.

Amt Wolbeck.

Ahlen.

Meyer Joseph an statt seines verstorbenen Vatters *Berend Meyer.*
Salomon Levi.
Levi Marcus.
Philipp Meyer.
David Heuman.
Isaac Levi.
Coppel Abraham.

Beckum.

Levi Joseph an statt der Wittiben *Joseph Salomon.*
Meyer Philipp an statt *Philipp Salomon.*
Jacob Salomon an statt *Salomon Mendel.*
Joseph Levi.
Salomon Ansel.
Philipp Meyer.
Joseph Levi.

Sendenhorst.

Alexander Abraham.
Lazarus Jacob.
Samuel Lazarus.

Telgte.

Salomon Philipp an statt *Philipp Ansel.*
Wittibe *Philipp Meyer.*
Wittib *Isaac Mangen*, nun des *Calmon Samuels* Weib.
Meyer David an statt der Wittib *Elckana*, so er geheyrathet.
Hertz Abraham an statt des *Abraham Salomon.*
Jacob Abraham.
Wolff Samuel.
Meyer Joseph an statt des *Berend Meyer.*

Wolbeck.

Samuel Lazarus.
Meyer Abraham.

Amt Horstmar.

Billerbeck.

Samson Salomon an statt der Wittiben *Samuel Marcus.*
Benedict Moyses an statt *Joseph Benedict.*
Hertz Isaac.

Borchorst.

Seligman Hertz an statt *Hertz Simon.*
Isaac Israel.
Salomon Israel an statt *Lesman Isaac* von Bocholt.

Coesfeldt.

Jacob Hertz.
Wittib *Salomon Isaac.*
Isaac Salomon an statt *Joël Meyer.*
Lazarus Isaac.
Moyses Abraham an statt *Abraham Moyses.*
Abraham Isaac an statt *Isaac Salomon.*
Benedict Isaac.
Abraham Bassem.

Horstmar.

Levi Moyses an statt der Wittiben *Meyer Gumpert.*
Bernd Moyses.

Schöp.

Hauptgeleit für die münsterische Judenschaft, ausgestellt von Kurfürst Maximilian Friederich, Bischof zu Münster, 1763

Laufe der Jahre ein ausgeprägtes Bewusstsein des gemeinsam erlebten Schicksals entstanden war. Das Überleben der Juden als Gruppe war mit davon abhängig, dass das soziale Gefälle innerhalb der Gruppe nicht zu groß wurde. Bis ins 17. Jahrhundert hinein gab es zwar stets Unterschiede zwischen arm und reich, gelehrten und ungebildeten Bevölkerungsteilen, auch Funktionsträgern und „normalen" Gemeindemitgliedern, doch waren diese nie so fest gefügt wie in der christlichen Ordnung.
Spätestens seit der Mitte des 17. Jahrhunderts kam es zu einer ansatzweisen Ausbildung einer Schichtung. Von einer breiten Mittelschicht der Schutzjuden oder zumindest geduldeten Juden spaltete sich auf der einen Seite eine vermögende Schicht von Hofjuden und fürstlichen Agenten ab, die kraft herrschaftlicher Privilegien eine vorzeitige Emanzipation erlangte, auf der anderen Seite bildete sich ein proletarisches Betteljudentum aus.
Die Gruppe der Hofjuden trat aufgrund ihrer weit gespannten familiären und geschäftlichen Beziehungen in die Dienste absolutistischer Fürsten ein. Am Ende des 18. Jahrhunderts waren sie mit etwa zwei Prozent der Gesamtjudenschaft eine zahlenmäßig kleine, aber um so mächtigere und kapitalkräftigere Gruppe. Diese Schicht lebte in einer fast adeligen Lebenswelt. Vielfach gelang in der zweiten oder dritten Generation sogar der Aufstieg in den Adel und durch ein System gegenseitiger Heiraten eine familiäre Abschließung.
Ein paralleler Prozess vollzog sich am unteren Ende der sozialen Rangleiter in den jüdischen Gemeinden, der mit der Entstehung eines so genannten Betteljudentums als jüdischer Unterschicht abschloss. In den Territorien des Heiligen Römischen Reiches wurden nur Juden geduldet, die eine Schutzzusage des jeweiligen Landesherren vorweisen konnten. Für den absolutistischen Staat wurde der Schutzbrief zum Hebel, die Zahl der geduldeten Juden auf diejenigen zu beschränken, die durch ihr Vermögen als Besteuerungsobjekte interessant schienen. Wer kein Vermögen nachweisen konnte und nicht dem Haushalt eines Schutzbriefinhabers zugeordnet werden konnte, wurde des Landes verwiesen. So entstand eine Schicht privilegierter Schutzjuden, an deren Rechtsstellung nur die in Geschäft und Haushalt mitarbeitenden Familienangehörigen und in gewissem Unfang auch das Dienstpersonal teilhatten. Alle anderen, die das erforderliche Vermögen nicht nachweisen konnten oder mit den Schutzgeldleistungen in Rückstand gerieten, verloren den landesherrlichen Schutz. Diese verarmten Juden zogen von Stadt zu Stadt und versuchten, vom Hausierergeschäft oder von Almosen ihrer Glaubensbrüder zu

leben. Da sie gezwungenermaßen die Kontakte zu ihren Heimatgemeinden abbrechen mussten, konnten sie nicht mehr mit der gleichen Unterstützung rechnen, die ihnen die mittelalterliche Solidargemeinschaft noch hätte angedeihen lassen können. Es war eine entwurzelte soziale Schicht, die nicht selten mit den untersten Schichten der christlichen Gesellschaft, mit Dieben und Gaunern, Bettlern und Prostituierten, eine Notgemeinschaft eingehen musste. Um 1780 dürfte sie etwa neun Zehntel der gesamten Judenschaft umfasst haben.

Die Situation der Juden in den westfälischen Territorien des 18. Jahrhunderts

Eine Fülle von Judenordnungen hatte in den politischen Herrschaften Westfalens die Entfaltung der jüdischen Gemeinden eingeschränkt. Diese Judenordnungen waren unterschiedlich, je nachdem, welche Funktion der Landesherr den jüdischen Einwohnern in seinem Gebiet zugedacht hatte. Allen gemeinsam war die Bestimmung, dass „die Juden darin überall nur in dem Verhältnisse der Schutzverwandten" leben durften. Die strengsten Ordnungen waren die der geistlichen Fürstentümer Paderborn und Münster. Im Fürstentum Paderborn begrenzte die Judenordnung von 1719 die Zahl der Familien auf 125. Heirat war nur mit Zustimmung der Obrigkeit möglich, Juden durften nicht mit Christen unter einem Dach wohnen, die Anstellung christlicher Dienstboten war verboten. Kleidervorschriften sollten die Überlegenheit der christlichen Bewohner hervorheben. So durften Juden weder Samt, Seide, Spitzen noch Gold und Silber auf den Kleidern tragen. Auch Pistolen oder Gewehre durften sie nicht mit sich führen. Während der Bischof daran interessiert war, wegen der Einnahmen aus den Schutzgeldern immer mehr Juden in das Land zu holen, stellte sich das Domkapitel gegen die Vermehrung der vergleiteten Juden, um dadurch die finanzielle Unabhängigkeit des Bischofs einzuengen. So gehen auch die schmachvollen Bestimmungen der Judenordnung nicht auf die Bischöfe, sondern auf die Stände zurück. Ähnlich hart wie in Paderborn waren die Bedingungen für die Schutzjuden im Fürstbistum Münster. Hier wurden Juden 1662 nur zugelassen, weil Bischof Christoph Bernhard von Galen sie als günstige Einnahmequelle brauchte. Sie wurden nach dem Hauptgeleitedikt von 1662 nur auf zehn Jahre vergleitet. Sie erhielten das Recht, Handel und Gewerbe zu treiben, wurden gegen unrechte Angriffe in Schutz genommen, durften aber nur in bestimmten Orten wohnen. Das Hauptgeleit wurde sechsmal erneuert und jedes Mal verschärft. Zuletzt mussten die Juden einen jährlichen Tribut

von 1.100 Reichstalern zahlen, zudem alle zehn Jahre ein Hauptgeleit für 5.000 Reichstalern lösen. Wechselte innerhalb der zehn Jahre der Landesherr, musste ein neues Geleit erworben werden. Das Geleit des Vaters erbte nur ein Kind. Die Umschreibung musste bezahlt werden, außerdem hatte der Bewerber 1.000 Reichstaler reines Vermögen nachzuweisen.
Ähnlich hart waren die Bestimmungen und Lasten für die Juden im Herzogtum Westfalen. Hier galt die kurkölnische Judenordnung von 1700. Die Abgaben waren niedriger als in den anderen Gebieten. Obwohl die Rechte der Juden sehr eingeschränkt waren, sperrten sich immer wieder Städte, z.B. Arnsberg, gegen die Aufnahme von Juden. Es gab kaum Handelsbeschränkungen und es stand ihnen frei, Häuser und Grundvermögen zu erwerben.
In den ehemals preußischen Gebieten Mark, Minden, Ravensberg und Tecklenburg galten eigene Judenordnungen. In den brandenburgisch-preußischen Landen hatte die auf wirtschaftlichen und religiösen Gesichtspunkten beruhende Duldsamkeit des Großen Kurfürsten zu einer fortschrittlichen und vorbildlichen Politik gegenüber den Juden geführt, die auch in den westfälischen Territorien wirksam wurde. Bei den Nachfolgern traten wieder finanzpolitische Erwägungen in den Vordergrund, so dass das Judenregal erneut strenger gehandhabt wurde. Der preußische König Friedrich II. protegierte eine kleine Gruppe jüdischer Finanzleute, die nicht nur zu den Geschäften für den Hof herangezogen wurden, sondern auch Privilegien für die Errichtung industrieller Unternehmen besaß. Die so genannten Hoffaktoren wurden zu staatlichen Unternehmern, die auch sozial aufstiegen. Sie erhielten ohne Schwierigkeiten das Schutzgeleit und erlangten die Rechte christlicher Kaufleute. Die einflussreichsten Hoffaktoren erhielten zudem das Naturalisationspatent und wurden noch vor der Emanzipation zu Staatsbürgern. Viele Hoffaktoren-Familien stiegen in den Adelsstand auf.
Neben den kleineren Fürstenhöfen bedienten sich vor allem die geistlichen Herren der Hoffaktoren. Besonders unter Kurfürst Clemens August von Wittelsbach, dem Inhaber der fünf norddeutschen Bistümer Köln, Münster, Paderborn, Osnabrück und Hildesheim spielten sie eine wichtige Rolle. Allerdings stammten die großen Hoffaktoren am Hof von Münster und Osnabrück nicht aus der armen westfälischen Landjudenschaft. Sie waren aus anderen deutschen Ländern nach Westfalen eingewandert. So hatte sich der aus Bonn eingewanderte Hoffaktor des Großen Kurfürsten, Berend Levi, in Warendorf niedergelassen und wickelte von dort seine Geschäfte ab. Die jüdischen Familien Westfalens haben kaum

von den Gewinnen der Hoffaktoren profitiert. Im Gegenteil, das Geld, das sich die Fürsten von diesen liehen, wurde meist aus den jüdischen Schutzgeldzahlungen zurückgezahlt.
Bedingt durch die engen Vorschriften waren den Juden nur wenige Berufe zugänglich. In der Grafschaft Mark lebten 1766 die meisten Juden von der Pfandleihe, der Schlachterei, dem Pferdehandel, auf dem Lande auch vom Viehhandel. In Minden und Bielefeld finden sich Bankiers, vereidigte Makler, Taxatoren, Galanteriewarenhändler, Schlachter und Trödler sowie Handwerker wie Schleifer von optischen Gläsern, Diamanten und Steinen und Gold- und Silbersticker. Diese Handwerke unterlagen keinem Zunftzwang. Pfandleiher, Trödler, Schlachter und Viehhändler waren auch die Hauptberufe der jüdischen Einwohner in den Fürstbistümern Münster und Paderborn und im Herzogtum Westfalen. Von staatlichen Ämtern blieben Juden ausgeschlossen.
Von den Ideen der Aufklärung, vor allem der Emanzipation, konnten die westfälischen Juden im 18. Jahrhundert kaum profitieren. Die Vorschläge von Christian Wilhelm von Dohm („Über die bürgerliche Verbesserung der Juden“, 1781) fanden in den westfälischen Territorien keine Zustimmung. Für die Landesfürsten waren die Juden nur unter fiskalischem Aspekt von Interesse. Teilnahme am gesellschaftlichen Leben ließen die zahlreichen Verbote nicht zu. Sie wohnten zwar nicht in Ghettos, aber ihre Entfaltung wurde durch viele Vorschriften eingeschränkt. Immer wieder kam es zu Übergriffen. Der Judenhass der Bevölkerung verquickte wirtschaftliche und religiöse Motive.
Die soziale Rolle der Juden in den kleinen Dörfern Westfalens schildert eindringlich Annette von Droste-Hülshoffs „Judenbuche“. Auch wenn das Werk von 1842 nicht als historische Quelle betrachtet werden darf, so trifft die Milieuschilderung doch recht deutlich das Lokalkolorit eines westfälischen Dorfes im 18. Jahrhundert. Der Jude gilt hier als Außenseiter der Gesellschaft. Häufig wird er für die Dorfbewohner zur Zielscheibe des Spotts, wobei man ihn besonders in seinem religiösen Gefühl zu verletzen sucht. Nicht ohne Grund verbot die bischöfliche Regierung in Münster streng die Beleidigung der Juden durch Christen.

Die napoleonische Ära
Mit den napoleonischen Siegen nach 1806 endete für zahlreiche westliche Staaten des 1803 aufgelösten Alten Reiches die überkommene Judenpolitik. Wenn auch nicht überall die zum Teil nur vorübergehende Gleichstellung der Juden mit den übrigen Staatsbürgern herbeigeführt wurde, so galt es doch im Sinne eines mo-

dernen Territorialstaates die zumindest wirtschaftliche Gleichstellung der Juden anzustreben.
Die christliche Umwelt nahm von der zunehmenden Emanzipation der Juden kaum Notiz, da sich sichtbar zunächst kaum etwas änderte. Zwar ließen sich nun auch einige Juden in den Städten nieder, in denen sie bislang nicht hatten wohnen dürfen, so in Arnsberg und Münster. Im Allgemeinen aber behielten sie ihren Wohnsitz dort bei, wo sie einst die Politik der absolutistischen Herrscher zugelassen hatte. So blieb ihre Emanzipation nur eine kurze Episode. Sie hatte aber den fortschrittlichen Vertretern des Judentums gezeigt, dass eine Assimilierung in einem modernen Staat möglich war. Trotz der reaktionären Politik, die bald nach 1815 in Preußen wieder einsetzte, blieb es das Bestreben der fortschrittlichen Juden, ihr Ghettodasein zu überwinden und sich im Staat zu emanzipieren.

Der Weg zur rechtlichen Gleichstellung
Nach dem Ende der französischen Herrschaft galten nach 1815 in Preußen fünf verschiedene Judenordnungen und Gesetze. In zweien wurden die Juden noch als „Schutzverwandte" ohne Zuge-

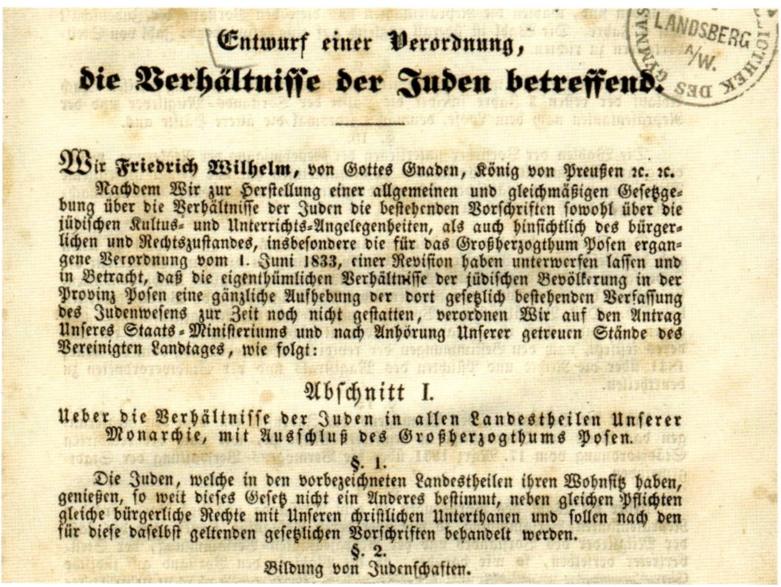

Entwurf einer Verordnung,
die Verhältnisse der Juden betreffend.

Wir Friedrich Wilhelm, von Gottes Gnaden, König von Preußen rc. rc.
Nachdem Wir zur Herstellung einer allgemeinen und gleichmäßigen Gesetzgebung über die Verhältnisse der Juden die bestehenden Vorschriften sowohl über die jüdischen Kultus- und Unterrichts-Angelegenheiten, als auch hinsichtlich des bürgerlichen und Rechtszustandes, insbesondere die für das Großherzogthum Posen ergangene Verordnung vom 1. Juni 1833, einer Revision haben unterwerfen lassen und in Betracht, daß die eigenthümlichen Verhältnisse der jüdischen Bevölkerung in der Provinz Posen eine gänzliche Aufhebung der dort gesetzlich bestehenden Verfassung des Judenwesens zur Zeit noch nicht gestatten, verordnen Wir auf den Antrag Unseres Staats-Ministeriums und nach Anhörung Unserer getreuen Stände des Vereinigten Landtages, wie folgt:

Abschnitt I.
Ueber die Verhältnisse der Juden in allen Landestheilen Unserer Monarchie, mit Ausschluß des Großherzogthums Posen.

§. 1.
Die Juden, welche in den vorbezeichneten Landestheilen ihren Wohnsitz haben, genießen, so weit dieses Gesetz nicht ein Anderes bestimmt, neben gleichen Pflichten gleiche bürgerliche Rechte mit Unseren christlichen Unterthanen und sollen nach den für diese daselbst geltenden gesetzlichen Vorschriften behandelt werden.

§. 2.
Bildung von Judenschaften.

Ausschnitt einer Verordnung, die Verhältnisse der Juden betreffend. – Das 1847 verabschiedete Gesetz vereinheitlichte die einschlägige Gesetzgebung.

Auf dem Felde der Ehre fiel am 18. April unser lieber Sohn und guter Bruder

Otto Perlstein

Musketier im Reserve-Infanterie-Regiment Nr. . . .

im Alter von 22 Jahren.

Familie David Perlstein.

Beim Kampfe im Westen, am 25. September, fand unser innigstgeliebter Sohn, Bruder und Neffe

Hermann Lebenstein

Musketier im Inf.-Regt. Nr. 13

den Heldentod fürs Vaterland.

Wulfen i. W. und Frankreich.

Familie Lebenstein.

Todesanzeigen von gefallenen jüdischen Soldaten des Ersten Weltkriegs aus Dorsten

hörigkeit zu den „staatsbürgerlichen Gemeinden“ definiert. In der Rheinprovinz verlängerte Friedrich Wilhelm III. das noch aus französischer Zeit stammende napoleonische „Schändliche Dekret“ auf unbestimmte Dauer. Die Gewerbe und Handel treibenden Juden mussten weiterhin im Jahresturnus ein behördliches „Patent“ beantragen. Ein Wohnortwechsel wurde nur erlaubt, wenn der Antragsteller einem „nützlichen Gewerbe“ nachging. Was das war, blieb der Entscheidung des Regierungspräsidenten überlassen. Bemühungen, das „Schändliche Dekret“ auch in den rechtsrheinischen Gebieten einzuführen, scheiterten. Eine Kabinettsordre vom 20. September 1836 verbot den Juden aber in den ostwestfälischen Kreisen Büren, Höxter, Paderborn und Warburg den Erwerb bäuerlichen Landes zum Weiterverkauf. Mit dieser Beschränkung wollte die Königliche Regierung die Unruhe dämpfen, die in der Bevölkerung aufgrund von wirtschaftlichen Veränderungen um sich griff. Vor allem die Krämer, Zunfthandwerker und Bauern sahen in den Juden die Nutznießer und Verursacher des freien Handels und der Auflösung des Zunftzwangs. Der christliche Antijudaismus steigerte und bündelte diese ökonomisch motivierte Judenfeindschaft. So kam es 1844 in Minden und Geseke zu antijüdischen Unruhen, bei denen sowohl christliche Vorurteile wie auch wirtschaftliche Motive sichtbar wurden.

Der Liberalismus unterstützte die Forderungen nach der Emanzipation der Juden. Dachte man anfangs nur an Rechtssicherheit und Freizügigkeit, während die politische Gleichstellung von einer erfolgreichen „Erziehung“ zu Bürgern abhängig bleiben sollte, so

argumentierte man seit den 1840er Jahren, dass nur die Freiheit selbst zur Freiheit erziehen könnte.
Der rheinische Provinziallandtag sprach sich 1843 für die volle Gleichberechtigung der Juden aus. In der Folge kam es auch in Westfalen zu ähnlichen Gesuchen. Der Bielefelder Magistrat, die Münsteraner jüdische Gemeinde sowie Bürger aus Hamm und Paderborn sprachen sich in Petitionen für die Gleichstellung der Juden aus. Der 8. Provinziallandtag diskutierte 1845 den Antrag. Die konservativ und von großagrarischen Interessen geprägte Versammlung sprach sich aber mit 62 zu 17 Stimmen dagegen aus. Der Allgemeine Preußische Landtag lehnte 1847 zwar das Ansinnen Friedrich Wilhelms IV. ab, die Juden erneut aus dem Staatsverband auszuschließen, konnte sich dennoch nicht für eine vollständige Emanzipation aussprechen. Das am 23. Juli 1847 verabschiedete Gesetz „die Verhältnisse der Juden betreffend" vereinheitlichte wenigstens die einschlägige Gesetzgebung und gewährte Freizügigkeit und das passive Wahlrecht auf kommunaler Ebene. Es blieben aber viele Einschränkungen.
Neue Hoffnungen auf die längst überfällige Emanzipation weckte die Revolution von 1848. Unter den Mitgliedern des in der Frankfurter Paulskirche tagenden Parlaments waren viele jüdische Abgeordnete. Im Rheinland und in Westfalen beteiligten sich auch jüdische Angehörige des Bildungsbürgertums an den neuen politischen Clubs und Volksvereinen. Mit dem Scheitern der Revolution zerbrach die Hoffnung auf die ersehnte Gleichberechtigung.
Langfristig konnte sich Preußen der Gleichstellung der Juden nicht weiter verweigern. Zwischen 1850 und 1873 erlebte das Land einen wirtschaftlichen Aufschwung. Auch der Liberalismus steigerte seinen politischen Einfluss. So konnte am 3. Juli 1869 für den Norddeutschen Bund folgendes Gesetz verabschiedet werden: *„Alle noch bestehenden, aus der Verschiedenheit des religiösen Bekenntnisses hergeleiteten Beschränkungen der bürgerlichen und staatsbürgerlichen Rechte werden aufgehoben."* 1871 erfolgte die Übertragung auf das neu gegründete Deutsche Reich. Die faktische Benachteilung der Juden in vielen Bereichen wie in der Verwaltung, beim Militär, bei Polizei und Justiz, Schule und Universität aber blieb.

Der Antisemitismus im späten 19. Jahrhundert
Immer wieder gab es Stimmen, die den Judenhass propagierten. Besonders in Krisenzeiten fanden diese Stimmen auch in Westfalen Gehör. Für den Judenhass während der Gründerzeit, des Kulturkampfes und in den nachfolgenden Jahrzehnten lassen sich unterschiedliche Wurzeln aufzeigen. Einmal ist es der Judenhass, der im

politischen Katholizismus der Kulturkampfzeit gefährlich wird und sein Zentrum in Paderborn hat. Im politischen Protestantismus ist es der Antisemitismus um den Hofprediger Adolf Stoecker, der vor allem im Raum Minden-Ravensberg seine Gefolgsleute fand. Um 1883 bildete sich eine dritte Gruppe, die mit antisemitischen Parolen die Wähler zu gewinnen suchte, der „Deutsche Verein", später die Deutsch-Soziale Partei, 1890 in Bochum gegründet.
Beeinflusst durch die rassistischen Veröffentlichungen von Wilhelm Marr, der von Otto Glagau geprägten Formel „Die soziale Frage ist die Judenfrage" und der antijüdischen Agitation von Adolf Stoecker kam 1879 der Begriff „Antisemitismus" auf. Mit Stoecker und seiner christlich-sozialen Arbeiterpartei war der Antisemitismus zu einer politischen Bewegung geworden.
Der Antisemitismus richtete sich gegen das emanzipierte Judentum, das mit allem Negativen der Moderne gleichgesetzt wurde. Der Begriff erfuhr sowohl nationale wie soziale, religiöse und rassistische Ausdeutungen. Die Widersprüchlichkeit und Vagheit des Begriffs trug wesentlich zur gesellschaftlichen Breitenwirkung bei. Alte Stereotype wurden hervorgeholt.

Das Wilhelminische Kaiserreich
Zum ersten Mal seit dem hohen Mittelalter gab es für die jüdische Minderheit in der deutschen Gesellschaft keine benachteiligenden oder ausgrenzenden Gesetze mehr. Doch was seit den 1860er Jahren nach jahrzehntelangem Ringen hatte erreicht werden können, wurde durch den sich ausbreitenden Antisemitismus in der Gesellschaft wieder in Frage gestellt.
Verwaltung und Militär boykottierten die verfasste Gleichstellung. Juden hatten keine Chancen, Diplomaten oder aktive Offiziere zu werden, selbst zu Reserveoffizieren wurden sie zwischen 1885 und 1914 nicht mehr befördert. An den Universitäten erreichten sie allenfalls Extraordinariate. 1909 waren von den unbesoldeten Privatdozenten zehn Prozent jüdisch. Auch im Justizdienst erreichten Juden kaum das Richteramt oder die Funktion eines Staatsanwalts. Der Staat sollte christlich geprägt sein und durch Christen verwaltet werden.
Verwaltung und Armee gelang es, unterstützt von antisemitischen Verbänden, die Ausschlusspraktiken während des Kaiserreichs kontinuierlich aufrechtzuerhalten. Im Ersten Weltkrieg, in dem sich über 10.000 Juden freiwillig zum Kriegsdienst für Deutschland meldeten, erreichten die antisemitischen Verbände mit ihrer Propaganda, dass der preußische Kriegsminister im Oktober 1916 eine statistische Erhebung über die Dienstverhältnisse im Krieg anord-

nete. Mit dieser „Judenzählung“ sollte bewiesen werden, dass Juden sich vor dem Kriegsdienst drückten bzw. „nur in der Etappe“ ihren Dienst taten. Als die Befragung den Vorwurf nicht bestätigte, wurden die Ergebnisse nicht veröffentlicht. Jüdische Statistiker errechneten nach dem Krieg etwa 12.000 jüdische Gefallene. Damit entsprach der Prozentsatz jüdischer Kriegsopfer mit 12,5 Prozent in etwa dem allgemeinen mit 13,4 Prozent.

Der Bevölkerungsanteil der jüdischen Minderheit in den Großstädten war deutlich höher als bei der Gesamtbevölkerung. Auch bei den Kinderzahlen waren die jüdischen Familien dem allgemeinen Trend hin zur modernen Kleinfamilie voraus. Noch deutlicher war die Differenz zwischen Minderheit und Allgemeingesellschaft mit Blick auf den höheren Sozialstatus. Mehr als 60 Prozent der jüdischen Einwohner gehörten zum mittleren und gehobenen Bürgertum und nur ein Viertel zum Kleinbürgertum. Juden in Deutschland hatten während des Kaiserreichs wirtschaftlich gesicherte und gehobene Positionen inne. Nicht die seit der Aufklärung immer wieder geforderte Berufsumschichtung hatte seit der Jahrhundertmitte zum Aufstieg aus der sozialen Randlage geführt, sondern die Beibehaltung der alten Berufsstruktur mit dem Schwerpunkt auf den Bereichen Handel und Verkehr.

Im ausgehenden 19. Jahrhundert vollzog sich eine rasche Akademisierung der jüdischen Jugend. Mit einem Anteil von acht Prozent aller Studierenden in Deutschland waren die Juden bei nur ein Prozent Anteil an der Gesamtbevölkerung stark überrepräsentiert. Dieser Bildungsdrang erfasste auch Familien des jüdischen Klein- und Mittelbürgertums, in denen es zuvor keine Akademiker gegeben hatte. Unter den jüdischen Akademikern gab es eine starke Tendenz zu selbständigen Berufen, vor allem als Ärzte und Rechtsanwälte, nicht zuletzt, weil Karrieren im öffentlichen Bereich kaum möglich waren.

Die von den deutschen Juden angestrebte Akkulturation hatte die jüdische Identität nicht aufgehoben. Auch nach 1870 sahen die meisten im Judentum mehr als nur eine Religion. Akkulturation bedeutete, wie es der jüdische Dichter Jakob Loewenberg im Titel seiner Memoiren ausdrückt, ein „Leben [gespeist] von zwei Quellen“. Elemente der eigenen Kultur waren mit den Elementen der Mehrheitskultur eine Bindung eingegangen und hatten etwas Neues geschaffen. Die Übertritte zum Christentum, vor allem zum Protestantismus, hielten sich in Grenzen. Der Antisemitismus mochte zu diesen Konversionen beigetragen haben, provozierte aber auch das gegensätzliche Verhalten, das die Zeitgenossen als „Trotzjudentum“ charakterisierten. Selbst wenn man sich dem religiösen Judentum entfremdet hatte, blieb der persönliche Kontakt zu anderen Juden sehr eng. Die Freundes- und Heiratskreise waren während der Kaiserzeit auch bei Nicht-Religiösen stark auf jüdische Partner ausgerichtet. Das Bewusstsein, in beiden Kulturen zu Hause sein zu können, begünstigte im liberalen Judentum die Besinnung auf die eigene Kultur.

Die Weimarer Republik

Die Beschränkungen, die im Kaiserreich noch herrschten, wurden in der Weimarer Republik beseitigt. Die Weimarer Verfassung bestimmte, dass die bürgerlichen und staatsbürgerlichen Rechte vom religiösen Bekenntnis unabhängig seien. Weder Armee noch Verwaltung konnten ihre Vorbehalte aufrecht erhalten. Die jüdische Religionsgemeinschaft wurde der christlichen gleichgestellt. Damit hatte nicht nur der einzelne Jude, sondern die Judenschaft als Gesamtheit ihre Anerkennung im Staat erhalten. Der Antisemitismus in der Gesellschaft war damit jedoch nicht verschwunden.

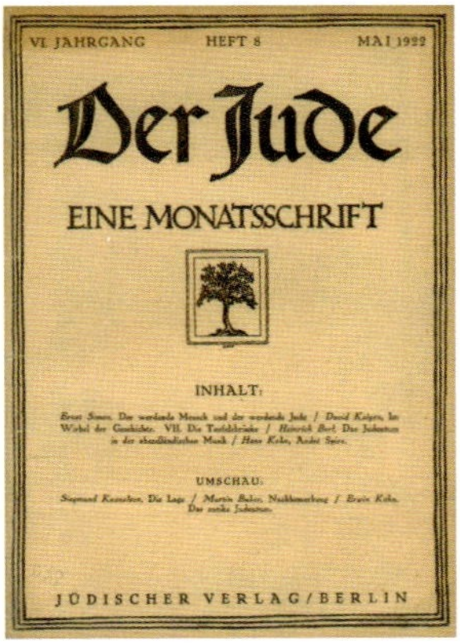
VI. JAHRGANG HEFT 8 MAI 1922

Der Jude

EINE MONATSSCHRIFT

INHALT:

UMSCHAU:

JÜDISCHER VERLAG / BERLIN

In den 1920er Jahren gab es eine Fülle jüdischer Monats- und Gemeindezeitungen.

Die sich bereits im Kaiserreich abzeichnende Krise der deutschen Judenheit verschärfte sich. Dies betraf sowohl die Geburtenrückgänge als auch die Überalterung und die Zunahme der Mischehen. Die jüdische Bevölkerung war von 1910 bis 1925 trotz eines steigenden Anteils osteuropäischer Juden rückläufig. Der Zug in die Großstädte blieb: 1933 lebten 70 Prozent aller Juden in Großstädten. Auch die Sozialstruktur blieb weitgehend die des Kaiserreichs. Die jüdische Minderheit war eine mittelständische Berufsgruppe, die sich weitgehend aus Besitzern kleiner und mittlerer Handelsfirmen und ihren jüdischen Angestellten zusammensetzte. Viele hatten ihr Vermögen durch Kriegsanleihen und Inflation eingebüßt. Nach 1929 stieg vor allem die Arbeitslosigkeit unter den jüdischen Angestellten. Geblieben war aufgrund historischer Erfahrungen das Streben nach unabhängigen Berufen, vor allem Akademikerberufe wie Arzt oder Anwalt. 1933 waren 46 Prozent in selbständigen Berufen tätig.

In den Gemeinden gab es Spannungen zwischen Orthodoxen und Liberalen. Diese wurden aber nicht in den Synagogen, sondern in

den parlamentarischen Vertretungen der Gemeinden, den Repräsentantenversammlungen, und den von diesen gewählten Vorständen ausgetragen. Obwohl die Orthodoxen bzw. Konservativen nur etwa 20 Prozent der Gemeindemitglieder stellten, besaßen sie in den Gemeinden einen erheblichen Einfluss. Die jüdischen Gemeinden boten in ihrer politischen Struktur ein Abbild des allgemeinen politischen Gefüges.
Die Weiterentwicklung des allgemeinen politischen Systems brachte Herausforderungen auch für die jüdischen Gemeinden, vor allem was das Frauen- und allgemeine Wahlrecht betraf. Nicht alle Gemeinden hatten bis 1930 das allgemeine und das Frauenwahlrecht für ihre Mitglieder eingeführt. Manche beließen es beim herkömmlichen Zensuswahlrecht. Umstritten war auch das Wahlrecht für Ostjuden, die als Ausländer galten.
In dem breiten Spektrum jüdischer Selbstverständnisse bildeten die Ostjuden ein eigenes subkulturelles System. Sie besaßen eigene Synagogen, Wohlfahrts-, Jugend- und Kulturvereine. Der Verband der Ostjuden, in dem diese Vereine zusammengeschlossen waren, betrieb eine ostjüdische Identitätspflege, die nicht so recht zu dem liberalen Selbstverständnis deutscher Juden passte.
Im politischen Spektrum tendierten die deutschen Juden traditionell zum Liberalismus. In der Weimarer Zeit vertrat diesen vor allem die DDP (Deutsche Demokratische Partei), die neben den Linksparteien als einzige bereit war, jüdische Abgeordnete aufzustellen. Nach 1930 tendierte diese Partei zunehmend nach rechts und schloss sich sogar mit dem antisemitischen Jungdeutschen Orden zur Staatspartei zusammen. Viele Juden wählten nun entgegen ihrem bürgerlichen Standpunkt SPD. Unter den Orthodoxen gab es namhafte Persönlichkeiten, die sich zum Zentrum bekannten, da dieses eine konfessionell gebundene Kulturpolitik forderte und die Zentrumspresse engagiert Synagogen- und Friedhofsschändungen anprangerte.

Das nationalsozialistische Deutschland

Die Politik der Nationalsozialisten und der mit ihnen verbündeten Konservativen lief von Anfang an darauf hinaus, die Juden als Fremde aus der deutschen Gesellschaft auszugrenzen. Es gab während der NS-Diktatur über 2.000 Gesetze und Erlasse, die bis 1941 die Juden in Deutschland schrittweise entrechteten. Bis zum Herbst 1941 war es das Ziel der NS-Politik, die Juden zur Auswanderung zu zwingen. Danach gab es die erklärte Absicht, alle Juden im deutschen Herrschaftsbereich physisch zu vernichten.
Die wenigsten deutschen Juden konnten sich vorstellen, dass Hitler

und die NSDAP ihre antijüdischen Parolen in die Realität umsetzen würden. Zu stark waren der Glaube an das Recht und das Bewusstsein tiefer Verwurzelung in der deutschen Gesellschaft. Das Fronterlebnis vieler jüdischer Männer im Ersten Weltkrieg hatte ihr deutsches Nationalbewusstsein noch erheblich gesteigert. Auf die neue politische Situation reagierten die meisten mit einem „Ruhig abwarten".
Verbissen arbeiteten NSDAP und Bürokratie auf die „Nürnberger Gesetze" hin. Mit den Nürnberger Rassegesetzen standen die Juden völlig außerhalb der Gesellschaft. Intime Beziehungen wurden kriminalisiert, ausgenommen blieben nur bestehende Ehen. In den so genannten privilegierten Mischehen konnten jüdische und nichtjüdische Partner auch in den folgenden Jahren zusammenleben. Ein gesetzliches Verbot dieser Ehen hätte vermutlich den Widerstand der nichtjüdischen Partner und ihrer Familien hervorgerufen, was Partei und Bürokratie vermeiden wollten.
Obgleich die Juristen die Zugehörigkeit zur „jüdischen Rasse" nicht rassistisch, sondern durch die Zugehörigkeit der Großeltern zur

Die jüdischen Gemeinden und Jugendbünde suchten ab 1933 nach Möglichkeiten, den Kindern und Jugendlichen ein Mindestmaß an Bildung und Freizeit zu ermöglichen. Diese Bestrebungen führten zu Gründungen von Jugendlagern wie Haus Berta bei Dorsten.

jüdischen Religion definierten, wurden durch die Rassegesetze auch die betroffen, die zu jüdischen Gemeinden keinen Kontakt mehr hatten oder konvertiert waren. Betroffen waren auch die so genannten Mischlinge, vor allem die „Halbjuden". Sie behielten zunächst noch ihre staatsbürgerlichen Rechte, bis sie diese 1941 verloren. Die Zuordnung, die letztlich über Tod und Leben entschied, war willkürlich. So zählten zu den „Volljuden" auch jene, die nur einen jüdischen Elternteil hatten, und in der jüdischen Religion erzogen worden waren. Für diese Gruppe galt ab 1935 ebenfalls der „Arierparagraph".

Von Beginn der Machtübernahme an lief die Verdrängung der Juden aus dem Wirtschaftsleben. Es kann davon ausgegangen werden, dass zwischen 1933 und 1937 über 60 Prozent der jüdischen Betriebe und Geschäfte entweder „arisiert" oder aufgegeben wurden. Seit Herbst 1937 bereitete Göring die vollständige Ausschaltung der Juden aus der Wirtschaft vor.

Es kam zu immer stärker werdenden gewalttätigen Übergriffen auf Juden, zu Plünderungen, Mord und Vergewaltigungen. Einen Höhepunkt erreichte die Gewalt in dem staatlich organisierten Pogrom vom 9. November 1938. Die deutsche Bevölkerung reagierte in ihrer Mehrheit mit Reserve. Doch nur wenige waren darüber empört, dass jüdische Menschen gequält oder Gotteshäuser verwüstet wurden. Die Ablehnung geschah eher aus Missbilligung des Vandalismus gegen Sachwerte. Mangelnde Zivilcourage und das Wegschauen bei stiller Ablehnung waren vorherrschend. Vereinzelter Protest gegen die Zerstörung jüdischer Gotteshäuser wurde von den Kirchen nicht unterstützt, die noch am ehesten hätten Widerstand leisten können.

Es gab keinen Widerstand, als Tausende ihre Arbeitsstellen verloren. An keiner Universität regte sich 1933 Widerstand gegen den Ausschluss jüdischer Kollegen. Wie im Schuldienst nahm auch an den Universitäten der arbeitslose Nachwuchs die frei gewordenen Stellen gern in Anspruch. Ähnlich verhielt es sich in den übrigen akademischen Berufen, bei Juristen und Medizinern etwa. 1933 mussten im Deutschen Reich 574 jüdische Richter und Staatsanwälte den Dienst quittieren. Allein in Preußen wurde 1.000 jüdischen Rechtsanwälten die Zulassung entzogen. Die deutsche Justiz stellte sich willig in den Dienst der rassistischen Gesetzgebung. Jüdische Ärzte erhielten ab 1933 keine Zulassung mehr. Von ihren „arischen" Kollegen durften sie keine Solidarität erwarten. 1938 verloren alle noch behandelnden jüdischen Ärzte ihre Zulassung, ohne dass von den Standesvertretungen dagegen Einspruch erhoben worden wäre.

In vielen Vereinen und Verbänden war man bald bemüht, alle „Nichtarier“ auszuschließen. Lehrer benachteiligten oder quälten jüdische Kinder in ihren Klassen. Je kleiner die Orte waren, umso größer war die bald einsetzende Isolierung und Verfolgung. Statt Widerstand herrschte vorauseilender Gehorsam.
Nach dem Novemberpogrom 1938 wurde die Ausgrenzung Schlag auf Schlag vorangetrieben. Ab November 1938 durften jüdische Schüler keine Schulen mehr besuchen. Ab Januar 1939 mussten Juden ihren Vornamen den Namen Sara oder Israel hinzufügen. Der Zutritt zu Kinos, Theater, Gaststätten, Museen war ab November 1938 verboten. Nach Kriegsbeginn gab es ein nächtliches Ausgehverbot. Sukzessive kürzte man ihnen die Nahrungsmittelzuteilungen.
Bis zum Auswanderungsverbot im Herbst 1941 hatte mit 254.000 Personen mehr als die Hälfte der deutschen Juden das Land verlassen. Doch selbst nach dem Auswanderungsverbot gelang bis 1945 noch 8.500 Menschen die Flucht.

Die Schoa
Seit Januar 1939 drohte Hitler in seinen Reden den Juden in kaum noch verhüllter Form mit der physischen Vernichtung. Seine Helfer nahmen diese Drohungen auf und setzten sie, ohne dass es eines direkten Befehls bedurfte, in Vernichtungsaktionen um. In den folgenden zwei Jahren entwickelten sie eine perfekte Tötungsmaschinerie. Seit 1941 ist unverkennbar, dass die Ermordung einziges Ziel war, auch wenn für die Deportationen ökonomische Ziele, der „Arbeitseinsatz im Osten“, vorgegeben wurden. Weder die dringend benötigen Arbeitskräfte in der Rüstungsindustrie noch die Ausbeutung der letzten Kraftreserven jüdischer Deportierter hatten hier Vorrang. Das Protokoll der Wannsee-Konferenz vom 21. Januar 1942 lässt keinen Zweifel. *„Im Zuge der Endlösung [sollen] die Juden in geeigneter Weise im Osten*

Am 13. Dezember 1941 werden Bielefelder Juden nach Riga deportiert.

zum Arbeitseinsatz kommen. In großen Arbeitskolonnen, unter Trennung der Geschlechter, werden die arbeitsfähigen Juden straßenbauend in diese Gebiete geführt, wobei zweifellos ein Großteil durch natürliche Verminderung ausfallen wird. Der allfällig endlich verbleibende Restbestand wird, da es sich bei diesem zweifellos um den widerstandsfähigsten Teil handelt, entsprechend behandelt werden müssen, da dieser, eine natürliche Auslese darstellend, bei Freilassung als Keimzelle eines neuen jüdischen Aufbaus anzusprechen ist."

Die Teilnehmer der Wannsee-Konferenz beschlossen nicht erst die Endlösung, sie regelten mit den Verantwortlichen der einzelnen Ministerien nur noch die Vorgehensweise. Möglich wurde dieses Vorgehen mit der Kriegserklärung an die Sowjetunion am 22. Juni 1941 und den ersten Kriegserfolgen im europäischen Teil der UdSSR. Der Kreuzzug gegen den Bolschewismus verband sich für die Nationalsozialisten mit dem Kreuzzug gegen das „Weltjudentum".

Die ersten Mordaktionen an über einer Million Juden geschahen durch Erschießungen und Massenvergasungen. Im KZ Belzec ermordeten die SS und ihre Helfer vom März 1942 bis Dezember 1942 mindestens 600.000 Opfer durch Kohlenmonoxid, das durch Automotoren erzeugt wurde. Wenig später entstanden die Vernichtungslager Chelmno (ab Dezember 1941), Sobibor (ab Mai 1942) und Treblinka (ab Juli 1942), in denen die SS mit mobilen Gaswagen mordete. Seit Sommer 1942 führte die SS ihre Mordaktionen in den Vernichtungslagern Majdanek und Auschwitz-Birkenau mit Zyklon B in den Gaskammern durch. Die Vernichtungsmaschinerie wurde „industriell" betrieben. Die Deportationszüge rollten nahezu täglich auf die Selektionsrampen. Für den Arbeitseinsatz wurden 10-15 Prozent der Ankommenden „ausgesondert". Die große Zahl der Deportierten, die Alten, Kranken und Kinder, schaffte man gleich in die Gaskammern.

Das größte Ausmaß erreichten die Deportationen 1942, als die Gestapo die deutschen Juden direkt in die Todeslager transportierte. Zurück blieben Juden, die in Mischehen lebten und zunächst von den Deportationen ausgenommen wurden. Ab 1944 wurden jüdische KZ-Häftlinge verstärkt in der Rüstungsindustrie eingesetzt. Unter entsetzlichen Bedingungen und bei völlig unzureichender Ernährung kamen die meisten ums Leben. Jüdische Frauen wurden zur Trümmerbeseitigung verpflichtet.

Häftlinge, die trotz der unmenschlichen Bedingungen im Winter 1944 noch lebten, starben auf den so genannten Todesmärschen. Beim Vorrücken der Roten Armee trieb die SS die verbliebenen ausgehungerten und ausgemergelten Häftlinge unter großen Qualen nach Westen. Von den etwa 134.000 in die Vernichtungslager deportierten deutschen Juden erlebten nur etwa 8.000 die Befreiung aus den Konzentrationslagern. In Verstecken untergetaucht oder als Partner privilegierter Ehen überlebten ungefähr 5.000 bis 7.000 deutsche Juden die Schoa.

Neuanfang und Wiederaufbau nach 1945
Nach einer Statistik der britischen Besatzungsbehörden lebten 1946 im Gebiet des heutigen Nordrhein-Westfalen 2.494 Juden. Manche Überlebende waren deutsche Juden, deren Heimat vor der Schoa im Rheinland oder in Westfalen gewesen war. Hinzu kamen die so genannten „displaced persons“, befreite Juden aus Osteuropa, die zur Zwangsarbeit nach Westen verschleppt worden waren. Wegen des in Polen und anderen osteuropäischen Ländern wieder aufflammenden Antisemitismus wollten sie nicht in ihre Heimatländer zurückkehren, sondern versuchten von Deutschland aus, neue Ziele zu finden.

Die Einweihung der Mindener Synagoge 1958

So entstanden schon 1945 im heutigen Nordrhein-Westfalen die ersten jüdischen Gemeinden. Die Neugründungen knüpften aber nicht an die alten und aufgelösten Gemeinden an. Die neuen Gemeinden bildeten sich aus den wenigen Überlebenden, die zurückgekehrt waren und den in Deutschland gebliebenen displaced persons. Selbst als sich die Gemeinden nach zehn oder fünfzehn Jahren einigermaßen etabliert hatten, rechnete kaum jemand damit, dass jüdisches Leben in Deutschland eine Zukunft haben würde.
Dennoch konnten die Gemeinden jüdisches Leben in Deutschland aufrechterhalten. Bis etwa 1990 vertrat der 1950 gegründete Zentralrat der Juden in Deutschland ca. 90 Gemeinden mit etwa

30.000 Mitgliedern, zum größten Teil polnischer, rumänischer, tschechischer und in jüngster Zeit sowjetischer Herkunft. Der Anteil der jüdischen Restgruppe aus Deutschland betrug nur noch 10 Prozent. Durch Zuwanderung, vor allem aus Israel stieg die Zahl langsam aber kontinuierlich an. In der DDR sank dagegen die Zahl der Gemeindemitglieder von 3.100 (1945) auf 350 (1990) herab.
Der Zerfall der einstigen Sowjetunion bot den dortigen Juden die Möglichkeit zur Emigration. Neben Israel entschieden sich viele für die Einwanderung nach Deutschland. Von 1991 bis 2006 hat sich die Zahl der in den jüdischen Gemeinden registrierten Mitglieder mehr als verdreifacht. Insgesamt wird die Zahl der heute in Deutschland lebenden Juden auf fast 110.000 geschätzt. Die jüdischen Gemeinden in Nordrhein-Westfalen nahmen eine große Anzahl von Zuwanderern auf. In NRW lebten 1991 rund 4.800 Gemeindemitglieder, etwa 800 von ihnen in Westfalen. Im Juni 2006 registrierten die zehn Kultusgemeinden in Westfalen ca. 7.700 Mitglieder.
Die Zuwanderung aus der ehemaligen Sowjetunion war die wohl größte Herausforderung für die jüdischen Gemeinden in Deutschland seit ihrer Neugründung. Das Mitgliederwachstum veränderte die Gesamtstruktur der Gemeinden. Die Integration der Zuwanderer in die jüdischen Gemeinden bedarf einer großen Anstrengung. Fast alle Flüchtlinge hatten sich in der ehemaligen Sowjetunion ihrer Religion entfremdet. Auch eilig eingerichtete Lehrkurse und Veranstaltungen in den Gemeinden halfen kaum, den Flüchtlingen - vor allem den älteren - jüdische Traditionen und Lebensformen nahe zu bringen.
Andere Beispiele zeigen, dass bei den Alteingesessenen oft die Sorge herrscht, die „Neuen“ könnten die politische Führung in den Gemeinden an sich reißen und die gewohnten Strukturen verändern. Das Übergewicht der russischen Sprache bei Veranstaltungen, in jüdischen Tagesschulen und Kindergärten bis hin zu den Plakaten in den Gemeindezentren ruft bei einigen Gemeindemitgliedern zwiespältige Gefühle hervor. Kulturelle Reibungen zwischen den Eingesessenen und den Zuwanderern bleiben natürlich nicht aus.
Am Ende dieser über tausendjährigen Geschichte steht die Tatsache, dass ein neues Kapitel in der Geschichte der Juden in Deutschland aufgeschlagen ist.

Die Synagoge - Schnittpunkt jüdischen Lebens

„Die Synagoge ist jedes Gebäude und jeder Raum, der zum Beten bestimmt ist. Dies war immer und bleibt ihr Hauptzweck," sagt Rabbiner Chajim Halevy Donin.
Die Juden, der jüdische Glaube, die jüdische Religion bildeten über Jahrtausende hinweg einen integralen Bestandteil der Kulturgeschichte, über viele Jahrhunderte auch der westfälischen. Sie leisteten ihren Beitrag zur kulturellen Entwicklung der Regionen, in denen sie lebten, und hatten eine eigene religiöse und soziale Kultur. Für den integralen Bestandteil jüdischen Lebens an der deutschen Kultur stehen auch die etwa 2.800 Synagogen, die es zu Beginn des 20. Jahrhunderts in Deutschland gab. In der ehemaligen preußischen Provinz Westfalen, d.h. in den Landesteilen Westfalen und Lippe gab es 1932 insgesamt 119 aktiv genutzte Synagogen und Beträume.

Restaurierte Fachwerksynagoge in Padberg

„Der Bau einer Synagoge war die Krönung für jede Gemeinde, ihr Verlust ihr Ende", schreibt Meir Schwarz vom Synagogue Memorial Jerusalem. *„Sie war das Gotteshaus aller und sie wurde, besonders in den kleinen Gemeinden, von und mit allen gemeinsam gebaut, eingerichtet und auch betreut. Eine Synagoge darf nur in Ausnahmefällen und nach Genehmigung durch die Gemeindemitglieder verkauft werden, denn auch weiterhin ‚haftet ihr Heiligkeit an'. Die Zerstörung der Synagogen im Pogrom des 9./10. Novembers 1938 bedeutete zugleich die Vernichtung der jüdischen Gemeinden in Deutschland."* (Salomon Korn, Deutsche Synagogen) Fast keine der um 1930 bestehenden Synagogen blieb von physischer Gewalt, schändender Entweihung und Zerstörung verschont, mit Ausnahme einiger weniger, die 1937 und 1938 bereits zwangsverkauft oder aufgegeben und ihrer jüdisch-gemeindlichen Funktionen beraubt worden waren.

Jüdische Religion und Tradition

Die Architektur der Synagoge spiegelt in gewissem Maße auch den Umgang und die Einstellung einer Mehrheit, der christlichen, zu einer Minderheit, hier der jüdischen wider. Je nach Akzeptanz und Toleranz können die Juden prachtvolle Gotteshäuser errichten oder müssen sich mit in Hinterhöfen versteckten Gebetsräumen begnügen. Synagogen werden auch immer wieder das Ziel von Verwüstung und Zerstörung.

Haus der Versammlung und Lehrhaus

Die Bezeichnung Synagoge entstammt dem Griechischen und ist dort Synonym für Versammlung. Der hebräische Name lautet Bet Ha-Knesset (Haus der Versammlung). Im Mittelalter wurde die Synagoge vielfach „Schul", „Judenschul" oder „Schola" genannt. Denn die Synagoge diente nicht nur als religiöses, sondern auch als kulturelles und gesellschaftliches Zentrum der Gemeinde. Damit unterschied sich die Synagoge nicht nur vom Tempel in Jerusalem, sondern auch von den Tempeln der Antike wie von den Kirchen des Mittelalters: Diese waren allesamt Räume mit ausschließlich sakraler Nutzung.

Die Synagoge ist ein Raum von Laien für Laien. Hier finden die Gottesdienste statt, aber es werden auch Gemeindeangelegenheiten geregelt. Darüber hinaus ist sie ein Ort des Lernens und des Studiums.

Der Raum, in dem gelernt wird, ist der Bet Ha-Midrasch, das allen zugängliche Unterrichtszimmer. Hier setzte man sich am Schabbat und nach der Arbeit zusammen, um zu lesen und zu lernen. Die Zusammenkünfte wurden meist so geregelt, dass sie mit den Zeiten für die Gottesdienste zusammenfielen. So entwickelte sich aus dem Unterrichtszimmer auch die Synagoge.

Synagogen gab es bereits in den Zeiten des Tempels. Doch im Gegensatz zu diesem hatten sie nichts mit einem Opferkult zu tun und besaßen keinen Altar. Der Tempel war zudem mit der Gegenwart Gottes verbunden. In der Synagoge wird seine Gegenwart rein geistig gefasst. Die Gläubigen versammeln sich dort, um das Wort Gottes zu hören. Der auf das belehrende Wort aufbauende synagogale Gottesdienst stellt keine weiteren Ansprüche an den Raum.

Nach der Zerstörung des Tempels war die Synagoge der einzige Bau, in dem sich nicht nur die Gemeinde traf, sondern der auch mit einem Gottesdienst verbunden war. Der Bezug zum Tempel wird durch die Ausrichtung beim Gebet gewahrt. Während des Betens und beim Lesen der Tora blickt die Gemeinde nach Jerusalem, zum ehemaligen Tempelstandort. Auch der Aron Ha-Kodesch, der

Schrein, in dem die Torarollen aufbewahrt werden, wird nach Jerusalem ausgerichtet, in den europäischen Synagogen nach Osten.

Die Architektur der Synagoge

Im Israel der Antike hat sich kein eigener synagogaler Baustil entwickelt. In der Architektur orientierte man sich bei den antiken Synagogenbauten formal nicht an Kultbauten, etwa heidnischen Tempelanlagen, sondern nahm zeitgenössische Profanbauten zum Vorbild. In der Diaspora haben die Juden für ihre Gotteshäuser zu allen Zeiten den herrschenden Baustil des jeweiligen Landes aufgenommen. Dies bewirkte aber, dass über viele Jahrhunderte hindurch Synagogen nicht als eigenständige Bauten einer gesellschaftlich ausgegrenzten Minderheit wahrgenommen wurden.

Die 1938 zerstörte Synagoge in Münster

Erst im Zuge der Emanzipationsbestrebungen vom Beginn des 19. Jahrhunderts an kam es auch beim Synagogenbau zu markanteren Erscheinungen. Die Wahl des Baustils hatte nun einen öffentlichen Bekenntnischarakter.

Im mittelalterlichen Europa war das Judentum geteilt in zwei unterschiedliche Traditionsbereiche: das aschkenasische Judentum in Mittel- und Osteuropa und das sephardische Judentum auf der iberischen Halbinsel. Aus beiden Kulturbereichen sind Synagogen überliefert. Die aschkenasischen Synagogen sind fast ausschließlich aus Deutschland, Böhmen und Polen bekannt. Die frühen Vertreibungen aus England (1290) und Frankreich (1394) haben dort keine Überreste mittelalterlicher Bauten erhalten lassen.

Jüdische Religion und Tradition

Die meisten aschkenasischen Synagogen finden sich in Deutschland. Zwar gab es auch hier immer wieder lokale und regionale Ausweisungen von Juden, doch viele Ausweisungsverfügungen wurden aus wirtschaftlichen Gründen nach einiger Zeit zurück genommen. Man brauchte die Handelsbeziehungen der jüdischen Kaufleute und ihr Kapital. In vielen Städten kam es zu Synagogenzerstörungen, oder die Gebäude wurden zweckentfremdet; andernorts aber blieben Synagogen unversehrt. Die ältesten gesicherten Nachrichten über Synagogenbauten in Deutschland verweisen in das 11. Jahrhundert und ins Rheinland: nach Köln (1012 oder 1040), Worms (1034), Trier (1066) und Speyer (1096).
Der Synagogenbau des Mittelalters kennt in Deutschland zwei unterschiedliche Bautypen: den einfachen Saalbau ohne Stützen und den zweischiffigen Raum. Letzterer wird in der Mittelachse durch zwei Säulen geteilt. Doch unabhängig vom Bautyp wird der Innenraum jeder Synagoge durch zwei wichtige Einrichtungen bestimmt: den Toraschrein und die Bima, das Lesepult für die Torarolle. Es stand in der Mitte des Raumes. Daher wirkte sich, anders als in den christlichen Kirchen, die Zweischiffigkeit günstig auf die Gestaltung des Synagogeninnenraumes aus. In der Kirche versperrten die Säulen den Blick auf den Altar, in der Synagoge konnte die Bima in die Raummitte zwischen beide Säulen gestellt werden. Die Sitzreihen wurden um die Bima herumgruppiert. Der religiöse Mittelpunkt des Gottesdienstes, die Toralesung, bildete auch räumlich das Zentrum der Synagoge.

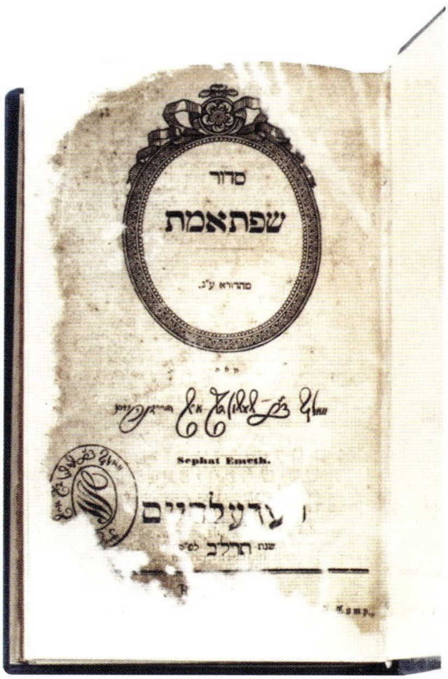

Das Gebetbuch stammt aus der 1938 zerstörten münsterischen Synagoge. Das stark beschädigte Buch konnte aufwendig restauriert und somit der Nachwelt erhalten werden.

Der zweischiffige Baukörper ist nach heutigem Wissen erstmals in Worms zur Anwendung gekommen. Es folgten bald andere Bauten. Die aus dem 13. Jahrhundert stammende Regensburger Synagoge, ebenfalls zweischiffig, erhielt drei Säulen. Da nun in der Raummitte eine Säule stand, musste die Bima verschoben werden. Diese Lösung empfand man anscheinend als nicht sehr geeignet, denn sie fand keine Nachahmer.
Die vor dem 13. Jahrhundert errichteten Synagogen hatten alle keinen Frauenraum. Vermutlich konnten Frauen in dieser Zeit nicht am Gottesdienst teilnehmen. Die Wormser Synagoge erhielt erst 1212/13 einen ebenerdigen Anbau. Die Verbindungswand zur Männersynagoge wies zunächst nur kleine Fensterchen auf, durch die die vorne sitzenden Frauen hindurchsehen und den Gottesdienst mitverfolgen konnten. Häufig „beschrieb" eine Vorbeterin den Verlauf des Gottesdienstes und gab den Frauen Anweisungen. Frauenemporen, die sich in Spanien bereits im 14. Jahrhundert entwickelten, gab es im aschkenasischen Raum erst vom 16. Jahrhundert an.
Die mittelalterliche Synagoge steht an exponierter Stelle im Stadtbild, sie ist oftmals von der gleichen Bauhütte erstellt worden wie die lokalen Kirchen. Mit dem ausgehenden Mittelalter ändert sich das Bild. In vielen Regionen kam es seit dem 14. Jahrhundert immer wieder zu Pogromen. Es folgten mehrere Auswanderungswellen nach Osten. Hier erlebte die Synagogenbaukunst eine neue Blüte. Andere Juden zogen von den Städten aufs Land, wo sie kleine und meist unbedeutende Landgemeinden bildeten. Diese Landgemeinden in Deutschland konnten sich große Synagogengebäude wie im Mittelalter nicht erlauben, üblich waren kleine und bescheiden ausgestattete Betsäle.
Im 18. Jahrhundert änderte sich allmählich die Lage. Nun entstanden auch in den Dörfern, Landstädten und kleineren Residenzen zahlreiche Synagogenbauten. Allerdings kann die architektonische Entwicklung nur noch teilweise nachvollzogen werden, da sich kaum Gebäude aus dem 16. und 17. Jahrhundert erhalten haben. Die Dorf- und Kleinstadtsynagogen des 18. Jahrhunderts fielen im Erscheinungsbild meist nicht auf. Die geringe Finanzkraft der kleinen Gemeinden erlaubte nur einfache Bauten, oft im Fachwerkstil errichtet; auffällige Synagogengebäude waren von Stadt und Kirche ohnehin unerwünscht. Auch der Wunsch, sich von Kirchen zu unterscheiden, und das Bemühen, nicht aufzufallen, dürfte eine Rolle beim Synagogenbau gespielt haben.
Das 19. Jahrhundert brachte sichtbare Veränderungen. Auf ihrem Weg in die bürgerliche Gesellschaft entwickelte die jüdische Ge-

meinschaft zunehmend mehr Selbstbewusstsein, das sich auch in den synagogalen Bauwerken niederschlug. Mit wachsender Emanzipation wünschten sich die Gemeinden Synagogen, die auch äußerlich das gestiegene Selbstbewusstsein zum Ausdruck bringen sollten. Schwierig gestaltete sich dabei die Wahl eines geeigneten Baustils. Eine Synagoge konnte bzw. durfte nicht in den Formen einer Kirche gebaut werden. Der gotische Baustil war fast ausschließlich den christlichen Konfessionen vorbehalten, der romanische Stil ebenfalls stark christlich belegt. Es stand daher nur eine kleine Auswahl an Baustilen zur Verfügung.
Seit den sechziger Jahren des 19. Jahrhunderts entschied sich eine ganze Reihe von Gemeinden für den so genannten maurischen Stil als Ausdruck einer gewissen Selbständigkeit und Freiheit. Der maurische Stil wurde häufig als mit der Gotik verwandt dargestellt, die Verwendung des Spitzbogens in der arabischen Architektur als Vorläufer des gotischen Spitzbogens gesehen. Dennoch betrachtete man den arabischen Stil als minderwertig. Die zweitrangige Stellung der Juden in der Gesellschaft war derart tief verwurzelt, dass es gleichsam selbstverständlich schien, ihnen einen im Vergleich mit der Gotik zweitrangigen Baustil zu empfehlen.
Eine Identifizierung der Juden mit orientalischen Völkern entsprach im 18. und 19. Jahrhundert der allgemeinen Auffassung. Die „Entdeckung“ und Verwendung des maurisch-arabischen Stils beim Bau von Synagogen verwunderte daher nicht. In der zeitgenössischen Kritik gab es kaum negative Stimmen. Man bestaunte die aufwendigen Formen und bewunderte ihre Fremdartigkeit, so wie man es bei den maurischen Gartenhäusern in den fürstlichen Parks auch tat.
Die Verwendung maurischer Stilformen in der Synagogenarchitektur des 19. Jahrhunderts lag vor allem in dem Wunsch begründet, der Synagoge einen eigenen Charakter zu verleihen, sie nicht als Profanbau erscheinen zu lassen, sie aber auch vom christlichen Sakralbau abzuheben.
Von jüdischer Seite betrachtete man den maurischen Stil als Ausdruck einer vermeintlichen Freiheit. Aufgrund seiner Fremdheit wirkte dieser Stil aber in der bürgerlichen Gesellschaft alles andere als integrierend. Der Antisemitismus und die immer aggressiver werdende Propaganda gegen die Juden zeigten sehr bald, dass die 1871 gewährte Gleichberechtigung vielfach nur auf dem Papier stand. Im Synagogenbau führte dies dazu, dass seit den späten achtziger Jahren der romanische Stil sich wieder durchsetzte.
Darüber hinaus forderten einzelne Vertreter des deutschen Judentums, dass *„bei der Errichtung eines Gotteshauses ... man danach*

streben [müsse], nächst einem schönen Bauwerke zugleich ein nationales zu schaffen. Der deutsche Jude müsse also im deutschen Staate auch im deutschen Stile bauen“ (Edwin Hoppler, 1831-1890). Doch dieses so patriotische Bekenntnis wurde von der Mehrheitsgesellschaft nicht anerkannt. Nach 1918 dezimierte die wirtschaftliche Krise das Vermögen der Kultusgemeinden, und der Antisemitismus schränkte die öffentliche Darstellung, wie es ein Synagogenbau war, zunehmend ein.
Bis über das Mittelalter hinaus war die Synagoge nicht nur die Stätte des gemeinsamen Gebets, sondern sie war auch Ort der jüdischen Gerichtsbarkeit und Herberge für bedürftige Durchreisende oder Vertriebene und Flüchtlinge. Diese vielfältige Nutzung der Synagoge, ihre sich im Laufe der Zeit wandelnden Funktionen können bei den Synagogen des 19. und 20. Jahrhunderts meist nur noch erahnt werden. Von einer Stätte, die die gesamte soziale, religiöse und kulturelle Existenz der Juden erfasste, wandelte sie sich zum religiösen und kulturellen Mittelpunkt. Die Synagoge wurde zum Ort des Gebetes, der Schabbatfeier und der gemeinsamen Festtagsgottesdienste. Das Lernen, das über viele Jahrhunderte in der Synagoge selbst stattgefunden hatte, wurde in eigene Räume verlegt. Diese blieben meist in das Synagogengebäude integriert. Damit blieb die Einheit von Gottesdienst und Torastudium gewahrt. Die heutigen Synagogen wie beispielsweise Dortmund, Recklinghausen oder auch Duisburg sind meist in größere Gebäudekomplexe integriert und bilden Gemeindezentren, die neben den religiösen Veranstaltungen soziale und kulturelle Funktionen bieten.
Inschriften spielen bei den Synagogen eine große Rolle. Sie finden sich sowohl außen über dem Portal wie auch im Innenbereich, hier vor allem auf dem Toraschrein. Die Inschriften waren traditionell hebräisch gehalten und sind es bis heute. In wenigen Fällen gab es zum Ende des 19. Jahrhunderts und im frühen 20. Jahrhundert zweisprachige oder sogar nur einsprachig deutsche Inschriften. Zu den gebräuchlichsten Außeninschriften zählen „Mein Haus soll genannt werden ein Bethaus für alle Völker“ (Jes 56,7) oder „Dies ist das Tor zum Ewigen, Gerechte werden hindurch schreiten“ (Ps 118,20). Die Inschriften im Synagogeninnern sind sicherlich älter als die Außeninschriften. Zu den am häufigsten verwendeten Versen gehört „Wisse vor wem du stehst“. Dieser Spruch nimmt ein Wort aus dem Talmud auf, in dem es heißt: „und wenn ihr das Gebet verrichtet, wisset, vor wem ihr steht“ (Berachot 28b). So ist dieser Vers als Inschrift über den Toraschreinen der Synagogen von Paderborn und Niedermarsberg überliefert. Leider können wegen

mangelnder Dokumentation vieler Synagogen die Inschriften oft nicht mehr ermittelt werden. Selbst bei den erhalten gebliebenen Gebäuden erinnern meist nur leere Flächen an die früheren Inschriften.
Neben einer Inschrift über dem Haupteingang dokumentierte sich die Synagoge nach außen vielfach auch mit den Bundestafeln, den Tafeln der Zehn Gebote. Sie befanden sich entweder unmittelbar über dem Eingang, in den Giebel eingelassen oder als Aufsatz bzw. Bekrönung eines Giebels. Die Tafeln zeigten meist die hebräischen Anfänge der Gebote oder führten in römischen Ziffern die Zahlen an.
In der Pogromnacht vom 9. November 1938 wurden die meisten westfälischen Synagogen niedergebrannt oder verwüstet. Die Ruinen mussten meist in den folgenden Wochen und Monaten auf Anweisung der Behörden und auf Kosten der jüdischen Gemeinden abgetragen werden oder fielen während des Krieges den Bombardierungen zum Opfer. Von den mehr als 200 Synagogen, die es in den dreißiger Jahren in Westfalen gab, standen im Sommer 1945 nur noch ca. 70. Die jüdischen Gemeinden hatten diese Gebäude unter dem Druck der Verhältnisse bereits vor 1938 verkaufen müssen und die neuen nichtjüdischen Eigentümer sie zu profanen Zwecken genutzt.

Im Mai 1999 konnte das vom Berliner Architekten Zwi Hecker geplante neue Zentrum der jüdischen Gemeinde Duisburg-Mülheim-Oberhausen am Duisburger Innenhafen eröffnet werden.

Nach dem Krieg vergingen mehrere Jahrzehnte, bis man sich der besonderen Bedeutung dieser Gebäude erinnerte. Vielerorts nutzte man die ehemaligen Synagogen als Werkstätten, Lagerschuppen, Garagen oder auch als Diskotheken. Durch die Initiative engagierter Bürgerinnen und Bürger konnten nach oft zähen Verhandlungen die ehemaligen Synagogengebäude vor weiterem Verfall und drohendem Abbruch bewahrt und restauriert werden. Dennoch werden diese Gebäude nicht wieder als Bethäuser verwendet, da in den jeweiligen Orten keine Gemeinden mehr existieren.
Heute werden die Gebäude als kulturelle Veranstaltungsorte, als Museen oder Gedenkstätten genutzt. Beispiele finden sich in Hagen-Hohenlimburg, Selm-Bork, Drensteinfurt oder in Marsberg-Padberg. Daneben gibt es auch Gebäude, von deren Existenz als Synagoge man weiß, aber aus unterschiedlichen Gründen nicht daran erinnern möchte. Diese Häuser werden z.B. als Wohngebäude oder, wie z.B. in Bad Driburg, als Getränkemarkt genutzt.
Eine besondere Rolle nimmt seit einigen Jahren die Synagoge in Selm-Bork ein. In den 1980er Jahren restauriert und von der Stadt Selm als Kulturraum für Ausstellungen und Vorträge genutzt, findet dort seit einigen Jahren einmal im Monat jüdischer Gottesdienst statt. Eine Gruppe von jüdischen Männern und Frauen trifft sich dort, um gemeinsam Gottesdienste nach liberalem Ritus abzuhalten. Diese Gruppe hat sich unter dem Namen Etz Ami zu einem Verein zusammengeschlossen.

Neue Synagogen in Westfalen nach 1945
1945 waren die vielen bis 1933 organisch gewachsenen jüdischen Gemeinden vernichtet. Die Gemeinden, die nach 1945 in Deutschland neu entstanden, hatten eine völlig andere Struktur. Sie waren klein und ihre Mitglieder meist ältere, der Verfolgung und Ermordung entronnene Personen und Familien, die Kinder überwiegend nach 1945 geboren. Die ersten Gottesdienste fanden in Privathäusern statt. Immer wieder stand die Frage im Raum, ob auf Dauer ein Gemeindeleben in Deutschland möglich sein würde. Stärker als die Zweifel war schließlich der Wille einzelner, ihr Leben in Deutschland neu aufzubauen.
Mitte der fünfziger Jahre entstanden die ersten Pläne für neue Synagogenbauten. In Westfalen konnten bis 1961 sechs Synagogen eingeweiht werden: Dortmund 1956, Minden und Gelsenkirchen 1958, Paderborn 1959, Hagen 1960 und Münster 1961. 1963 erfolgte die Einweihung der Synagoge in Bielefeld. In Recklinghausen und Detmold gab es neue Betsäle in den Gemeindehäusern. Die Neubauten entstanden ohne Anknüpfung an die Synagogen der Vor-

Synagogen in Westfalen - Das Beispiel Dortmund

Die gegen Ende des 19. Jahrhunderts auf ca. 2.000 Mitglieder angewachsene Kultusgemeinde wünschte sich eine große,

Ehemalige Synagoge am Hiltropwall

Abriss der Synagoge Oktober 1938

repräsentative Synagoge. Man entschied sich für eine neugotische Architektur, die den allgemeinen Stilvorstellungen im Deutschen Reich entsprach. Die Mehrheit der Dortmunder Juden unterstrich damit ihr deutsches Nationalgefühl, das ihnen von weiten Teilen der Mehrheitsgesellschaft abgesprochen wurde.

Doch die Hoffnung auf eine dauernde Akzeptanz erfüllte sich nicht. Noch vor der Pogromnacht vom 9. November 1938 kam das Ende für die Dortmunder Synagoge. Am 19. Oktober 1938 begann die von den Nationalsozialisten veranlasste Sprengung der Synagoge, am 30. Dezember war der Abriss beendet. Nach dem Zusammenbruch NS-Deutschlands entwickelte sich bereits im Herbst 1945 ein neues Gemeindeleben. Ein provisorisch hergerichtetes Gebäude reichte nur wenige Jahre aus. Man entschloss sich zu einem Neubau. Im September 1956 konnte eine neue Synagoge mit angeschlossenem Gemeindezentrum feierlich eingeweiht werden. Die steigende Zahl von Mitgliedern, Zuwanderer aus der ehemaligen Sowjetunion, erforderte Mitte der 1990er Jahre die Erweiterung dieses Zentrums.

Neue Synagoge heute

kriegszeit. Man wollte sich abheben von den Monumentalbauten der jüngeren Vergangenheit. Nicht mehr Eklektizismus und Historismus, sondern Funktion und Technik, d.h. gottesdienstliche Abläufe und zeremonielle Handlungen bestimmten die Formen und die Bauweise. Im jüdischen Gottesdienst steht die versammelte, mithandelnde Gemeinde, die Lesung aus der Tora und eventuell eine Auslegung des Toratextes im Mittelpunkt des Geschehens. Darüber hinaus galt es, wie der Architekt Hermann Zvi Guttmann formulierte, *„das Gemeindeleben so zu gestalten, dass alle Mitglieder zusammengebracht werden, dass sie sich neben dem Gottesdienst auch gesellschaftlich näher kommen.“* Diese Vielfalt der Aufgaben bedingte daher beim Synagogenbau eher eine Ähnlichkeit mit den Bethäusern der Gemeinden in weit zurückliegender Vergangenheit als mit den Synagogen der letzten einhundertfünfzig Jahre.
Die neu entstandenen Synagogen sind fast alle mit einem kleineren oder größeren Gemeindezentrum verbunden. Dieses verfügt neben dem Bethaus und oft einer Mikwe auch über Gesellschaftssäle, Unterrichts- und Gruppenräume für die Jugend sowie Räume für Verwaltungsangelegenheiten.

Die Tora

Nach jüdischer Tradition ist die Tora die Schrift gewordene Stimme Gottes. Deshalb heißt es in den Vätersprüchen (Pirke Awot 6,7):
Groß ist die Tora, denn sie gibt Leben jenen, die sie befolgen
in dieser und in der kommenden Welt, denn es heißt:
„Sie ist ein Baum des Lebens für jene, die an ihr festhalten,
und die sie bewahren, werden selig.“ (Sprüche 3,18)
Das hebräische Wort „tora“ bedeutet Weisung, Lehre, Gebot. Ursprünglich verstand man darunter nur den Pentateuch, die fünf Bücher Mose. Später verstand man darunter auch die übrigen Bücher der Bibel, nämlich die Prophetenbücher (Neviim) und die Schriftwerke (Ketuvim). Sie bilden in ihrer Gesamtheit die schriftliche Tora, den „Tanach“. Tanach ist ein Kunstwort, das aus den Anfangsbuchstaben von Tora, Newiim und Ketuwim gebildet ist.
Im Laufe der Zeit entstand das Bedürfnis, die Tora zu erläutern. Diese Erläuterungen wurden lange Zeit nur mündlich überliefert und erst ab Beginn des 2. Jahrhunderts schriftlich niedergelegt. Schriftliche und mündliche Lehre bilden zusammen die ganze Tora, weil nach der Überlieferung auch die Interpretation der Gebote von Gott offenbart ist.

Jüdische Religion und Tradition

Auf Mose und die Propheten folgten die Schriftdeuter, die Begründer der mündlichen Tora. Es entstand eine Traditionskette, in der einer dem andern weitergab, was er selbst empfangen hatte:
Mose empfing die Tora vom Sinai und gab sie Josua weiter und Josua den Ältesten, und die Ältesten den Propheten. Und die Propheten gaben sie den Männern der Großen Synagoge weiter. Diese sagten drei Dinge: Seid zurückhaltend im Gericht, und zieht viele Schüler heran, und macht einen Zaun um die Tora (d. h. schützt die Gesetze notfalls durch weitere Gesetze).
Simeon der Gerechte gehörte zu den Letzten der Großen Synagoge. Er pflegte zu sagen: Auf drei Dingen beruht die Welt: auf der Tora, auf dem Kult und auf den Werken der Nächstenliebe.
Antigonos von Sokho empfing die Tora von Simeon dem Gerechten. Er pflegte zu sagen: Seid nicht wie Knechte, die dem Herrn nur unter der Bedingung dienen, eine Belohnung zu erhalten. Und Gottesfurcht sei über euch.
Dieser kurze Auszug aus den *Pirke Awot* weist hin auf die mündliche Weitergabe der Lehre und die je neue Deutung des Überlieferten.

Die Torarolle
Die Torarolle ist das kostbarste Gut des jüdischen Kultus. Sie wird an einem besonderen Ort aufbewahrt: im Aron Ha-Kodesch, dem Heiligen Schrein. Er befindet sich an der Ostwand des Synagogenraums, in Ausrichtung nach Jerusalem. Bis heute wird die Tora auf Pergament geschrieben, das aus der Haut kultisch reiner Tiere hergestellt sein muss. Der Text ist in Spalten von 40 bis 60 Zeilen angeordnet und von Hand geschrieben. Für die Niederschrift des Textes benötigt man ungefähr 40 Pergamentblätter, die mit Fäden aus Sehnen kultisch reiner Tiere zusammengeheftet werden.
Die Niederschrift der Tora ist Aufgabe des Toraschreibers. Das Schreiben des Textes nimmt Monate in Anspruch. Die Niederschrift ist strengen Regeln unterworfen. Der Toraschreiber darf z.B. keine willkürliche Aufteilung vornehmen oder den Text illustrieren, wie das bei der Megillat Ester - der Esther-Rolle - üblich ist. Allerdings dürfen dem Talmud gemäß einige Buchstaben mit Verzierungen versehen werden. Eine besondere Schreibweise kann man im Mittelteil der in Dorsten ausgestellten Torarolle aus dem 19. Jahrhundert erkennen. Es handelt sich um das „Lied vom Schilfmeer“ aus dem Buch Exodus (14,29-15,23), das den Durchzug der Israeliten durch das Rote Meer besingt. Das Schriftbild ähnelt durch die Zeilenanordnung optisch den seitlich aufgetürmten Wellen, zwischen denen die Israeliten in geordneter Schar hindurchziehen.

Nach der Fertigstellung werden das erste und das letzte Blatt des langen Pergamentstreifens an Stäben befestigt, die zum Aufrollen der Tora dienen. Diese Stäbe, „ez chajim“ - Lebensbaum genannt, werden an beiden Enden mit Griffen versehen. Zwischen Griff und Stab wird je eine Holzscheibe befestigt. Diese Scheiben ermögli-

Torarolle aus dem frühen 19. Jahrhundert

chen ein sorgfältiges Aufrollen des Pergaments und geben der Rolle Halt.

Wenn die Tora zugerollt und bekleidet ist, wird sie mit Silberaufsätzen geschmückt. In Osteuropa bevorzugte man Kronen, in Deutschland dagegen Rimmonim, die auf die Spitzen der Stäbe gesetzt werden. Rimmon bedeutet „Granatapfel“. Wegen seines Samenreichtums und seiner leuchtenden Farbe gilt der Granatapfel als Sinnbild der Lebensfülle. Die Rimmonim (Granatäpfel) sind häufig phantasievoll gestaltet und mit Glöckchen versehen, die beim Aus- und Einheben der Tora erklingen.

Auch eine beschädigte und unbrauchbar gewordene Torarolle wird mit Ehrfurcht behandelt. Sie soll nach Möglichkeit bestattet oder in

Rimmonim und Toraschild

einem besonderen Raum - der Genisa - aufbewahrt werden, damit sie nicht achtlos verkommt.
Die Einzigartigkeit der Tora besteht darin, dass sie Gottes Willensoffenbarung an Israel darstellt. *„So wie die Welt durch die Weisheit Gottes geordnet ist, ist nun die Tora ‚Weltgesetz' und ‚Lebensordnung', denn sie ist Ausdruck der Schöpfungsordnung"*, so der Theologe Franz Mußner. Im Laufe der Zeit entwickelte sich eine Art „Tora-Ontologie", eine Lehre vom Sein der Tora: Sie ist „vor der Welt erschaffen", sie war schon immer „bei Gott", sie ist Gottes „Tochter", sie „bringt Leben", ist „Licht" und „Wahrheit", sie ist „eine Weise der Gegenwart Gottes in der Welt", sie ist Gottes „Mysterium". Durch Lernen erhält der Mensch Anteil an der Tora. Das Studium der Tora ist eine Weise des Betens, denn wo Torastudium

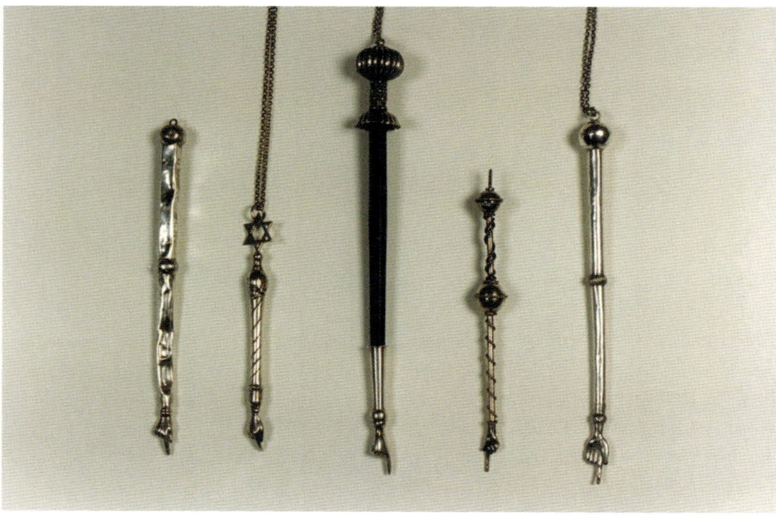

Beim Lesen darf die Tora nicht mit den Fingern berührt werden. Als Lesehilfe verwendet man daher Torazeiger.

betrieben wird, ist Gottes Schechina, die „Gottesherrlichkeit" selbst zugegen.
Die Tora ist das Buch des Bundes zwischen Gott und Israel und zugleich das Unterscheidende zwischen Israel und den Völkern. Nach jüdischer Überlieferung hat Gott auch den Völkern die Tora angeboten, *„aber sie wollten ihre schweren Verpflichtungen nicht halten und schlugen sie aus. Israel nahm das Joch der Tora auf sich, wurde dadurch das auserwählte Volk und erhielt Anteil am Ewigen und ewigen Bestand"* (Jüdisches Lexikon). Dieses mystische Verständnis der Tora war durch die ganze Geschichte hindurch die prägende Kraft des Judentums.

Mit dem Toramantel wird die Torarolle zugleich geschützt und geschmückt.

Mappa, Rimmonim und Jad
Zum ehrfurchtsvollen Umgang mit der Tora gehört es, sie zu bekleiden und zu schmücken. Das geschieht vor allem durch den Toramantel (Mappa), durch die Bekrönung mit silbernen Aufsätzen, den Rimmonim, und durch die künstliche Hand mit dem ausgestreckten Zeigefinger, den Jad, der die Tora bei der Vorlesung im Gottesdienst vor der Feuchtigkeit der Hand schützt.
Die Toramäntel sind aus kostbaren, mit Gold- und Silberstickereien verzierten Stoffen gefertigt. Schmuckmotive sind Kronen, Löwen oder die Bundestafeln. Das häufig verwendete Emblem des Löwen erinnert an den Segen Jakobs über Juda: *„Ein junger Löwe ist Juda. (...) Nicht weicht das Zepter je von Juda und nie der Herrscherstab von ihm, bis sein Ersehnter kommt, auf den die Völker hören"* (Gen 49,9f.).

Der Talmud

Kein Buch ist durch die Jahrhunderte hindurch so missverstanden und angefeindet worden wie der Talmud, und zwar derart, dass sowohl die Kirche als auch die weltlichen Herrscher im Mittelalter seine Vernichtung befahlen. Zu den Traumata der jüdischen Gemeinschaft gehört noch heute die Erinnerung an die „Autodafés",

כיצד צולין פרק שביעי פסחים פד

Seite aus dem Talmud

die Talmudverbrennungen auf öffentlichen Plätzen Westeuropas.
In der Dorstener Ausstellung sind zwei Bände des Babylonischen Talmud zu sehen, der insgesamt zwölf Bände umfasst im Unterschied zum fünfbändigen palästinensischen oder Jerusalemer Talmud. Talmud bedeutet „Lehre“, und zwar im Sinne einer autoritativen Auslegung der Tora. Er besteht aus zwei Teilen: der Mischna und der Gemara. Die Mischna versteht sich als „Wiederholung“ der Weisungen der Tora und ist eine z. T. aus den ersten zwei Jahrhunderten stammende Sammlung religionsgesetzlicher Vorschriften und zivilrechtlicher Regeln. Die Gemara - die „Vollendung“ des Gelernten - enthält die sehr unterschiedlichen und oft kontroversen Diskussionen, die in den späteren Jahrhunderten über die Vorschriften der Mischna geführt wurden. Abgeschlossen wurde das zwölfbändige Werk nach heutiger Kenntnis erst zwischen dem 6. und 8. Jahrhundert.
Die aufgeschlagene Seite des Talmud lässt die Struktur der Diskussion gut erkennen. In der Mitte steht - deutlich unterschieden von den umgebenden Texten - der Haupttext, die Mischna. An den Rändern befinden sich die Diskussionsbeiträge zu diesem Text, teils längere, teils kürzere: die Gemara.
Nicht alle Diskussionsbeiträge sind inhaltlich streng der Mischna zugeordnet. Manche sind nur assoziativ angegliedert und enthalten anstelle der gesetzlichen Regelungen (Halacha) vorwiegend erzählerische Beiträge (Haggada) ohne verbindlichen Charakter.
So leidenschaftlich man auch über den rechten Weg diskutiert, es gibt im Judentum kein Lehramt, keine für alle und in jeder Situation gültige Handlungsanweisung. Bis in die Gegenwart gilt in Zweifelsfällen das Prinzip der Auslegung, so wie es in der Grundstruktur des Talmud angelegt ist.

Haus - Familie - Individuum

Im traditionellen Judentum, wie es hierzulande in den Einheitsgemeinden gepflegt wird, gilt die Synagoge als Wirkungsort der Männergemeinschaft. Sie ist „Bet Ha-Knesset“, Haus der Versammlung, und sie ist „Bet Ha-Midrasch“, Ort der Lehre und der Bewahrung der Lehre. Demgegenüber ist das jüdische Haus Ort der Bewährung, in dem die göttlichen Gebote praktiziert werden. Es soll der Ort sein, an dem jüdisches Leben „geheiligt“ wird. Abgesehen von den Hohen Feiertagen Rosch Haschana und Jom Kippur werden alle Feste des Jahres im Zentrum der Familie, am Tisch des jüdischen Hauses gefeiert.

Jüdische Religion und Tradition

Mesusa
Man erkennt ein jüdisches Haus daran, dass am Haustürpfosten sowie an fast allen anderen Türpfosten eine Kapsel angebracht ist, die Mesusa. Sie wird am rechten Pfosten in Augenhöhe schräg befestigt und weist ins Inneres des Hauses oder des Raumes. In der Kapsel befindet sich ein Stück Pergament mit Bibelversen aus dem Buch Deuteronomium (6,4-9): *„Höre, Israel, der Herr ist unser Gott, der Herr ist Einer. Und du sollst den Herrn, deinen Gott lieben von ganzem Herzen, von ganzer Seele und mit aller deiner Kraft. Und diese Worte, die ich dir heute gebiete, sollst du dir zu Herzen nehmen (...) und du sollst sie schreiben auf die Pfosten deines Hauses und an die Tore."* Auf den meisten Mesusot ist deutlich erkennbar der hebräische Buchstabe Schin. Es ist der Anfangsbuchstabe des Wortes „Höre! - Sch'ma!" Häufig ist auf dem Pergament auch das Wort „Schaddai" erkennbar. Es ist der älteste Gottesname, der in der Bibel verwendet wird. In Verbindung mit der Mesusa wird er als Akrostichon gelesen: Die drei Buchstaben schin, dalet, jod bedeuten danach „schomer daltot Jisrael - Hüter der Tore Israels".

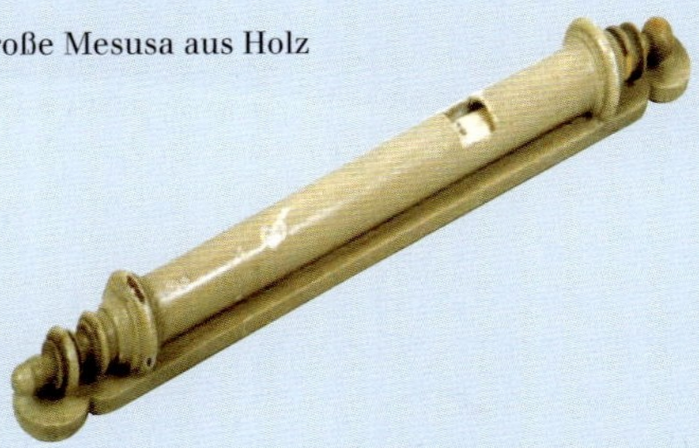

Große Mesusa aus Holz

Synagoge und Haus
Synagoge und Haus bilden die beiden wichtigsten Schwerpunkte im jüdischen Glaubensvollzug. Männer und Frauen haben nicht die gleichen religiösen Pflichten. Während das Religionsgesetz den Männern eine Fülle von rituellen Geboten vorschreibt, befreit es die Frauen zur Wahrung ihrer häuslichen Pflichten von allen Geboten, die an bestimmte Zeiten gebunden sind.
Die Frage nach der rechtlichen Gleichstellung von Männern und Frauen in allen Lebensbereichen hat auch in der jüdischen Gemeinschaft Nachdenken über Tradition und Brauchtum angeregt. In der liberalen wie auch in der konservativen Richtung des Judentums hat das Selbstverständnis der Frau als Gleiche unter Gleichen

zu einer Aufhebung der Geschlechtertrennung im religiösen Raum geführt. Frauen werden hier zum Minjan hinzugezählt. Sie sind berechtigt, Tallit und Tefillin zu tragen, und können Kantorinnen wie auch Rabbinerinnen werden. Nach alter Tradition kann ein öffentlicher Gottesdienst nur stattfinden, wenn mindestens zehn religionsmündige Männer (also mindestens 13 Jahre alt) anwesend sind.
Viele jüdische Frauen empfinden es heute als diskriminierend, dass ihre Anwesenheit nicht zählt. Ein Durchbruch wurde nach 1935 erzielt, nachdem Regina Jonas als erste Frau zur Rabbinerin ordiniert worden war.

Synagoge Ibbenbüren

Strömungen
Seit der Zeit der Aufklärung sind im Judentum tiefgreifende Veränderungen im Umgang mit der Glaubenstradition erkennbar. *„Die Tora, Gottes Wort, war, wie schon die Debatten und Entscheidungen des Talmud bezeugten, den Menschen der Zeit ausgehändigt, und es war ihnen erlaubt, aus alten Lehrmeinungen neue Entscheidungen herauszulesen,“* so Rabbiner Leo Trepp in seiner „Geschichte der deutschen Juden“. Deshalb gibt es heute auch nicht „das“ Judentum, sondern nach einem Wort von Rabbiner Leo Baeck nur „Judentümer“. Unter den vielen Formen des Judentums seien hier nur die zur Zeit in Deutschland wichtigsten genannt. Die am stärksten vertretene Gruppe versteht sich als „Einheitsgemeinde“, die bis 1990 allen ein gemeinsames Dach bot, die als Überlebende und Nachkommen unterschiedlicher religiöser Provenienz einen Zusammenschluss suchten. Durch den Zuzug vornehmlich aus den GUS-Ländern wuchsen die dahinsiechenden Gemeinden rapide an, aber gerade in diesen Gruppen fehlte es an religiösem Wissen. Nicht alle mochten sich dem Traditionsjudentum der Einheitsgemeinden anschließen. Dadurch erstarkte das Reformjudentum, das sich in Deutschland unter dem Einfluss aus den USA vor allem als „Union progressiver Juden“ konstituiert hat.

Die persönlichen Feste

Die Beschneidung - B'rit mila

Das erste Gebot der Tora ist das Gebot der Fortpflanzung: „Seid fruchtbar und mehret euch!"(Gen 1,28) Es beruft den Menschen zur Fortführung des göttlichen Schöpfungswerkes durch die eigene Zeugungskraft, die durch die Beschneidung geheiligt wird. Die Beschneidung ist darüber hinaus das Zeichen des Bundes zwischen Gott und Abraham, in den „jedes Männliche" durch diesen Akt aufgenommen wird.

Die Beschneidungsfeier findet am achten Tag nach der Geburt statt und wird durch einen dazu bestellten Beschneider, den Mohel, vollzogen. Der religiöse Akt wird von Segenssprüchen begleitet. Zum Schluss stimmen alle ein in die Bitte: „Wie er in den Bund eingeführt wurde, so möge er eingeführt werden in die Tora, in die Ehe und in die Ausübung guter Werke (Mizwot)." Dieser Text steht

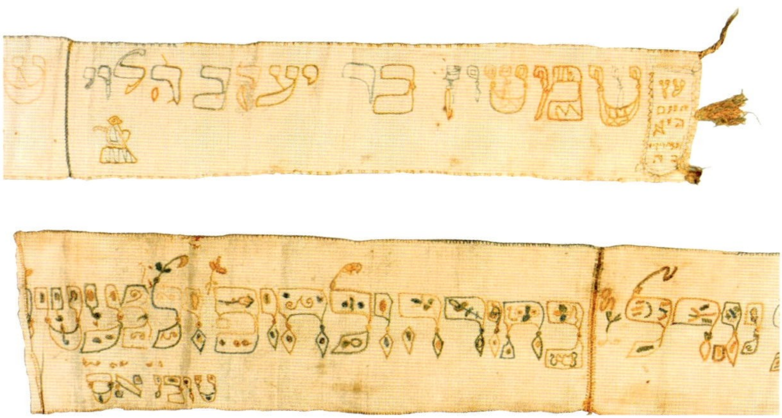

Torawimpel aus dem 18. Jahrhundert

auch auf den Torawimpeln, die aus den Beschneidungswindeln hergestellt werden. Die Feier der Beschneidung schließt mit der Namensgebung. Dem bürgerlichen Namen wird dabei ein hebräischer Name hinzugefügt, mit dem der mündige Mann zur Toralesung (Alija) aufgerufen wird.

Mädchen erhalten ihren Namen am ersten Schabbat nach ihrer Geburt in der Synagoge. Bei diesem Gottesdienst wird der Vater durch eine Einladung zur Toralesung geehrt.

Bar Mizwa und Bat Mizwa

In den Vätersprüchen (Pirke Awot) heißt es: „*Mit fünf Jahren ist das Kind reif zum Lesen der Tora, mit zehn Jahren zum Lernen der Mischna, mit dreizehn zur Erfüllung der Mizwot*", der Pflichten und Gebote.

Mit dreizehn wird der Junge religionsmündig; er wird ein „Sohn der Pflicht": ein „bar mizwa". Das Mädchen wird schon mit zwölf Jahren religionsmündig, eine „Tochter der Pflicht": eine „bat mizwa".

Erste Bekennung zum Glauben der Väter, kolorierter Holzschnitt

Mann und Frau haben nicht die gleichen Pflichten. Im traditionellen Verständnis gilt die Frau als „Priesterin des Hauses". Sie erfüllt ihre religiösen Pflichten vornehmlich in der Führung des jüdischen Haushalts, vor allem in der Beachtung der Speisegesetze (Kaschrut).

Der Mann wird als Religionsmündiger Vollmitglied der betenden Gemeinde. Er zählt - anders als die Frau - mit zum Minjan: der beim Gebet mindestens anwesenden Zehn. Er ist berechtigt und verpflichtet, Gebetsschal und Gebetsriemen - Tallit und Tefillin - zu tragen und kann beim Synagogengottesdienst zur Tora aufgerufen werden: zum Vorlesen eines Toraabschnitts.

Der religionsgesetzliche Status der Frau hat bereits seit längerem zu kontroversen Diskussionen geführt. Gegner sehen im Streben nach Gleichstellung der Frau das Fundament der jüdischen Familie gefährdet. Sie erklären das Talmudstudium als Männerdomäne und verbieten den Frauen, in der Synagoge aus der Tora vorzulesen. Das Reformjudentum setzt sich über diese Verbote hinweg und macht den Frauen sogar den Weg zum Rabbinat frei.

Die Eheschließung - Kidduschin

Im Judentum gilt die Eheschließung als eine heilige Stiftung. Deshalb wird sie hebräisch „Kidduschin" - Heiligung - genannt. Nach jüdischer Auffassung gehört die Verbindung von Mann und Frau zum vollen Menschsein dazu. Deshalb sagt Rabbi Elasar: „*Jeder Mensch, der keine Frau hat, ist eigentlich kein Mensch, denn es heißt:*

Hochzeitsring mit der Aufschrift „Masel tov" (Gut Glück)

‚Männlich und weiblich schuf er sie und rief ihren Namen Mensch'."
Die Hochzeitszeremonie findet unter der Chuppa statt. Die Chuppa ist ein Baldachin, dessen Bedeutung vielfältig ist. Er könnte das Brautgemach oder das neu zu gründende Haus symbolisieren, das die Brautleute als Heiligtum betrachten sollen. Der Vorsteher spricht den Segensspruch über den Wein und den Verlobungssegensspruch. Nachdem das Brautpaar von dem Wein getrunken hat zum Zeichen dafür, dass es Freud und Leid miteinander teilen will, spricht der Bräutigam die Trauformel und überreicht der Braut dabei den Ring mit den Worten: „Du bist mir angelobt (angeheiligt) durch diesen Ring nach der Satzung Moses und Israels." Es soll ein einfacher Goldring ohne Verzierungen und Edelsteine sein. Danach wird der Ehevertrag - die Ketubba - verlesen, die die Rechte der Frau aufführt. Darin verspricht der Mann unter anderem, seine Frau zu ehren, für ihren Unterhalt und ihre Bekleidung zu sorgen und ihr den Beischlaf nicht zu verweigern.

Die Ketubba wurde um 80 v. Chr. als gesetzliche Heiratsurkunde eingeführt. Ihre Sprache ist aramäisch. Sie enthält nur die Pflichten des Ehemanns gegenüber seiner Frau, nicht die Pflichten der Frau gegenüber ihrem Mann. Die Ketubba wird der Frau übergeben, sie gehört ihr. Der Text ist bis heute unverändert. Es gibt zwar gedruckte Ketubbot, aber bevorzugt werden auch heute noch handgeschriebene und reich verzierte Exemplare wie z.B. die vom marokkanischen Künstler Armand Edéry gestaltete Ketubba im Foyer des Museums.

Die Zeremonie endet mit den „Sieben Segenssprüchen", dem Zerbrechen eines Glases zum Zeichen der Trauer über den zerstörten Tempel und mit dem Glückwunsch der Anwesenden: „Masal tow!"

Das Ende des Lebens

Es ist Pflicht im Judentum, den Sterbenden nicht allein zu lassen. In der Stunde seines Todes soll der Mensch die Sterbegebete sprechen können. Wenn er es selbst nicht mehr kann, sollen sie ihm vorgesprochen werden. Neben dem Sündenbekenntnis wird das Gebet Adon Olam gesprochen, dessen letzter Vers lautet: *„In seine Hände übergebe ich meinen Geist, wenn ich schlafe und erwache, und mit meinem Geist meinen Leib. Gott ist in mir, ich fürchte mich nicht."* Das Adon Olam ist eine poetische Hymne, die dem Philosophen und Poeten Schlomo Ibn Gavirol (1021-1058), der in Spanien lebte, zugeschrieben wird. Steht der Tod unmittelbar bevor, sprechen alle Anwesenden in langgedehnten Tönen das Sch´ma Jisrael: „Höre Israel, Gott, unser Herr, Gott, ist ein einiger, einziger Gott!" Rabbi De Vries beschreibt diesen letzten Moment im Leben so: Mit dem Sch´ma Jisrael *„wartet man jedoch bis zum wirklich letzten Augenblick. Denn die Seele, die dahingeht, wird auf den Flügeln dieses Bekenntnisses zum Einzig-Einen, zu ihrem Schöpfer in die Ewigkeit getragen. Und das Wort echad, das Ein bedeutet, wird, wenn möglich, so lange angehalten, bis mit dem Ende dieses Wortes auch die Seele ausgehaucht wird."* Wenn es sein muss, wird dieser Vers daher im entscheidenden Augenblick auch mitten in anderen Sätzen wiederholt.

Vom Augenblick des Todes an bis zur Beerdigung darf der Tote nicht allein gelassen werden. Die Familie oder die Gemeinde muss einen Aufsichtsdienst aufbieten. Die Bibel schreibt vor, dass der Leichnam mit Respekt behandelt werden muss und nicht geschändet bzw. missachtet werden darf.

Es ist religiöse Pflicht, den Toten baldmöglichst zu beerdigen. Eine Aufbahrungszeit gibt es im Judentum nicht; im Orient war dies wegen der Seuchengefahr unmöglich. Sofern jedoch das Staatsgesetz eine Wartefrist vorschreibt (in Deutschland 48 Stunden vom Tod bis zur Bestattung), muss man sich an das Gesetz halten. Das Verschieben auf den nächsten Tag ist nur erlaubt, wenn es dem Toten zur Ehre gereicht, z.B. um die Teilnahme naher Verwandten zu ermöglichen, die von weit her anreisen müssen. Nach alter jüdischer Tradition wurde jeder Verstorbene binnen 24 Stunden begraben. Dies ist auch heute noch in Israel üblich. Fällt der Todestag auf einen Freitag oder Schabbat, wird die Beerdigung auf den nächsten Wochentag verschoben. Bei einem Todesfall am ersten Tag eines Feiertags kann die Bestattung am 2. Tag des Feiertags (in der Diaspora) erfolgen. Es dürfen dabei auch alle Arbeiten für das Begräbnis verrichtet werden.

Sich um Tote zu kümmern, sie für die Beerdigung vorzubereiten,

Wache zu halten und das Begraben selbst sind heilige religiöse Aufgaben, welche nur den frömmsten und würdigsten Mitgliedern der Gemeinde anvertraut werden. Die Gemeindeorganisation, die sich damit befasst, wird Chewra Kaddischa (Heilige Bruderschaft) genannt.

Der Tote muss gewaschen und angekleidet werden. Der Mensch wird gewaschen, nachdem er geboren ist, also soll er auch gewaschen werden, wenn er gestorben ist. Jeder Tote trägt das einfache, handgenähte, weiße, baumwollene Totenhemd. Dieses Hemd besitzt keine Taschen. Es symbolisiert, dass man keine materiellen Reichtümer mitnehmen kann. Das einfache weiße Gewand wurde in der talmudischen Zeit eingeführt, als Begräbnisse äußerst teuer und eine große Last für das Volk wurden. Es sollte damit die Gleichheit von arm und reich im Tode ausgedrückt werden. Bis dahin wurden Wohlhabende in reicher Kleidung begraben. Die Weisen hatten ein feines Empfinden für die Ehre mittelloser Verstorbener.

Verstorbene Männer werden auch in ihren Tallit gehüllt, dessen Zizit unbrauchbar gemacht werden. Dies symbolisiert, dass irdische Vorschriften nicht mehr beachtet werden müssen.

Seltener Glaspokal einer Chewra Kaddischa

Die Tradition betrachtet das Zur-Schau-Stellen des Toten in einem offenen Sarg als unwürdig. Die Weisen waren der Ansicht, dass es dem Toten gegenüber respektlos sei, wenn nicht nur Freunde, sondern auch Feinde herbeikommen und ihn mit Verachtung und Spott betrachten können. Die Verbrennung ist verboten; Tote müssen in der Erde begraben werden. Der biblische Satz „denn Erde bist du, und zu Erde kehrst du

wieder" (1. Mose 3,19) wird von der Tora noch stärker betont, wenn sie schreibt: „Denn auch ihn hast du an demselben Tage zu begraben" (5. Mose 21, 23).
Nach dem Waschen wird der Tote in einen einfachen Holzsarg gelegt. In Israel werden die Toten ohne Sarg begraben, von allen Seiten umgeben von Stein- oder Betonplatten. Da es immer der Wunsch eines frommen Juden war und ist, im Land der Väter, in Erez Israel, begraben zu sein, ist es Brauch, unter das Haupt des Toten ein Säckchen mit Erde aus dem Heiligen Land zu legen oder sein Gesicht damit zu bestreuen. Die Beerdigung soll ohne Schmuck, ohne Blumen und Musik erfolgen.
Den Toten zu seiner letzten Ruhestätte zu begleiten, ist heilig und höchster Ausdruck des Respektes. Nachdem der Sarg in das Grab hinabgelassen wurde, werfen die Anwesenden Erde auf den Sarg. Ist das Grab mit Erde gefüllt, zitieren alle Anwesenden noch einmal aus der Bibel: *„Ja, Staub bist du, und zu Staub musst du wieder werden! Dann kehrt der Leib zur Erde zurück, aus der er entstanden ist, und der Lebensgeist geht zu Gott, der ihn gegeben hat."* (1. Mose 3,19; Pred 12,7). Zum Schluss erklingt das Kaddisch-Gebet.
Das Kaddisch ist ein ehrwürdiges und altes Gebet. Es ist eine Lobeshymne an Gott in Erwartung des göttlichen Königreichs auf Erden. Es wird zum Gedächtnis für die Verstorbenen gesprochen und beginnt mit den Worten:
„Erhoben und geheiligt werde sein großer Name in der Welt, die er nach seinem Willen erschaffen, und sein Reich erstehe in eurem Leben und in euren Tagen und dem Leben des ganzen Hauses Israel schnell und in naher Zeit, sprechet: Amen! Sein großer Name sei gepriesen in Ewigkeit und Ewigkeit der Ewigkeiten! Gepriesen sei und gerühmt und verherrlicht und erhoben und erhöht und gefeiert und hocherhoben und gepriesen der Name des Heiligen, gelobt sei er, hoch über jedem Lob und Gesang, Verherrlichung und Trostverheißung, die je in der Welt gesprochen wurde, sprechet: Amen!"
Das Aufsagen des Kaddisch bei der Beerdigung wird verstanden als die Annahme des göttlichen Urteils. Der Trauernde spricht das Kaddisch als eine öffentliche Heiligung, als einen Akt der Bestätigung vor der versammelten Gemeinde, dass er Gottes Urteil in Liebe aufnimmt. Nach dem Tod von Vater oder Mutter rezitieren die Söhne elf Monate lang täglich das Kaddisch.
Beim Verlassen des Friedhofs nach der Trauerzeremonie waschen sich alle die Hände. Die Trauernden kehren zum Leben und zu seinen Pflichten zurück.
Die Beerdigungszeremonien sind vor allem auf die Bedürfnisse der Hinterbliebenen ausgerichtet. Die traditionelle jüdische Grabrede

befasst sich mehr mit dem Leben und Wirken der Toten als mit einem Versprechen des Wiedersehens im Jenseits. Die Preisungen des Verstorbenen in der traditionellen Eulogie, im Nachruf, greifen auch auf die Trauernden über. Der Trauernde darf sich selbst nicht vergessen, im Gegenteil, er sollte auch ernst und wichtig genommen werden.
Das Einreißen eines Kleidungsstücks, das man trägt, ist die religiös vorgeschriebene Form, seine Trauer um den Toten auszudrücken. Es ist ein auf biblische Zeiten zurückgehendes Zeichen des Schmerzes und der Trauer. Das eingerissene Kleidungsstück wird während der Trauerwoche getragen, außer am Schabbat.
Das Judentum bietet Gesetze, Riten und eine Trauerethik an, die in ganz spezifische Zeiteinheiten eingeteilt ist. Es gibt eine definierte Zeit zum Sterben, zum Verlieren, zum Zusammenbrechen, zum Klagen, zum Weinen, zum Trauern, aber auch eine Zeit zum Heilen und Weiterleben. Dieser Rhythmus gibt dem Trauernden innere Sicherheit und weist ihm die soziale Rolle des „Trauernden" zu. Als Trauernder wird er von der jüdischen Gemeinschaft gestützt und gehalten.
Im Judentum unterscheidet man fünf Stadien der Trauerarbeit:

- Aninut: Diese erste Periode beginnt im Augenblick des Todes und endet, wenn die Erde auf den Sarg gefallen ist.
- Schiwa I: Die zweite Phase umfaßt die ersten drei der sieben Trauertage (schiwa = sieben). Dies sind die Tage der Klage, des Weinens.
- Schiwa II: Die dritte Phase umfaßt die vier restlichen der sieben Trauertage. Die Trauerfamilie sitzt in diesen Tagen immer noch auf niedrigen Stühlen und wird von Besuchern begleitet.
- Schloschim: Diese Periode der dreißig Tage beschließt die Trauerzeit für alle verstorbenen Verwandten, außer für die Eltern. In dieser Zeit darf der Trauernde wieder das Haus verlassen und zur Arbeit gehen.
- Schana: Für verstorbene Eltern endet die Trauerzeit erst nach zwölf Monaten. Schana bedeutet übersetzt „ein Jahr". Es gelten die gleichen Einschränkungen wie für die vorhergehenden dreißig Tage.

Anders als im Christentum gelten nach der jüdischen Tradition die Toten als unrein. Friedhöfe wurden daher stets außerhalb des Wohngebiets angelegt. Auch gibt es nicht den Brauch, immer wieder die Gräber der Angehörigen aufzusuchen. Rabbiner Levinger aus Basel schreibt dazu: *„Die Gräber sollten nicht zu häufig besucht werden. Im ersten Jahr pflegt man das Grab überhaupt nicht zu besuchen. Diese Zeit ist gemäß der Kabala für den Toten* *selbst nötig, damit er sich vom Irdischen trennt. Für die Hinterbliebenen ist das Fernbleiben nötig, um das Leben hier weiter zu ermöglichen.“*

Die Jahrzeit ist die Wiederkehr des Todestags. Sie wird immer am Datum des Todes (nach dem jüdischen Kalender) gehalten. Die Söhne sind verpflichtet, am Jahrzeittag das Kaddisch zu sprechen. Wenn möglich sollte man auch vorbeten und zur Tora aufgerufen werden. Es ist üblich, am Abend der Jahrzeit ein Licht anzuzünden und es vierundzwanzig Stunden lang brennen zu lassen. Dieser Brauch gründet auf dem Gedanken, der in Sprüche 20,27 ausgedrückt ist: „Ein Licht Gottes ist des Menschen Seele.“

Eine bis zu den Erzvätern zurückgehende Sitte ist es, dass Juden auf jedes Grab einen Grabstein setzen, zum Zeichen der Ehre und des Respekts für die Verstorbenen, so dass sie nicht vergessen werden und ihr Grab nicht entweiht werde. In manchen Gemeinden ist es üblich, ein Jahr mit der Grabsteinsetzung zu warten. Es gibt aber hierzu keine Regeln und es ist religionsgesetzlich zulässig, bei der erstmöglichen Gelegenheit den Grabstein zu setzen. In Israel wird der Stein nach Ablauf der Trauerperiode von dreißig Tagen aufgestellt.

Der jüdische Friedhof

In der jüdischen Tradition gibt es verschiedene Namen für den Friedhof. Meist wird er „Haus (oder Stätte) der Gräber“, „Haus der Ewigkeit“ oder auch „Haus des Lebens“ genannt. Wenn es auch keine biblische Lehre über das Leben nach dem Tode gibt, so ist doch der Glaube an die Weiterexistenz der Seele ein anerkannter religiöser Grundsatz. Im Laufe der Zeit verstärkte sich auch die Vorstellung von der Wiedererweckung der Toten, die meist mit dem Ende der Zeit als Anbruch der messianischen Erlösung in Verbindung gebracht wird. Dieser Glaube an eine körperliche Auferstehung setzt voraus, dass jedem einzelnen Grab ein ewiges Bestandsrecht zugestanden wird. Der Friedhof kann daher als „Haus der Ewigkeit“ nicht aufgelöst werden. Der Verstorbene besitzt das Grab für immer - es muss unangetastet bleiben. Demgemäß dürfen jüdische Friedhöfe weder verkauft noch eingeebnet werden.

Der jüdische Friedhof hat als Ort des Gedenkens an die Toten einen besonderen Stellenwert. Zur Abwehr möglicher Störungen muss der Friedhof umschlossen, das Tor abschließbar sein. Die Schließung des Friedhofs am Schabbat und an Feiertagen ist religiöses Gebot, da diese Tage der Freude und nicht der Trauer verpflichtet sind. Zur Erinnerung an die Verstorbenen wird gewöhnlich zum ersten Jahrestag ein Grabstein gesetzt.

Jüdische Religion und Tradition

Im Mittelalter lagen die Friedhöfe außerhalb der Stadtmauern. Jüdisches Recht verlangte die Anlage des Friedhofs außerhalb der Mauern. Folge der offenen oder latenten Judenfeindschaft war dagegen, dass Juden oft nur unzugängliches Gelände, das für eine anderweitige Nutzung nicht geeignet schien, für ihren Friedhof erwerben konnten.
Die Toten werden in Reihen begraben. Es gibt aber keine überall gültige Tradition, in welcher Richtung der Tote zu begraben ist. Üblich war und ist vielfach eine Ost-West-Ausrichtung der Gräber, bei der die Leiche mit dem Gesicht nach Osten liegt - in Richtung Jerusalem.
Dem Betrachter bietet sich auf den älteren, vor der Mitte des 19. Jahrhunderts entstandenen Friedhöfen das unverkennbare Bild von sich zu allen Seiten hin neigenden Grabsteinen. Da die älteren Steine keine Sockel haben, versinken sie allmählich in der Erde.
Auf den nichtjüdischen Besucher wirken jüdische Friedhöfe, sofern sie noch in Gebrauch sind, ungewohnt. Die jüdische Vorstellung weicht von der hierzulande üblichen Grabpflege ab. So wird man selten Blumenschmuck finden.

Jüdischer Friedhof in Dorsten heute

Da der Friedhof die Vergänglichkeit des Menschen symbolisiert, lässt man der Natur freien Lauf. Das einzelne Grab und der Friedhof werden als Teil der Landschaft empfunden. Der Friedhof muss, damit er eine würdige Stätte der Toten darstellt, in seiner Gesamtheit gepflegt werden. Mauern oder Zäune, Tore, Wege und Einfassungen müssen unterhalten, Hecken und Bäume können gestutzt werden.
Das 20. Jahrhundert brachte mit der NS-Gewaltherrschaft die Entrechtung, Verjagung, Deportation und Ermordung der deutschen und europäischen Juden. Die Friedhöfe drohten eingeebnet zu werden. Ungefähr 1.600 Friedhöfe haben, mehr oder weniger stark beschädigt, die NS-Zeit überstanden. Doch Schändungen gab es hundertfach bereits vor 1933 und es gibt sie hundertfach seit 1945. Waren es in früherer Zeit religiöse Motive, die zu den Ver-

wüstungen führten, so ist es seit den 1920er Jahren Vandalismus aus politischen Gründen.
Seit Mitte der 1950er Jahre werden die jüdischen Friedhöfe offiziell geschützt. Ihre Pflege durch Kommunen und Länder ist gesetzlich geregelt. In vielen Orten werden die jüdischen Friedhöfe von den kommunalen Gemeinden gepflegt und die Flächen der einfacheren Pflege wegen nur mit Rasen eingesät. Darüber hinaus wurden Grabsteine zur Restaurierung entfernt und später möglicherweise ganz anders wieder aufgebaut. Die meisten Friedhöfe zeigen uns daher nicht mehr ihren ursprünglichen Zustand. Auch tragen viele Steine Inschriftenplatten, die bei der Wiederherstellung als Ersatz für zerstörte angebracht wurden, mit z.T. anonym gehaltenen hebräischen Inschriften, wie „Hier ruht ein jüdischer Mensch".
Inzwischen werden die Friedhöfe nicht mehr nur als unangenehme Erinnerung, als „Altlast" empfunden. Sie werden mit wachsendem Bewusstsein für ihre religiöse, kulturelle und historische Bedeutung gepflegt und betreut. Schließlich erfüllen die Friedhöfe auch heute noch ihre Funktion. Sie sind die Ruhestätten der Toten. Sie sind „lebendige" jüdische Einrichtungen, auch dort, wo es längst schon keine Gemeinden mehr gibt. Den Toten darf der Ruheort nicht genommen werden.

Der Grabstein

Vom Mittelalter bis zur Mitte des 19. Jahrhunderts haben sich die Merkmale der Grabsteingestaltung nur geringfügig verändert. Emanzipation und Akkulturation wandelten auch hier das Selbstverständnis des Judentums. Die alte jüdische Friedhofskunst wurde vor allem im städtischen Umfeld durch die Bildende Kunst und durch das Selbstdarstellungsbedürfnis des Bürgertums nahezu völlig verdrängt. Der typische Grabstein steht aufrecht und hat einen rechteckig behauenen halbkreisförmigen oberen Abschluss. Er geriet besonders dort, wo sich ein bürgerlich-weltliches Judentum entwickelte, zunehmend in Vergessenheit.
Die im deutschen Sprachbereich seit dem Mittelalter erhaltenen Grabsteine tragen hebräische Inschriften. Es finden sich Formeln und Lobsprüche, die bis in die ersten Jahrzehnte des 20. Jahrhunderts verwendet werden. Im 19. Jahrhundert kamen deutschsprachige Angaben hinzu, die das Hebräische weitgehend verdrängten. Heute gibt es auf den meisten Grabsteinen nur noch die hebräischen Abkürzungen für das einleitende „Hier ist bestattet" (פנ) und die abschließende Segensformel „Ihre/Seine Seele sei eingebunden in das Bündel des Lebens" (תנצבה). Alle anderen Angaben werden in deutscher Sprache geschrieben.

Jüdische Religion und Tradition

Der älteste Grabstein aus Westfalen
Wenn im Mittelalter eine Stadt die in ihren Mauern lebenden Juden vertrieb, fiel deren gesamter Besitz den Städtern zu. Die Häuser wurden konfisziert, die Synagogen abgerissen oder zu Kirchen umgewandelt. Die Friedhöfe ebnete man ein und verwendete die Grabsteine als Baumaterial. Aus einer ganzen Reihe von Städten sind solche Vorkommnisse bekannt; Relikte davon werden bis heute sichtbar. So war ein Teil des mittelalterlichen Kölner Friedhofs in Schloß Lechenich am Niederrhein verbaut, ein anderer Teil trägt den Turmhelm der Burg Hülcherath zwischen Neuss und Grevenbroich.
Auch das älteste noch erhaltene Grabsteinfragment Westfalens ist so erhalten geblieben. Es ist auf den 25. Tamus 5084, d.i. der 18. Juli 1324, datiert. Bei Bauarbeiten im unteren Teil des Kirchturms der Lambertikirche in Münster fand man 1887 einige Steine, die als jüdische Grabsteine identifiziert wurden. Sie stammten vom ersten jüdischen Friedhof. Die jüdische Gemeinde von Münster und auch ihr Friedhof fielen den Pogro-

Abguß des ältesten Grabsteins aus Westfalen (Münster)

men in der Zeit des „Schwarzen Todes", der Pest, um 1350 zum Opfer. Die in der Lambertikirche gefundenen Steine gelangten später in das Landesmuseum für Kunst und Kultur, wo während des Zweiten Weltkriegs fast alle Steine bei Bombenangriffen zerstört wurden. Ein einziges Fragment ist erhalten geblieben. Viele Jahre stand der Stein auf dem um 1811 angelegten neuen jüdischen Friedhof. Heute wird er aus konservatorischen Gründen im jüdischen Gemeindezentrum aufbewahrt.

Die religiösen Feste

Auf einer Wand in der Dauerausstellung des Jüdischen Museums Westfalen liest man beim Eintreten ein Wort in hebräischen Buchstaben, das als Trinkspruch beim Kiddusch gesagt wird: „Lechajim!" Übersetzt heißt es „Zum Leben!" oder „Leben sollst du!" Es bekräftigt die Eintragung in das „Buch des Lebens", die dem Rechtschaffenen an Rosch Haschana, dem Neujahrstag, verheißen wird.

Der Schabbat

Mitte der jüdischen Religion ist der Schabbat; seine Einhaltung ist ein Gebot: „Gedenke des Schabbat, um ihn zu heiligen" (Ex 20,8) und: „Bewahre den Schabbat und heilige ihn" (Dtn 5,12). In dieser doppelten Form von Gedenken und Bewahren ist die Feier des Schabbat dem Juden aufgetragen. Auch die Begründung dafür ist eine doppelte: Wie der Schöpfergott am siebten Tag seines Schöpfungswerks geruht hat, so soll auch der Mensch an diesem einen Tag Abstand nehmen von aller Geschäftigkeit sowie aller kreativen und produktiven Arbeit. Die Freiheit des Schabbat erinnert zugleich an die Befreiung aus dem Sklavendienst in Ägypten: *„Und gedenke, dass du Knecht warst im Land Ägypten und dass dich der Herr, dein Gott, mit starker Hand und ausgestrecktem Arm von dort herausgeführt hat."* (Dtn 5,15)

Feierlichkeiten der Juden zum Schabbat, Kupferstich

Die Feier des Schabbat vollzieht sich mitten in der Familie, nicht in der Synagoge. Die Synagoge hat keinen Altar, sie ist „Bet Ha-Knesset", das „Haus der Versammlung", in dem gebetet und gelernt wird. „Der Altar des Judentums ist der Tisch des jüdischen Hauses", sagt Rabbiner Robert Raphael Geis (1906-1972).

Vor Einbruch der Dunkelheit, bevor die drei ersten Sterne am Himmel stehen, entzündet die Hausfrau die Schabbatkerzen und spricht den Segen über zwei gleichgestaltete Leuchter, die an das Doppelgebot des Bewahrens und Gedenkens erinnern sollen.
Zu Beginn des Festmahls spricht der Hausvater den Segen über den Wein: Er erhebt den Becher und singt den „Kiddusch" zur Heiligung des Tages. Auf dem Tisch steht ein Teller mit zwei Broten, die mit einem Tuch bedeckt sind. Das zweite Brot bleibt liegen und wird für den folgenden Tag aufbewahrt in Erinnerung daran, dass die Israeliten bei ihrer Wüstenwanderung am Vorabend des Schabbat die doppelte Menge Manna als Vorrat für den nächsten Tag einsammelten, weil am Schabbat kein Manna mehr vom Himmel fiel.

Der Kiddusch
Es ist Brauch, für den Kiddusch einen besonders schönen Becher zu benutzen, der am Platz des Hausvaters steht. Es gibt auch eigens gekennzeichnete Teller für die Schabbatbrote, auf denen zwei Challot abgebildet sind. Die „Challa" ist ein zopfartig geflochtenes Brot. Das Wort „challa" bedeutet „Hebe" oder „Hebeopfer" und erinnert an die Verpflichtung aus der Tempelzeit, beim Backen ein Stück für den Unterhalt der Priester beiseite zu legen.

Wenn am Samstagabend die ersten drei Sterne am Himmel stehen, ist der Augenblick des Abschieds vom Schabbat gekommen. Wieder versammelt sich die Familie um den Tisch, diesmal zur „Hawdala", zur Zeremonie der „Scheidung zwischen Heiligem und Alltäglichem", zwischen dem siebten Tag der Ruhe und dem neu beginnenden Tagewerk. Zuerst wird eine (geflochtene) Kerze angezündet zum Zeichen dafür, dass wieder gearbeitet werden darf. Gleichzeitig soll das Entzünden des Lichts an die Erschaffung des Lichts zu Beginn der Schöpfungswoche erinnern. Danach wird ein Becher Wein bis zum Überfließen gefüllt als Ausdruck für den Wunsch, Gottes Segen möge reichlich in die neue Woche hinüberfließen. Auf dem Tisch steht ein auffallend schön gestaltetes Gefäß mit wohlriechenden Kräutern oder Gewürzen, die Bessamimdose. Sie wird herumgereicht, damit alle ihren Duft einatmen, den Duft des Schabbat, um ihn mitzunehmen in die neue Woche. Nach einer anderen Erklärung erhält der Mensch am Schabbat eine zweite Seele; ihre am Ausgang des Schabbat zurückbleibenden Spuren

Hawdala-Becher von Abraham Sutro,
westfälischer Landrabbiner von 1815 bis 1869

werden wahrgenommen in diesem sich ausbreitenden Duft. Danach spricht man ein letztes Gebet, den „Scheidespruch", und löscht die Kerze mit der Neige aus dem Becher. Ehe man nun wieder mit der Arbeit beginnt, wünscht man sich gegenseitig „eine gute Woche" - „Schawua tow" - bis zum erneuten Entzünden des Schabbatlichtes.

Bessamin-Dose in Lok-Form. Bessamimdosen kommen überwiegend in Turmform vor, die an mittelalterliche Stadttürme erinnern. Man kennt aber auch Lokomotiven, die in der Regel einen Tender mit dem Hawdala-Becher und dem Hawdala-Leuchter hinter sich herziehen. Damit diese Gefäße die Gerüche der Gewürze abgeben können, sind sie filigran mit Durchbrüchen gestaltet.

Die Hohen Feiertage

Rosch Haschana - Tag des Neubeginns

Der jüdische Kalender kennt zwei Jahresanfänge. Durch sie wird an die beiden großen Anfänge der Geschichte der Menschheit und der Geschichte Israels erinnert. Im Frühjahr, am 15. Nissan, dem Pessachfest, feiert Israel den Auszug aus dem Sklavendienst in Ägypten als das Datum seiner Befreiung und Volkwerdung. Sieben Monate später, am 1. Tischri (im September), feiern die Juden nach altbabylonischer Tradition den Beginn des bürgerlichen Jahres als Tag der Weltschöpfung und der Erschaffung Adams.

Der jüdische Kalender wird nach einer Kombination aus Mond- und Sonnenzyklus berechnet und besteht wie der christliche Kalender aus zwölf Monaten. In Schaltjahren wird allerdings nicht nur ein Tag hinzugefügt, sondern ein voller Monat - der Adar -, der Teile der Monate Februar/März überlappt. Die Zählung der Jahre beginnt mit der Schöpfung, die nach biblischer Rechnung vor fast sechstausend Jahren stattfand. Im Jahr 2007 beginnt also nach dem jüdischen Kalender das Jahr 5768.

Im Judentum hat der Jahresbeginn eine tiefe Bedeutung als Neuanfang, als Chance der Umkehr zu Gott (hebr. *teschuwa*) und der Versöhnung mit dem Mitmenschen. Der Beginn des neuen Jahres ist die Zeit der Rechenschaft und steht ganz im Zeichen der Buße. Zehn Tage lang, von Rosch Haschana, dem ersten Tag als dem „Haupt des Jahres", bis zum Jom Kippur, dem Tag der Versöhnung, steht der Mensch vor dem Richterstuhl Gottes. Deshalb werden diese Tage auch die „Furchtbaren Tage" genannt *(jamim norajim): „Am Neujahrstag wird es geschrieben und am Versöhnungstag wird es besiegelt, wie viele vergehen, wie viele entstehen, wer leben wird und wer sterben..., wer in Freuden, wer in Leiden, wer arm, wer reich, wer sinkt, wer steigt. Aber Umkehr, Gebet und Liebeswerke wenden das Böse des Verhängnisses ab"* (aus dem Abendgebet von Rosch Haschana).

Zum Neujahrsfest (Rosch Haschana) wird das Schofar geblasen, Kupferstich

Deshalb begrüßt man sich zu Neujahr mit dem Wunsch: „Zu einem guten Jahr mögest du eingeschrieben werden" - nämlich in das „Buch des Lebens". Zum Zeichen der Hoffnung auf ein „gutes und süßes neues Jahr" taucht man bei der festlichen Abendmahlzeit ein Stück Apfel in Honig und vermeidet an diesem Tag den Genuss saurer und bitterer Speisen.

Der Neujahrstag ist nicht nur der Tag der Erinnerung *(jom hasikkaron)* und des Gerichtes, sondern auch der „Tag des Lärmblasens" *(jom t'ruah)*, wie es das Buch Numeri (29,1) vorschreibt. Der Vorbeter verwendet dafür ein Widderhorn, den „Schofar", dessen raue Töne gleichsam ein „Weckruf für Israel" sein sollen. Es ist ein Gebot, an Rosch Haschana den Schofar zu blasen, so wie es religiöse Pflicht ist, an diesem Tag den Schofar zu hören, der an das „Lärmhorn" am Sinai erinnern soll, als Gott seinem Volk die Zehn Gebote gab. Gleichzeitig erinnert das Widderhorn an die Geschichte von der Bindung Isaaks (Buch Genesis Kap. 22). Abraham glaubt, Gott fordere von ihm die Opferung seines Sohnes als Beweis seines uneingeschränkten Gehorsams. Aber ein Engel

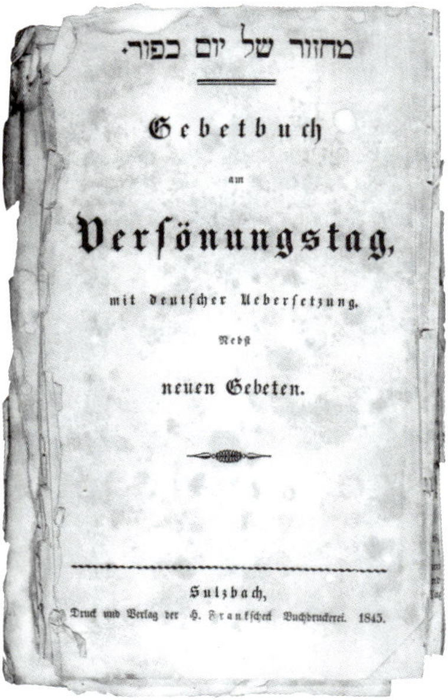
מחזור של יום כפור·

Gebetbuch

am

Versönnungstag,

mit deutscher Uebersetzung.

Nebst

neuen Gebeten.

Sulzbach,

Druck und Verlag der H. Frankschen Buchdruckerei. 1843.

Gebetbuch aus dem Bottroper Bücherkorb

gebietet ihm Einhalt und zeigt ihm einen Widder, der sich mit seinen Hörnern im Gesträuch verfangen hat. Das Tieropfer tritt seitdem an die Stelle des Menschenopfers, das in archaischen Religionen üblich war.
Nach der Zerstörung des zweiten Tempels im Jahr 70 wurden auch die Tieropfer abgelöst: durch das „Opfer der Lippen", durch das Gebet.
Moses Maimonides hat das biblische Gebot des Schofarblasens gedeutet. Der Schofar sagt denen, die es hören: *„Erwacht, ihr Schläfer, aus eurem Schlaf ... und denkt über eure Taten nach. Gedenkt eures Schöpfers und kehrt zu ihm in Reue zurück. Seid nicht solche, die die Wirklichkeit versäumen, weil sie Schatten nachjagen und ihre Jahre in der Suche nach eitlen Dingen verschwenden, die nicht erlösen und keinen Gewinn bringen. Sorgt euch um eure Seelen und achtet auf eure Handlungen. Ein jeder verlasse seine falschen Wege und seine unrechten Gedanken und kehre zurück zu Gott, damit er sich eurer erbarme."* (Hilchot t'schuwa 3,4)

Jom Kippur - Tag der Versöhnung
Der bedeutendste der Zehn Tage ist der letzte: der Versöhnungstag, Jom Kippur. Er ist der höchste jüdische Feiertag. Er wird von einem Sonnenuntergang bis zum anderen 25 Stunden lang mit Fasten und Beten begangen.
Der Jom Kippur ist ein Tag strenger Enthaltsamkeit und Konzentration. Er beginnt wie alle jüdischen Feste am Vorabend. Nach einem letzten Mahl versammelt sich die Gemeinde in der Synagoge. Die Vorbeter tragen weiße Gewänder, den „Kittel", das Sterbekleid des Juden, und weiße Kopfbedeckungen. Der Gottesdienst beginnt mit dem „Kol nidre", einem der ergreifendsten Gesänge der Synagoge. Das Kol nidre war ursprünglich nur eine Melodie; erst später kam ein Text hinzu, dessen Bedeutung für Nichtjuden schwer verständlich ist und nicht selten zu diskriminierenden Fehldeutungen be-

nutzt wurde. Kol nidre, d.h. „alle Gelübde", die jemand unwillentlich geschworen hat, sollen bereut, aufgelöst und ungültig sein. Man nimmt an, dass dieses Gebet vor allem an die Zeit der spanischen Inquisition anknüpft, als die Juden unter Todesdrohungen gezwungen wurden, ihrem Glauben abzuschwören. Das „Kol nidre" sollte sie von dem demütigenden Schwur befreien und wieder in das Volk Israel eingliedern. Das Gebet schließt mit großer Zuversicht: *„So wird vergeben der ganzen Gemeinde der Kinder Israels, dazu auch dem Fremdling, der unter euch wohnt, weil das ganze Volk an solchem Versehen teilhat."*
Anders verhält es sich jedoch mit der Schuld, welche die Beziehungen zu den Mitmenschen belastet, denn - so sagt die Mischna: *„Der Versöhnungstag kann nur Sühne bringen für die Sünden, die der Mensch gegen Gott begangen hat. Für Sünden gegen Mitmenschen kann der Versöhnungstag keine Sühne bringen, bis man vom Mitmenschen selbst Verzeihung erlangt hat."* So gehören zum Versöhnungstag nicht nur Fasten und Gebet, sondern vor allem die Aussöhnung mit dem Nächsten, die in den zehn Festtagen vollzogen werden soll.
Das über den ganzen langen Tag sich hinziehende Fasten und Beten des Jom Kippur schließt mit einer gottesdienstlichen Versammlung, Neila genannt, „Schließung der Tore". Es erinnert an

„Im Laufe des Rosch-Haschana-Gottesdienstes werden im ganzen hundert Töne geblasen. Eine alte Tradition hat verschiedene Schofar-Töne übermittelt: einen langgezogenen (t'kia), einen in drei Teile gebrochenen (sch'warim) und eine Reihe von mindestens neun scharfen Stakkato-Tönen (t'rua)." (Rabbiner Chajim Halevy Donin)

den Augenblick, an dem in Jerusalem die Tore des Tempels geschlossen wurden. Geschlossen werden nun die „Tore der Verzeihung und Buße“, und der Bußfertige wird entlassen mit der Zusicherung, dass sein Name verzeichnet ist im „Buch des Lebens“. So heißt es im Schlussgebet: *„Du gibst die Hand den Missetätern, deine Rechte ist ausgestreckt, zu empfangen die Rückkehrenden.“* Der Versöhnungstag endet mit einem lang anhaltenden Ton des Schofar, der das Gefühl einer endgültig vollzogenen Versöhnung vermittelt.

Die Wallfahrtsfeste

Pessach

Pessach gehört zusammen mit Schawuot und Sukkot zu den drei großen biblischen Wallfahrtsfesten. In seiner Liturgie vereinigt sich die Erinnerung an das Frühlingsfest des alten Hirtenvolkes (Lammopfer) mit der heilsgeschichtlichen Erinnerung an den Auszug aus Ägypten, der das Geburtsdatum des jüdischen Volkes ist.

Am Vorabend des Festes versammelt sich die Familie zum Sedermahl. Seder bedeutet „Ordnung“ mit Blick auf die Reihenfolge der Handlungen. Mittelpunkt der Sederfeier ist die „Haggada“, die Erzählung von der Befreiung aus dem Sklavendienst in Ägypten. An jedem Platz liegt die Pessach-Haggada, meistens eine reich bebilderte Ausgabe. Sie besteht aus Texten der Bibel und des Talmud, aus Segenssprüchen und Liedern. Zur Erinnerung an die Zeit der Not werden an diesem Abend vor Beginn der Hauptmahlzeit symbolische Speisen verzehrt, die auf einer besonderen Schüssel - dem Sederteller - angeordnet sind.

Gelegentlich findet man phantasievoll gestaltete Gefäße für diese Symbolspeisen, wie z. B. in der Dorstener Ausstellung eine silberne Schubkarre für das Charosset. Es handelt sich dabei um ein Mus, das aus geriebenen Äpfeln, Zimt und Rotwein hergestellt wird. Mit seiner Farbe erinnert es an Lehm und weist so auf die Sklavenarbeit der Hebräer hin, das Formen von Ziegeln.

An die armseligen Lebensbedingungen unter der Knechtschaft soll aber vor allem das ungesäuerte Brot erinnern, das während der acht Festtage gegessen wird. Auf einem besonderen Teller liegen drei Mazzot, das „armselige Brot, das unsere Vorfahren im Land Ägypten gegessen haben“, und es folgt die Aufforderung: *„Wer hungrig ist, der komme und esse mit uns. Dieses Jahr hier, nächstes Jahr im Land Israel. Dieses Jahr Knechte, nächstes Jahr freie Menschen.“*

Nach dieser Aufforderung stellt das jüngste Kind die Frage aller Fragen: „Warum ist diese Nacht so anders als alle anderen Nächte?“ Diese Frage gibt allen Mitfeiernden die Möglichkeit, die Antworten der Haggada durch ihre eigenen Erfahrungen zu ergänzen.
Zum Ritual des Seder gehört es, vier Becher Wein zu trinken und dabei der vierfachen Rettungstat Gottes zu gedenken. Im Sedermahl ist außerdem ein fünfter Becher vorgesehen, der an einem besonders festlich geschmückten Platz steht. Es ist der Platz des Propheten Elija, dessen Kommen als „Herold des Messias“ Jahr um Jahr erwartet wird, damit sich der Wunsch erfüllt, mit dem die Sederfeier beendet wird: „Nächstes Jahr in Jerusalem.“ Die besondere Bedeutung des fünften Bechers, aus dem niemand außer Elija trinken darf, ist oft an der prächtigen Gestaltung erkennbar.

Sederteller

Schawuot
Das zweite Wallfahrtsfest ist Schawuot, das sieben Wochen nach dem zweiten Tag von Pessach gefeiert wird. Es ist das Fest der Gabe der Tora, die Israel nach dem Auszug aus Ägypten am Sinai empfangen hat. Nach dem biblischen Bericht handelt es sich dabei um die Offenbarung der Zehn Gebote. Nach jüdischer Lehre wurde aber am Sinai die ganze Tora offenbart, die schriftliche wie auch die mündliche,

Eliasbecher

das bedeutet: nicht nur die fünf Bücher Mose, sondern auch die Propheten und die Schriftwerke und darüber hinaus alle mündlichen Kommentare über die Jahrhunderte hindurch, wie sie später im Talmud schriftlich fixiert wurden.

Sukkot

Das dritte Wallfahrtsfest ist Sukkot, das Laubhüttenfest. Es folgt im Jahresablauf unmittelbar auf die Hohen Feiertage, auf Rosch Haschana und Jom Kippur. Sukkot erinnert an das Wohnen in Hütten während der Wüstenwanderung und ist gleichzeitig das „Fest der Ernte". Nach Möglichkeit baut sich jede Familie eine Sukka, eine Hütte außerhalb des schützenden Hauses. Sie kann im Garten stehen oder auf dem Balkon. Man lebt darin tagsüber, nimmt hier auch die Mahlzeiten ein, und man schläft in der Sukka, wenn das Klima es zulässt. Die Sukka muss vier Wände haben und eine Tür, vor allem aber ein Dach aus pflanzlichem Material, das so locker gefügt ist, dass man dadurch noch den Himmel sehen kann. Es symbolisiert die Gewissheit der Gegenwart Gottes: Nicht das schützende Dach, sondern Gott selbst ist im Letzten der einzige und wahre Schutz des Menschen.

In der Laubhütte. Stich nach einem Gemälde von Moritz Oppenheim

Geschichtliche Feste

Chanukka

Chanukka erinnert an die Wiedereinweihung des von den hellenistischen Eroberern geschändeten Tempels nach dem Sieg der Hasmonäer unter ihrem Anführer Judas Makkabäus. Nach der Rückeroberung und Reinigung des Tempels sollte der siebenarmige Leuchter wieder entzündet werden. Aber es gab kein geweihtes Öl mehr bis auf einen winzigen Rest, den der Hohepriester versteckt

hatte. Dieser geringe Vorrat reichte nur für einen Tag. Dennoch brannte das Licht acht Tage lang während der ganzen Zeit des Tempelweihfestes. Zum Gedenken an dieses Wunder hat jeder Chanukkaleuchter acht Lichtquellen und einen „Schamasch“, einen Diener zum Anzünden der Lichter.
An Chanukka feiert man traditionell nicht den glorreichen Sieg der kleinen Schar der Hasmonäer über die feindliche Übermacht, sondern Gottes Großtat, die sich im Wunder manifestiert. Erst die

In der Vergangenheit war der Wunsch nach der Verkündigung des Wunders so stark, dass man nach Möglichkeiten suchte, das Licht nach außen scheinen zu lassen. Zu diesem Zweck stellte man die Leuchter in die Fenster. Mit der Zeit entwickelten sich unterschiedliche Leuchterformen. Die linke Abbildung zeigt einen Chanukkaleuchter in der Menoraform, die rechte einen Leuchter des so genannten Banktypus.

Zionisten gaben dem Fest einen anderen Charakter auf der Suche nach „völkischen Helden“ (Rabbiner Jakob J. Petuchowski). So wurde das Lichterfest Chanukka zum „Makkabäerfest“. Ein Manifest des neuen Denkens ist das Makkabäerlied mit der Anfangszeile „Wer kann künden die mächtigen Taten Israels?“, die Psalm 106,2 konterkariert: „Wer kann künden die mächtigen Taten des Herrn?“

Purim - das Losfest
Der Ursprung dieses Festes findet sich in der Esther-Geschichte der Bibel. Hier wird erzählt, wie Haman, der Günstling des persischen Königs Ahaschverosch und Feind des Juden Mordechai, den König überredete, an einem durch das Los („Pur“) bestimmten Tag alle Juden im Reich zu liquidieren. In der höchsten Not gelang es der Königin Esther, Hamans Vorhaben mit Hilfe ihres Onkels Mordechai zu vereiteln. Das den Juden zugedachte Schicksal wird nun zum Schicksal Hamans und seiner Helfershelfer: Sie werden hingerichtet.

Purimrassel oder Hamanklopfer

Die Geschichte ist vermutlich eine Legende, erinnert aber an die Errettung des jüdischen Volkes vor der Vernichtung. Darin liegt die Bedeutung des Purimfestes. Durch diese Erzählung entlastet sich ein bedrohtes und verängstigtes Volk, indem es seinen Feinden in der Phantasie den Garaus macht und ausgelassen feiern kann. In der Synagoge wird am Abend wie auch im Morgengottesdienst die Esther-Geschichte aus einer besonderen - häufig mit Bildern ausgeschmückten Rolle - vorgelesen: aus der

Estherrolle aus dem Besitz von Benno Jacob
Das Buch Esther ist das einzige, in dem der Name „Gott“ nicht vorkommt, außer in der erweiterten Form der „Septuaginta“ (LXX), der griechischen Übersetzung der Bibel, die zwischen 100 und 300 v. d. Z. von griechischen Juden in Alexandria verfasst wurde. Sie enthält zahlreiche Zusätze, die die Rettung der Juden ähnlich wie in der Exodus-Geschichte als Eingreifen Gottes deuten. Das Buch Esther ruft nicht auf, nach Zion zurückzukehren, denn Gott kann sein Heil auch in der Fremde, in der Diaspora wirken. Benno Jacobs Ablehnung des politischen Zionismus könnte hier eine ihrer Quellen haben.

„Megillat Ester". Bei der Verlesung der Esther-Rolle geht es in vielen Synagogen laut und fröhlich zu. Wenn der Name „Haman" genannt wird, beginnen die Anwesenden aus Protest zu klopfen oder auf den Boden zu stampfen. Vielerorts benutzt man dabei hölzerne Ratschen: die Purimrassel, auch Hamanklopfer genannt. Das Purimfest kennt eine Reihe von religiösen Verpflichtungen zur Feier des Tages, nämlich zu essen, zu trinken und fröhlich zu sein. Dieses Gebot wird durch ein festliches Mahl erfüllt, bei dem nach Herzenslust getrunken werden soll, und zwar so, dass man, wie Rabbi Rabha lehrt, zwischen „Verflucht sei Haman!" und „Gesegnet sei Mordechai!" - d. h. zwischen Freund und Feind - nicht mehr unterscheiden kann. Vor allem aber soll man an den Nächsten denken, besonders wenn er arm ist. Es ist deshalb Brauch, allen Freunden „essbare" Geschenke zu machen und Gaben an mindestens zwei Arme oder an Wohltätigkeitsvereine zu geben.
An Purim ist der Überlieferung gemäß „alles erlaubt". So entwickelte sich das Fest zu einer Art ausgelassenem Karnevalstreiben. Beliebt sind die Purimspiele, die nicht selten Ventilfunktion haben, wobei Witz und Ironie die Ausdrucksmittel sind.

Zionismus und jüdisches Bürgertum

Ende des 19. Jahrhunderts, im Zeitalter des Nationalismus, verknüpften Teile der Judenheit ihre Zukunftskonzepte mit dem Traum einer „jüdischen Nation". Das Bemühen, jüdisch-religiöses Leben mit rechtlicher und gesellschaftlicher Gleichstellung in den europäischen Staaten zu vereinbaren, wich dem Ziel der „Selbst-Emanzipation" in einem eigenen Gemeinwesen.
Diese zunächst an kein konkretes Land gebundene Utopie richtete sich in den 90er Jahren des 19. Jahrhunderts verstärkt auf Palästina, das damals von nur wenigen Juden besiedelt war. Bei weitem nicht alle Juden, die in der „Diaspora" lebten, wollten sich dem Gedanken der Auswanderung anschließen. In Westeuropa empfand die Mehrheit der Juden das Ziel, einen jüdischen Staat zu errichten, als einen Rückschritt, der die gesellschaftliche Integration der Juden behindern würde. „Erez Israel" galt ihnen zunächst als ein Weg, die Not verfolgter Juden aus osteuropäischen Ländern zu beenden.
Die Pogrome in Russland, die verantwortlich waren für die Flucht- und Auswanderungsbewegungen vieler osteuropäischer Juden, und der in den 1880 Jahren auch in Westeuropa und Deutschland ver-

stärkt auftretende Antisemitismus führten nach einer kurzen Phase des Schocks auch im Deutschen Reich zu aktivem Handeln. Zunächst schlossen sich jüdische Studenten in eigenen Verbindungen zusammen. 1890 kam es zur Gründung eines konfessions- und parteiübergreifenden „Vereins zur Abwehr des Antisemitismus", dem auch zahlreiche Juden aus Westfalen und dem Rheinland beitraten. Gegen eine unabhängige jüdische Abwehrorganisation gab es von konservativer wie linksliberaler Seite aber Vorbehalte. Dennoch entschloss man sich im März 1893 zur Gründung des „Centralvereins deutscher Staatsbürger jüdischen Glaubens". Dem Namen lag ein Selbstverständnis zugrunde, das die Juden als deutsche Staatsbürger definierte und das Judentum als Konfession in eine Reihe mit den christlichen Bekenntnissen stellte. Es gelang dem Centralverein, mehrere zehntausend Mitglieder und eine Vielzahl von jüdischen Vereinen, Verbänden und Gemeinden als korporative Mitglieder zu gewinnen. Der Centralverein vertrat damit die Mehrheit der mittelständischen, akkulturierten jüdischen Bevölkerung Deutschlands.
Die Gründung des Centralvereins ging von Berlin aus. Die Anfänge des deutschen Zionismus führen dagegen ins Rheinland. Ein Vorläufer der zionistischen Bewegung war in der Mitte des 19. Jahrhunderts Moses Hess (1812-1875). In seinem 1862 erschienenen Buch „Rom und Jerusalem. Die letzte Nationalitätenfrage" ging er von einem Scheitern der Judenemanzipation in Europa aus. Als Konsequenz forderte er die Gründung eines eigenen jüdischen Staates.
Die eigentlichen Väter des rheinischen Zionismus waren Max Bodenheimer (1865-1940) und David Wolffsohn (1856-1914). Seit 1892 arbeiteten beide zusammen und beteiligten sich an der Gründung der „National-jüdischen Vereinigung in Köln". Die als „Kölner Thesen" bekannt gewordenen Grundsätze stellten nicht mehr die Religion, sondern die gemeinsame Abstammung und Geschichte als verbindende Elemente zwischen den Juden in den Vordergrund. Nachdem Köln schon Sitz der „Zionistischen Vereinigung für Deutschland" war, wurde es 1905 nach der Wahl David Wolffsohns zum Nachfolger von Theodor Herzl als Präsident der Zionistischen Weltorganisation für einige Jahre zu deren Zentrum. Mit der Abwahl Wolffsohns 1911 verlagerte sich der Schwerpunkt der zionistischen Organisationen nach Berlin und nach dem Ersten Weltkrieg ganz aus Deutschland fort.
Mit zehntausend Mitgliedern bildeten die Zionisten 1914 eine nicht sehr starke Minderheit unter den deutschen Juden. In Westfalen waren sie zum Beispiel nur in Bielefeld, Bochum, Dortmund,

Hamm, Schwelm und Wanne mit einer Ortsgruppe vertreten. Der Centralverein stand den zionistischen Bestrebungen anfangs ambivalent gegenüber. Man war zwar verbündet im Kampf gegen den Antisemitismus, die Verpflichtung der Mitglieder zionistischer Organisationen, „die Übersiedlung nach Palästina in ihr Lebensprogramm aufzunehmen“, aber führte zum Bruch. Die Juden, so die Argumentation der Zionisten, könnten zwar deutsche Staatsbür-

Sammeldose des Jüdischen Nationalfonds

ger sein, aber nicht der deutschen Nation angehören. Die polemisch als „Assimilation“ bezeichnete Akkulturation sei unmöglich. Das Festhalten an den Normen der deutschen Gesellschaft bei gleichzeitiger Absage an jegliche Assimilation musste auf die Mehrheit der deutschen Juden einen widersprüchlichen Eindruck machen - genau so wie die Diskrepanz zwischen dem Ideal der Auswanderung nach Palästina als Lebensziel und der geringen Zahl der tatsächlich Ausgewanderten.

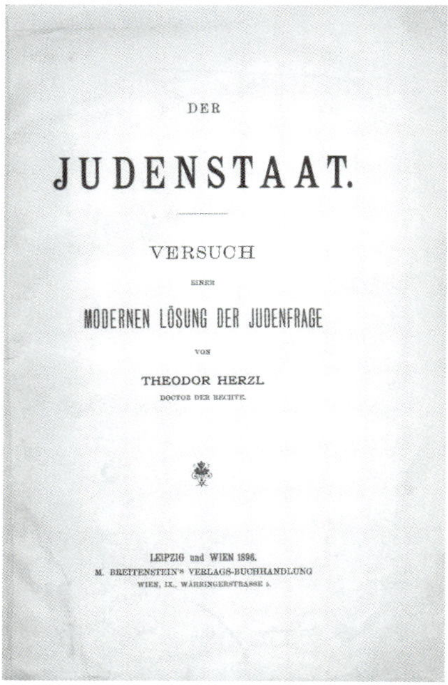
DER

JUDENSTAAT.

VERSUCH

EINER

MODERNEN LÖSUNG DER JUDENFRAGE

VON

THEODOR HERZL

DOCTOR DER RECHTE.

LEIPZIG und WIEN 1896.

M. BREITENSTEIN'S VERLAGS-BUCHHANDLUNG

WIEN, IX., WÄHRINGERSTRASSE 5.

Titelblatt von Theodor Herzl „Der Judenstaat“

Wenn die Ideen des Zionismus nach 1918 in Deutschland fortlebten, so ist dies in erster Linie den osteuropäischen jüdischen Einwanderern zu verdanken. Trotz ihrer Bewunderung für die deutsche Kultur sahen sich die meisten von ihnen, im Gegensatz zu den Mitgliedern des Centralvereins, nicht als Deutsche, Polen oder Russen, sondern primär als Juden. Auch wenn nur wenige von ihnen die Auswanderung nach Palästina ernsthaft planten oder gar vollzogen, so waren doch die zionistischen Vorstellungen einer jüdischen Nationalität unter ihnen weniger umstritten als bei den deutschen Juden. Im rheinisch-westfälischen Industriegebiet kam es deshalb auch zur Gründung einer ganzen Reihe von zionistischen Vereinen. Nicht wenige ihrer Mitglieder näherten sich, zum Teil unter dem Eindruck der miterlebten russischen Oktoberrevolution, sozialistischen Ideen an.

In den Jahren 1919 und 1920 gründeten sich auch in Bochum, Dortmund, Duisburg, Essen, Gladbeck und Herne ostjüdische Arbeiterkulturvereine. Der von ihnen 1920 gebildete Landesverband Rheinland-Westfalen der jüdischen Arbeiter-Kulturvereine stand unter der Führung von Mitgliedern des zionistisch-sozialistischen „Poale Zion“ (Arbeiter Zions) und des sozialistischen „Bund“.

Die zionistische Bewegung

Der Begriff „Zionismus“ wurde von dem Wiener Nathan Birnbaum 1893 geprägt und geht zurück auf Zion oder Sion, den Burgberg Jerusalems. In Deutschland erreichte der Zionismus maximal 10 Prozent der Juden, vor allem Akademiker, Intellektuelle, Wirtschaftler, Studenten und Journalisten.

Die zionistische Idee ist eng mit Theodor Herzl verbunden. Als Sohn einer assimilierten jüdischen Familie 1860 in Budapest geboren, studierte er in Wien zunächst Jura, versuchte sich als Schriftsteller und arbeitete seit 1891 als Korrespondent der angesehenen Neuen Freien Presse in Paris, später als Leiter des Feuilletons und des literarischen Teils in der Redaktion. Ohne jüdische Erziehung aufgewachsen, zeigte er sich keineswegs unempfindlich gegen antisemitische Angriffe.

In Paris erlebte Herzl 1895 die Dreyfus-Affäre (die Verleumdung eines französischen Offiziers jüdischer Abstammung wegen angeblicher Spionage). Diese Affäre und die damit verbundenen antisemitischen Ausfälle in Frankreich weckten bei ihm ein vorher nicht gekanntes jüdisches Bewusstsein. Nach seiner Ansicht hatten die trotz jüdischer Assimilation im Westen gärende Judenfeindschaft, die Pogrome und Vertreibungen im Osten gezeigt, dass Emanzipation und soziale Integration gescheitert waren. Den Ausweg sah Herzl nur in der Gründung eines jüdischen Staates und der Bildung einer eigenen jüdischen Nation.

Schon 1862 hatte der Sozialist und Hegelianer Moses Hess, 1841 Mitbegründer der „Rheinischen Zeitung“ in Köln, in seiner Schrift „Rom und Jerusalem“ ähnlich argumentiert. Er plädierte für eine jüdische Nation im „Heiligen Land“. Auch das jüdische Volk sollte sich gemäß der geschichtlichen Entwicklung als Nationalstaat konstituieren können. In Russland setzte um 1880 die Palästina-Bewegung ein, die dann durch die Pogrome von 1881/82 entscheidend beeinflusst wurde. Es bildeten sich von Studenten initiierte Zionsvereine zum Aufbau von Kolonien in Palästina. Leon Pinsker, Arzt aus Odessa, verfasste 1882 die Broschüre „Autoemanzipation“, die ebenfalls für einen jüdischen Nationalstaat eintrat. Eine tief messianische Variante des Zionismus vertrat Achad Haam, der gerade die Assimilation für die Schwäche des Judentums verantwortlich machte und damit in Russland sehr einflussreich war.

Ein historischer Bruch - Der Bottroper Bücherkorb

Mit einer Fülle von Verordnungen grenzte der NS-Staat die Juden auf bürokratischem Weg aus der Gesellschaft aus. Zu diesen Verordnungen gehörte die Verfügung vom 30. April 1939, nach der Juden ohne Begründung und fristlos die Wohnung gekündigt werden konnte. Sie konnten zwangsweise in so genannte Judenhäuser eingewiesen werden. Auf wenige Quadratmeter Wohnraum zusammengepfercht mussten die Familien fortan in Zwangsgemeinschaften leben.
In Bottrop beschlagnahmte die Verwaltung das Wohnhaus der Familie Dortort an der Kirchhellener Straße 46. Alle dort Ende 1941 wohnenden Familien, neben den Dortorts noch Cohn, Häusler, Reichenstein, Krauthammer und andere, wurden am 24. Januar 1942 nach Riga deportiert und fast ausnahmslos ermordet.
Das Haus wechselte den Besitzer. Als 1989 die Eigentümerin aus alters- und gesundheitlichen Gründen in ein Altenheim umziehen musste, lösten die Angehörigen den Haushalt auf und ließen den gesamten Hausrat versteigern. Dabei fand sich auf dem Dachboden ein Weidenkorb. Sorgfältig verwahrt und mit Packpapier abgedeckt enthielt er etwa 150 Bücher, die auf Grund ihrer Namenseintragungen auf ihre einstigen jüdischen Besitzer hinwiesen.
Die Bedeutung des Bücherkorbes und der in ihm enthaltenen Bücher kann nur erahnt werden. Zu welchem Zweck wurde der Korb gepackt? Sollten die Bände für eine erhoffte bessere Zeit gesichert werden, waren sie für die Emigration bestimmt?
Jedenfalls findet sich eine Mischung aus religiösen Büchern und weltlicher Literatur, zionistischen Schriften, Zeitschriften, Sprachlehrbüchern.
Im Einzelnen handelt es sich um Hebräisch-Lehrbücher und eine hebräische Lesefibel, Berichte über den Aufbau der jüdischen Gemeinschaft in Palästina, Dokumente zur Palästina-Politik und die Sammelschrift „Kibbusch, Eroberung durch Aufbau“ von 1935, eine Auswahl aus den Tagebüchern Theodor Herzls, Ansprachen Martin Bubers an die jüdische Bewegung aus den 1920er Jahren, Gebetbücher und Schulausgaben der Tora, eine Sammlung jüdischer Legenden und Parabeln mit dem Titel „Buch der jüdischen Weisheit“, ein Buch über den Prager „Golem“.
Welchen Stellenwert könnte diese Sammlung für die Familien aus Bottrop gehabt haben? Mit der Ausgrenzung der deutschen Juden in den 30er Jahren bekamen Literatur und Lektüre ein neues Ge-

Die Entdeckung des Bücherkorbs
Als das Inventar des Hauses Nr. 46 an der Kirchhellener Straße in Bottrop im Januar 1989 versteigert wurde, waren Auktionatoren gefragt. „Wir haben im Wohnungs- und Kellerbereich den Müll entfernt und dann die Gegenstände für die Versteigerung beschrieben", berichtet Eric Wilbois. Er war einer der beiden Verantwortlichen, die die Versteigerung des gesamten Hausrats durchführten. An den Fund des Korbs erinnert er sich gut.

„Nächtens bin ich auf den Dachboden - ein Sammelsurium von Gegenständen, völlig verstaubt. Die Sachen haben wohl lange Zeit unberührt gelegen. Ich habe mich peu à peu in die hinterste Speicherecke vorgearbeitet. Da stand ein Korb, optisch völlig in Ordnung. Als ich ihn aber ein bisschen bewegte, brach der Boden heraus. Vollkommen morsch. Nirgends ein Schloss, der Korb war unverschlossen."

Wilbois öffnete den Korb und fand eine sorgfältig aufgebrachte Packpapierschicht. Entlang den Seitenwänden und auf dem Boden des Korbes war ebenfalls alles mit Packpapier ausgelegt, darin verstaut 150 Bücher. Teils standen die Bücher, teils lagen sie. Alles wirkte sorgfältig verpackt.
Im vorderen Teil des Dachbodens hatte Eric Wilbois zuvor schon zwei zugenagelte Holzkisten gefunden hat. Den Inhalt beschrieb er so: *„Haushaltsgegenstände, unter anderem Schneebesen, Weißdraht, mehrere Weißblechtassen, weiß emailliert, Durchschlag mit blauem Rand, zerlegte Strickmaschine ‚Juno', etliche weiße Porzellanteller und -tassen, ein kleiner und ein großer Fleischwolf, Besteckteile WMF, 90er Silberauflage, stark abgenutzt, Lanzettblattrand, Frittierkorb, ca. 8 Gebrauchsbechergläser, leicht gekantet, Kochlöffel aus Holz."*
Dieser Hausrat sei sorgfältig verpackt in Zeitungspapier aus den dreißiger und vierziger Jahren eingewickelt gewesen. Er habe die Holzkisten fortgeworfen und den Inhalt dem übrigen Versteigerungsgut zugeordnet. Später habe er sich gefragt, ob die Holzkisten vielleicht von den gleichen jüdischen Besitzern stammten wie die Bücher. Eine genaue Identifikation und Rücksortierung des Hausrats sei aber nicht mehr möglich gewesen.

wicht: Viele gesellschaftliche Aktivitäten wurden unmöglich, neues Selbstverständnis und Selbstwertgefühl wurden gesucht, die jüdischen Verlage veröffentlichten ein breites Spektrum zionistischer Literatur. Besonders die jüdische Jugendbewegung engagierte sich für die Auswanderung nach Palästina - mit berufskundlicher und sprachlicher Vorbereitung. Aber auch die „schöne Literatur" - Romane, Erzählungen, Abenteuergeschichten für Jugendliche - und die jüdische Presse waren nun vom Versuch geprägt, die für viele Betroffene aufgezwungene Identität mit Sinn zu füllen und mit jüdischen Helden und Beispielerzählungen neue, positive und von Stärke und Stolz geprägte jüdische Selbstbilder zu vermitteln.

Fundsituation des Bottroper Bücherkorbes auf dem Dachboden

Der Besuch von Josef Dortort

Die Pogromnacht vom 9. November 1938 offenbarte auch in Bottrop erschreckende Rohheit und Brutalität. Auch die Familie Dortort suchte man heim, die in der Horster Straße ein Möbelgeschäft besaß. Eine Schlägerhorde der Nazitrupps verwüstete den Laden und machte sich dann auf den Weg zur Wohnung der Dortorts in der Kirchhellener Straße. Sie brachen die verriegelte Wohnungstür auf und schlugen das Mobiliar in Stücke. Die Familienmitglieder wurden verprügelt und auf die Straße gezerrt und ins Gefängnis

gebracht, angeblich „zum Schutz der Person“, wie es damals hieß. Kurz darauf entschied die Familie, die beiden jüngsten Kinder, Emil (zur Zeit des Pogroms 14 Jahre) und Josef (10), ins Ausland zu bringen. Im Februar 1939 flüchteten sie zunächst nach Belgien, später nach Südfrankreich und fanden dort Aufnahme in einem jüdischen Kinderheim. Während Emil bei einer so genannten „Aktion“, die ältere Kinder traf, abgeschoben wurde und seitdem „verschollen“ ist, konnte Josef mit Hilfe jüdischer Pfadfinder in die Schweiz gerettet werden. Nach dem Krieg fand er Aufnahme bei Verwandten in den USA. Die Eltern fand er nicht wieder. Seit 1960 lebt Josef Dortort in England. 2004 kam er zum ersten Mal nach Deutschland und besuchte dabei auch das Jüdische Museum.
Als Josef Dortort den Korb sah, war er betroffen. *„Unser Korb“*, sagte er. *„Das ist unser Korb. Wir hatten solche Körbe im Geschäft. Wir haben auch einen nach Belgien mitgenommen, mein Bruder und ich.“*

Neue Impulse in der jüdischen Gegenwart

Die jüdischen Gemeinden der unmittelbaren Nachkriegszeit verstanden sich zumeist als „Liquidationsgemeinden“ - behelfsmäßige Einrichtungen für eine kurze Übergangszeit, in der noch Juden in Deutschland zu leben gezwungen waren. Rabbiner Leo Baeck hatte 1945 gemeint: „Die Epoche der Juden in Deutschland ist ein für allemal vorbei.“ Dennoch blieben viele Juden in Deutschland - aus den verschiedensten privaten, beruflichen, gesundheitlichen Gründen - auch auf Dauer und richteten sich ein; sie waren in der Mehrzahl so genannte „displaced persons“ - Überlebende des nationalsozialistischen Völkermords aus Osteuropa.
Mit der Endphase der DDR und der deutschen Vereinigung 1990 boten sich den Juden aus der untergehenden Sowjetunion und ihren Nachfolgestaaten überraschend neue Auswanderungsmöglichkeiten nach Deutschland, die auch genutzt wurden. Das großzügige Einwanderungsangebot der DDR-Endphase wurde von der vereinigten Bundesrepublik aufrecht erhalten. Die nach 1945 gegründeten Gemeinschaften bestanden zu diesem Zeitpunkt meist aus alten Menschen und konnten ihre Strukturen kaum noch aufrecht erhalten. In ganz Westfalen lebten 1989 etwa 750 Juden.
Der damals einsetzende Zustrom zu den Gemeinden bedeutet eine große Herausforderung, aber zugleich auch ganz neue Chancen. Jährlich kamen etwa 15.000 bis 20.000 sogenannte „Kontingentflüchtlinge“ nach Deutschland, um antisemitischer Diskriminie-

rung und sozialen Notlagen zu entgehen. So entstand inzwischen nicht nur in großstädtischen Zentren, sondern auch in den kleineren Städten Westfalens ein vielfältiges jüdisches Leben. Hochzeiten, Beschneidungen, Bar Mizwa bzw. Bat Mizwa sind wieder alltägliche Ereignisse.

Wer ist jüdisch?
Mit der neuen jüdischen Einwanderung nach Deutschland stellt sich auch eine alte Frage neu: Wer ist Jude? Nach dem jüdischen Religionsgesetz - der Halacha - ist Jude, wer von einer jüdischen Mutter geboren ist. Da aber das Judentum nie eine geschlossene Glaubensgemeinschaft war, existieren zu dieser Frage gegensätzliche Ansichten.
In den mitteleuropäischen Einheitsgemeinden werden, um die Einheit zwischen orthodoxem und nichtorthodoxem Judentum nicht zu gefährden, die strengen Regeln der Orthodoxie weitgehend beachtet. Umstritten ist auch die Frage der Konversion zum Judentum. Die meisten Übertritte zum Judentum werden von nichtorthodoxen (Reform- und konservativen) Rabbinern durchgeführt. Diese Übertritte erkennen Teile der Orthodoxen nicht an - auch dann nicht, wenn die Konvertiten gewissenhaft vorbereitet werden.
Weltweit aber sind Unterschiede erkennbar: Da in biblischen Zeiten auch Menschen mit nur jüdischem Vater als Juden anerkannt wurden und heute stärker auf die Erziehung zum und die Bindung an das Judentum geachtet wird, wird in manchen jüdischen Gemeinschaften die Zugehörigkeit offener definiert. Auch praktische Argumente werden abgewogen: Wenn jemand ausreichende religiöse Kenntnisse hat, sollte er oder sie als Jude oder Jüdin akzeptiert werden, um zu verhindern, dass Menschen dem Judentum verloren gehen.
Die Frage, ob nichtjüdische Familienangehörige „dazugehören“ dürfen, wurde u.a. nach der Gründung des Staates Israel erbittert diskutiert. Inzwischen ist das Problem dadurch entschärft, dass Israel regelgemäße Übertritte zum Judentum anerkennt. Auch manche zum Christentum konvertierte Juden legen großen Nachdruck darauf, ihr Volk nicht verlassen zu haben.
In den stark angewachsenen jüdischen Gemeinden Deutschlands, in denen die Mehrzahl der Zuwanderer heimisch wurde, spielen die Zuordnungen aus der Sowjetunion eine große Rolle: Dort wurden auch die Kinder jüdischer Väter der jüdischen

„Nationalität" zugeordnet (und diskriminiert) – kann und darf man sie aus dem Leben der jüdischen Gemeinschaft ausschließen? Manche Gemeinden haben inzwischen anerkannt, dass auch solche Einwanderer Mitglieder sein können.
Die Historikerin Diana Pinto schreibt: *„Historisch gesehen entstand das freiwillige Jüdischsein in dem Moment, als die eingesperrten Juden des Ostblocks endlich Reisefreiheit erhielten und nach eigenem Gutdünken nach Israel auswandern konnten. Diejenigen, die nach 1989 aus eigener Entscheidung in ihren jeweiligen Ländern blieben, taten dies aus freien Stücken und wurden somit zu ‚freiwilligen Juden'. Gemeinsam mit ihren westeuropäischen Cousins bilden sie jetzt den Kern eines neuen europäischen Judentums. (...) Unabhängig vom Grad ihrer religiösen Intensität befinden sich freiwillige Juden in einem Austausch mit einer größeren Welt und bringen so den ‚jüdischen Raum' mit seiner kulturellen Kreativität, kollektiven Erinnerung und Identität in engen Kontakt mit dem Rest der Gesellschaft. Jüdischsein wird als aktive Teilnahme an der Menschheit im Ganzen angesehen."*

Den heute 19 Gemeinden Nordrhein-Westfalens gehören ungefähr 30.000 Mitglieder an – 7.700 davon im westfälischen Landesteil. Sie verfügen über 18 Synagogen und 7 Betsäle, beschäftigen 8 Rabbiner, 17 Kantoren und 22 Religionslehrer, bieten neben religiösem Leben u.a. Sozialberatung, Sprachkurse und Kulturprogramme. Die russische Sprache ist überall gegenwärtig - Gemeindezeitungen erscheinen zweisprachig.
Die Ende der 1980er Jahre beinahe erloschenen Gemeinden sind öffentlich präsenter geworden, bauen Kindergärten, Jugendzentren und Schulen, entwickeln ein eigenes Kulturleben - z.B. im musikalischen Bereich - und errichten neue und größere Synagogen und Gemeindezentren. Auch der Pluralismus der religiösen Richtungen findet neue Ausdrucksformen, z.B. in der Entstehung liberaler jüdischer Gemeinschaften.

Die neuen Kräfteverhältnisse zwischen den wenigen altgewordenen Pionieren des Gemeindeaufbaus nach 1945 und der Mehrheit der Zugewanderten führten vielerorts zu heftigen Konflikten. Die berufliche Integration der russischen, ukrainischen und aus anderen osteuropäischen Ländern zugewanderten Juden erwies sich - trotz ihrer guten Ausbildung - als sehr schwierig; in der

zweiten Generation der Einwanderer aber scheint sich dieses Problem nicht mehr zu stellen.
Deutschland wurde mit dieser überraschenden Entwicklung zur Heimat der drittgrößten jüdischen Bevölkerung in Europa. Weltweit ist diese Zuwanderung durchaus umstritten - vor allem der Umstand, dass mehr Juden nach Deutschland als nach Israel ziehen. Die US-amerikanisch-jüdische Zeitung „Forward" schrieb dazu im Juli 2003: *„Wenige aber sind bereit, Deutschland offen zu kritisieren, weil niemand der Erste sein will, der das Land dafür angreift, dass es Juden gut behandelt."*

Jüdische Grundschule Düsseldorf

Die Kinder der Yitzhak-Rabin-Grundschule der jüdischen Gemeinde in Düsseldorf, der mit 7.400 Mitgliedern drittgrößten Gemeinde in Deutschland, feiern das Purimfest. Dabei werden traditionell kleine mit Pflaumenmus gefüllte Kuchen gereicht, so genannte Hamantaschen.

Gottesdienst in Selm-Bork

Im Mai 2004 gründete eine Gruppe von Männern und Frauen den Verein „Jüdische liberale Jüdinnen und Juden – Etz Ami". Sie verstehen sich als Ansprechpartner für progressive und liberale Juden in der Region. Einmal im Monat treffen sie sich in der kleinen Landsynagoge von Selm-Bork.

Warum „jüdische Lebenswege"?

Beim Versuch, einen Einblick in eintausend Jahre jüdischer Geschichte in Westfalen zu geben, stellt sich das stets schwierige Problem der Auswahl und Reduzierung. Das Jüdische Museum Westfalen entschied sich gegen den aussichtslosen Versuch, diese Geschichte „vollständig" und systematisch zu erzählen, und für den Weg einer biografischen Annäherung: 14 Lebenswege zeigen exemplarisch Möglichkeiten, Zwänge und Entwicklungen jüdischen Lebens in unserer Region. Jede der in unserer Ausstellung und in diesem Begleitbuch präsentierten Lebensgeschichten steht für eine individuelle Erfahrung einerseits - aber andererseits auch für ein herausragendes Problem oder eine wichtige Tendenz in den Lebensverhältnissen und im Selbstverständnis von Juden in Deutschland.

„Nichts interessiert den Menschen so sehr, wie der Mensch," bestätigte zur Ausstellungseröffnung 2004 die Historikerin Monika Richarz. Und sie fuhr fort: *„Die Präsentation der persönlichen Lebensgeschichten auf dem Hintergrund ihrer Zeit ermöglicht dem Besucher eine Identifikation mit den Dargestellten und damit eine Auseinandersetzung mit ihren Problemen. Ich halte Einfühlung und Identifikation in diesem Zusammenhang durchaus für positiv. Unsere heutigen Schulgeschichtsbücher stellen die jüdische Geschichte noch immer überwiegend aus der Perspektive des Antisemitismus und der Judenverfolgung dar - das heißt, Juden sind primär als Opfer konzipiert. Dieser Fehler ist hier vermieden worden, ohne dass deshalb die furchtbaren Ereignisse unter dem Nationalsozialismus verharmlost werden. Im Gegenteil: Die biografische Darstellung der Erfahrung von Verfolgung macht diese für Schüler, aber auch für Erwachsene bis zu einem gewissen Grade zugänglich durch Empathie."*

Der Blick der Besucher/innen (und der Leser/innen dieses Bands) soll damit auf die sehr unterschiedlichen Erfahrungen und auf die Selbstbilder der westfälischen Juden gerichtet werden: Wir wollen diese Lebenswege nicht als „fremde" wahrnehmen und festschreiben, sondern durch Biografien und individuelle Zeugnisse die eigenen Perspektiven der Porträtierten und die Vielfalt jüdischer Lebensentwürfe, Strategien und Schicksale in der westfälischen Geschichte sichtbar machen. Dass dabei auch die Auseinandersetzung mit der umgebenden Gesellschaft und die Wechselwirkungen zwischen Mehrheiten und Minderheiten nachgezeichnet werden, ist selbstverständlich. Nachbarschaft und Ausgrenzung, sozialer Aufstieg und Verfolgungsperioden, Bildungsbemühungen und kulturelle Leistungen, ländliche und städtische Beispiele kommen also zur Sprache; wir geben Frauen und Männern, Händlern und Rabbinern, Künstlern und Unternehmern, Schriftstellerinnen und Sportlern, „kleinen Leuten“ und prominenten Intellektuellen das Wort, um die Vielstimmigkeit jüdischer Existenz auch im Raum Westfalen wenigstens anzudeuten.

Zwischen Mittelalter und Neuzeit

Frühe Spuren jüdischen Lebens im heutigen Rheinland und in Westfalen führen bis in die Römerzeit zurück. Die ersten Juden dürften vermutlich im Gefolge der römischen Legionen den Rhein aufwärts ziehend als Händler und Kaufleute in das heutige Nordrhein-Westfalen gekommen sein. Urkunden des römischen Kaisers Konstantin aus den Jahren 321 und 331 an den Stadtrat von Köln beweisen erstmals die Existenz einer jüdischen Gemeinschaft in den Mauern der Stadt. Mit dem Untergang des römischen Reiches verschwand auch das jüdische Leben. Für die folgenden Jahrhunderte lassen sich keine Spuren mehr auffinden.
Erst im Frühmittelalter, vom 9. Jahrhundert an, können wieder Juden in der Region nachgewiesen werden. Das Rheintal entwickelte sich zu einem wichtigen Zentrum jüdischen Lebens und jüdischer Gelehrsamkeit. Die größte jüdische Gemeinde befand sich in Köln. Weitere wichtige Gemeinden waren Speyer, Mainz und Worms. Dabei hatte sich vor allem Mainz zu einem bedeutenden Ort jüdischer Gelehrsamkeit entwickelt. Die ersten namentlich bekannten Juden in Westfalen, Mar Schemarja (1096) und Juda ben David Halevi (1127/28), stammten aus Köln. Bis etwa 1200 blieb Köln das Zentrum jüdischen Lebens sowohl für Westfalen als auch für das Rheinland. Der dortige Friedhof musste von allen in diesem Gebiet angesiedelten Juden zur Bestattung ihrer Toten genutzt werden. Im Gefolge des ersten Kreuzzugs kam es 1096 zu grausamen Pogromen, denen in den Gemeinden entlang des Rheins zwischen 4.000 und 5.000 Menschen zum Opfer fielen.

Bürger minderen Rechts
In der christlichen Gesellschaft des Mittelalters galten die Juden als Bürger minderen Rechts. Es gab kaum Schutz vor Diskriminierungen. Über den problematischen Rechtsstatus der Juden geben die so genannten Judeneide Aufschluss. Aus Westfalen sind drei unterschiedliche Judeneid-Formeln aus Dortmund und Soest bekannt. Das Eidesritual war in der Regel ein demütigendes und

entehrendes Spektakel. Die erzwungene Selbstverfluchung der Schwörenden wurde als Schutz vor einem jüdischen Falscheid angesehen.

Vom 12. bis zum 18. Jahrhundert war jüdisches Leben in Westfalen wie andernorts auch von einem ständigen Auf und Ab gekennzeichnet. 1350 traf die aufstrebende jüdische Gemeinschaft eine Katastrophe, die zu einer fast vollständigen Zerschlagung alles Jüdischen führte. Wie in vielen Teilen Europas wurden auch die westfälischen Juden von christlichen „Nachbarn" für den „Schwarzen Tod", die Pest, verantwortlich gemacht und, so berichten einige Chroniken, „wie Vieh geschlachtet". Es gab zu dieser Zeit Friedhofsgemeinden in Dortmund, Minden, Münster, Osnabrück und möglicherweise auch in Soest. Diese waren für die kleinen Judengemeinschaften zuständig, die auf 30 Ortschaften verteilt im Lande lebten. Nach der Pestkatastrophe wurden im Mittelalter nur zwölf Orte noch einmal von Juden bewohnt: Bielefeld, Dortmund, Hamm, Herford, Kamen, Lemgo, Minden, Münster, Paderborn, Recklinghausen, Soest und Unna. Die westfälische Judenschaft hat sich von den Verlusten des Pestpogroms nie mehr erholt. Bis zum Ende des Mittelalters gab es mit Sicherheit nur in Dortmund noch einmal eine Gemeinde. Im 15. Jahrhundert dürfte in Minden zeitweise ebenfalls eine jüdische Gemeinde bestanden haben.

Zwischen 1400 und 1500 lebten Juden nachweisbar nur in etwa vier bis sechs Orten. Nimmt man noch einige vermutete Wohnorte hinzu, so kommt man auf ca. zehn Städte und Gemeinden. Ob auch nur eine Judenschaft den Minjan aufbrachte, die Mindestzahl von zehn religionsmündigen Männern zum Gottesdienst, ist nicht überliefert. Nirgendwo in Westfalen haben Juden zwischen 1367 und 1500 zahlenmäßig oder wirtschaftlich eine größere Rolle zu spielen vermocht, die sie vor der Pestkatastrophe in den fünf damaligen Zentren wohl noch besessen hatten. Damit teilten die westfälischen Juden das gleiche Schicksal wie nahezu alle Juden im Reich.

In dem Maße, wie sie durch Ausbeutung und Unterdrückung an wirtschaftlicher Bedeutung verloren, ließ auch das Interesse der Landesherren und Städte an ihnen nach. Ausweisung und Vertreibung aus vielen Städten und Regionen war die Folge. Ausgeplündert, verachtet und gefährdet war ihre Zukunft in Westfalen ungewiss. Nur die territoriale Zersplitterung und die politische Zerrissenheit im Reich verhinderten wohl die völlige Vertreibung, wie sie in Flächenstaaten wie England oder Frankreich geschah.

Die nachfolgenden Jahrhunderte bis zum Ende des Dreißigjährigen Krieges brachten für die Juden in Westfalen wie auch im Deutschen

Reich schwierige Zeiten. In der ständigen Gefahr ausgewiesen zu werden, bei oft nur kurzfristigen Niederlassungserlaubnissen, von vielen größeren Städten ausgeschlossen und daher auf dem Lande siedelnd sowie auf nur wenige Berufe beschränkt, lebten die meisten Juden fast ständig am Rande des Existenzminimums. Hinzu kamen die wiederkehrenden Vorwürfe des „Ritualmords“, der „Hostienschändung“ und der „Brunnenvergiftung“, die zu blutigen und grausamen Verfolgungen führten.
Nur zögernd kehrten die Juden nach Westfalen zurück. Sie erreichten vermutlich erst gegen Ende des 16. Jahrhunderts wieder die Stärke, die sie um 1350 gehabt hatten.

Ausweisung - Duldung - Anfeindung
Von der Mitte des 16. bis zu Beginn des 19. Jahrhunderts war die jüdische Siedlungsdichte insgesamt gering und in den einzelnen Regionen sehr unterschiedlich. So mussten Juden die Stadt Münster 1554 nach nur zehn Jahren wieder verlassen. Das Ansiedlungsverbot galt bis zum Jahre 1810. In Dortmund wurden die Juden 1596 erneut ausgewiesen, nachdem sie fast fünfzig Jahre in der Stadt hatten leben können. Erst 1808 konnten sich wieder Juden in Dortmund niederlassen.
Die Initiativen zur Ausweisung gingen häufig von den Zünften oder den Landständen aus. Doch ließen sich die Ausweisungsbeschlüsse bzw. die Ansiedlungsverbote nicht immer konsequent durchsetzen. In Coesfeld scheiterte im 16. Jahrhundert der Ansiedlungsversuch am Widerstand der Stadt, während im Nachbarort Dülmen seit 1580 die Juden vor einer Ausweisung geschützt waren.
Nach und nach kehrten Juden in alle westfälischen Landesteile zurück und konnten sich trotz versuchter Vertreibungen weitgehend halten. Um den Landständen im Herzogtum Westfalen entgegenzukommen, die 1599 die Ausweisung verlangt hatten, erließ Kurfürst Ferdinand von Köln 1614 eine „Ordnung“, die die Rechte und Pflichten der Juden bis ins kleinste Detail regelte. Diese älteste Judenordnung für Westfalen hatte bis zum Ende des Heiligen Römischen Reiches Bestand.
Die geplanten und die wirklich ausgeführten Vertreibungen von Juden zeigen, dass sie von der christlichen Ständegesellschaft aus religiösen und wirtschaftlichen Gründen verachtet, diskriminiert und angefeindet wurden. Das ständige Misstrauen ihnen gegenüber konnte schnell in offene Gewalt umschlagen. Die Vertreibung aus den Städten und die Ansiedlung auf dem Lande führten zu einem weitaus engeren Kontakt mit der christlichen Bevölkerung. Diese war in ihrem Verhalten zur jüdischen Bevölkerung vor allem durch

Feindseligkeit und Vorurteile geprägt. Juden hatten ständig Demütigungen und Erniedrigungen zu ertragen.
Da aber auch die Christen aus der Anwesenheit der Juden wirtschaftlichen Nutzen zogen, kam es immer wieder zu pragmatischen und gelegentlich auch zu nachbarschaftlich-freundlichen Beziehungen. Diesen Kontakten zwischen Christen und Juden standen strenge gesetzliche Bestimmungen entgegen, die die „Trennung der Konfessionen" bezweckten. Verschiedene Judenordnungen verpflichteten zu bescheidener Kleidung und zu einem unauffälligen öffentlichen Auftreten. An christlichen Feiertagen durften Juden oft ihre Häuser nicht verlassen.
Insgesamt stabilisierten sich die Bedingungen während der frühen Neuzeit. Dennoch kamen Vertreibungen vor. Zwar scheiterten entsprechende Versuche meist an den Interessen der Landesherren, sie konnten die Juden aber nicht vor antijüdischen Ausschreitungen der Bevölkerung schützen. Gerade in wirtschaftlich angespannten Zeiten machte sich die Unzufriedenheit in Angriffen gegen die Juden Luft. Aber auch religiöse Motive führten zu lokalen Pogromen. Allmählich wurde möglich, dass Juden sich gegen Übergriffe mit Hilfe der staatlichen Behörden und Gerichte juristisch schützen konnten.
Erst mit dem Ende des 18. Jahrhunderts, mit den Auswirkungen der Französischen Revolution auf Westfalen, kam es kurzfristig, und dann mit dem Beginn der preußischen Ära ab 1811 zu langfristigen Veränderungen und Verbesserungen der Lebensbedingungen.

Bankier der Adeligen und Bürger
Leo von Münster (um 1350)

Die Menschen des Mittelalters haben, von einigen Ausnahmen abgesehen, keine Spuren hinterlassen. Selbst die wenigen erhalten geblieben Spuren berichten meist mehr von geschäftlichen als privaten Angelegenheiten. So ist uns auch Leo von Münster, mit dem unsere biografische Ausstellung beginnt, nur aus geschäftlichen Dokumenten bekannt.
„Leo de Monasterio", benannt nach seinem Wohnort Münster, war ein bedeutender Geldhändler. Er wird 1346 in den Münsterschen Archiven erstmals als Betreiber von Kreditgeschäften genannt. Er war Mitglied des Bankierkonsortiums unter Leitung des Gottschalk von Recklinghausen, dessen Geschäftsverbindungen zwischen 1332 und 1349 weite Teile Norddeutschlands und der östlichen Nieder-

lande umspannten. Leo von Münster dürfte zu den führenden Mitgliedern der „Gesellschaft" des Gottschalk von Recklinghausen gehört haben. Er wird nicht weniger als 22mal in dessen Archiv erwähnt. Neben Leo und Gottschalk gehörten noch dessen Tochter Hanna, Gottschalk von Werden, dessen Frau Hanna, Rosa von Berc (Rheinberg) und Moses von Köln zum Konsortium. Drei von den sieben bekannten Mitgliedern waren Frauen. Im jüdischen Leben ist dies jedoch nicht außergewöhnlich, konnten Frauen hier seit alters her selbstständig geschäftlich tätig sein.
Leo von Münster wird wie Gottschalk und die übrigen Mitglieder des Konsortiums von seinem Wohnsitz Münster aus mit Rittern und Bürgern der näheren und weiteren Umgebung Kreditgeschäfte gemacht haben. Das Risiko beim Kreditgeschäft war enorm; den juristisch abgesicherten Ansprüchen stand die Macht der Kreditnehmer gegenüber. Dies mag ein Grund gewesen sein, warum sich die Kaufleute zu Konsortien zusammenschlossen. Leos Geschäfte liefen dennoch so gut, dass er vermutlich zu den Juden gehörte, die sich damals in einem hervorragend gelegenen Bereich der Stadt Münster, hinter Rat- und Stadtweinhaus, niederlassen konnten.

Pestpogrom 1350
Während des Pestjahres 1350 waren auch Leo und seine Familie den Pogromen ausgesetzt. Das jüdische Leben in Münster fiel ganz den Unruhen zum Opfer. Sämtliche Einrichtungen wie Friedhof und Synagoge wurden zerstört. Von den Grabsteinen des Friedhofs hat sich ein Fragment erhalten, dessen Geschichte an anderer Stelle dieses Bandes dargestellt wird. Das Schicksal Leos und seiner Familie ist nicht überliefert. Ein Leo von Münster taucht 1356 am Mittelrhein auf. Die Forschung sieht ihn als den hier vorgestellten Leo von Münster an, was bedeuten würde, dass

Bauer und jüdischer Geldwechsler

Jüdischer Geldwechsler

er den Pogromen entkommen war. Auf der Rückseite des Stadtweinhauses machte man 1951 bei Abbrucharbeiten eine Aufsehen erregende Entdeckung: Eingemauert in eine Kellerwand fand man einen Schatz, bestehend aus Schmuckstücken und über 2.000 Münzen. Die Prägedaten der Münzen weisen darauf hin, dass das Vermögen um 1350 versteckt wurde, als die Große Pest Westfalen erreichte. Der Fundort im Bereich des mittelalterlichen jüdischen Wohnviertels weist auf jüdische Eigentümer hin, zu denen auch Leo gehört haben könnte.

Der Münzfund vom münsterischen Stadtweinhaus
Die Innenstadt von Münster wurde im Zweiten Weltkrieg bei Luftangriffen fast vollständig zerstört. Anfang der fünfziger Jahre begann der Wiederaufbau des historischen Rathauses und des benachbarten Stadtweinhauses. Beim Freilegen der verbliebenen Gebäudereste stießen die Bauarbeiter am 2. Mai 1951 in einem mittelalterliche Kellergewölbe auf einen großen Schatzfund mit vielen Münzen und Schmuckstücken. Leider erkannten die Arbeiter nicht die Bedeutung des Fundes. So wurde er nur zum Teil geborgen, überwiegend jedoch unterschlagen und in alle Welt verschleudert. Zwei Schüler gelangten per Zufall in den Besitz einiger Münzen und Schmuckstücke. Damit gingen sie zum Landesmuseum. Der Pförtner wollte sie nicht ins Haus lassen und versuchte sie mit dem Hinweis abzuwimmeln, es handele sich um wertlosen Fastnachtsschmuck. Die beiden Jungen blieben jedoch hartnäckig, und Fachleute des Museums bestätigen schließlich die Bedeutung

des Fundes. So erfuhr die Öffentlichkeit erst drei Wochen später von dieser wichtigen Entdeckung.
1.447 Münzen und rund dreißig Schmuckstücke konnten noch sichergestellt werden. Ingesamt schätzt man den ursprünglichen Fund auf über 2.000 Münzen.
Alle Münzen datieren vor 1349/50. In diesem Jahr kam es in Münster im Rahmen der Pest zu einem schweren Pogrom gegen die jüdische Gemeinschaft. Damals befand sich deren Wohnviertel in dem Areal des späteren Stadtweinhauses und des Rathauses. Deshalb kann ein jüdischer Kaufmann oder Bankier als Besitzer des Schatzes vermutet werden. Da Leo von Münster zu den wohlhabenderen Geschäftsleuten der jüdischen Gemeinschaft zählte, kann der Schatz durchaus von ihm stammen.
Auch unter numismatischen Aspekten ist der Fund interessant. Fast 700 Münzen entfallen auf Münster, 134 auf Osnabrück. Es finden sich auch Münzen aus Dortmund und Iserlohn in größerer Zahl. Dass kaum Münzen aus Ostwestfalen darunter sind, spricht für eine regional begrenzte und nach Westen ausgerichtete Handelstätigkeit.

Münzschatzfund aus Münster, um 1350

Händlerin mit Selbstbewusstsein
Freuchen Gans (ca. 1570-1630)

Die Händlerin Freuchen Gans stammte aus einer wohlangesehenen jüdischen Familie Westfalens. Ihre Herkunft, ihre Bildung und ihr Durchsetzungsvermögen erlaubten ihr, sowohl geschäftlich als auch innerjüdisch eine wichtige Rolle zu spielen.
Freuchen Gans und ihr Mann waren nicht selten in Konflikte mit zahlungsunwilligen Schuldnern verwickelt. Im Fall des Hammer Adelsherrn Dietrich von Nehem, der als gewalttätig bekannt war und seine großen Schulden schlicht verleugnete, konnte Freuchen nach beinahe 20jährigem Rechtstreit im Juli 1619 eine spektakuläre Zwangsvollstreckung durchsetzen: Gerichtsdiener der Stadt Hamm trieben auf den Weiden des Schuldners 13 Milchkühe, zwei Ochsen und 116 Schafe aus seinem Besitz zusammen. Das Vieh wurde im Wert geschätzt und sofort weiterverkauft, der Verkaufserlös an Freuchen und Moises übergeben. Die Beschwerden von Nehems beim Reichskammergericht scheiterten im Jahr 1621 endgültig; wegen „mutwilligen und freventlichen Appellierens" musste er eine weitere Strafe zahlen.

Eine bedeutende Familie

Freuchen Gans stammte aus einer Familie mit bedeutenden Persönlichkeiten. Ihr Großvater Salomon Gans war wohl der erste Jude Westfalens, der einen Familiennamen trug. Er wurde zum Begründer einer Familientradition, die bedeutende Rabbiner, Gemeindevorsteher, Gelehrte, Bankiers und Hofjuden hervorbrachte.
Salomons Sohn (und Freuchens Onkel) David Gans (1541-1613), wahrscheinlich in Lippstadt geboren, wurde als Gelehrter in Prag weltberühmt.
Freuchen heiratete um 1580 den Rabbiner und Kaufmann Moises von Hamm, einen führenden Sprecher der westfälischen Judenschaft, der diese auch außerhalb Westfalens bei wichtigen Anlässen vertrat - z. B. der Rabbinerversammlung in Frankfurt 1603, die eine reichsweite Organisation der deutschen Juden plante. Diese Rolle verstrickte Moises auch in den anschließenden mehrjährigen Hochverratsprozess, den Kaiser Rudolf II. gegen alle Beteiligten anstrengte: Es ging dabei um den Vorwurf, die deutschen Juden wollten die christlichen Obrigkeiten ausschalten und bedrohten damit das Reich von innen. Dieser Konflikt stand in Zusammenhang mit langwierigen Konflikten über die Rechte der Rabbiner, des kurkölnischen Landesherrn und Erzbischofs sowie des Kaisers.

Jüdische Lebenswege in Westfalen

Handel mit Hindernissen

Um die Wende vom 16. zum 17. Jahrhundert herrschte in Hamm ein reges jüdisches Leben; einige der dort lebenden Familien galten als sehr wohlhabend und waren weit über die Stadt hinaus geschäftlich tätig, so auch das Ehepaar Moises und Freuchen. Wie es bei gut situierten jüdischen Familien üblich war, handelte Freuchen mitverantwortlich und gleichberechtigt. Sie zeigte sich als selbstbewusste Partnerin ihres Mannes, konnte lesen und schreiben und tätigte selbstständig Geschäftsabschlüsse, war ihrem Mann wohl auch an Handelsgeschick überlegen. Mehrfach musste sie ihn aus schwierigen Situationen wie Anklagen, Arrest etc. durch Verhandlungen und Kautionszahlungen befreien.

Jüdische Stoffhändler

Die Geschäfte von Freuchen Gans und ihrem Ehemann waren sehr erfolgreich. Ihre Geschäftskontakte reichten bis nach Emden und Frankfurt und wurden aktenkundig vor allem durch Prozesse gegen säumige Schuldner. Freuchen belieferte die westfälische Oberschicht mit seltenen und teuren Gütern: etwa mit Silber- und Goldwaren oder auch mit „Äpfeln von Oranien“, wie man damals Orangen nannte.

Ein wichtiger Knotenpunkt ihrer geschäftlichen Aktivitäten war die Stadt Münster. Als Moises von Hamm 1603 zum Frühjahrs-Send nach Münster reiste, wurde er „wegen betrüglichen Einschleichens“ inhaftiert. Freuchen ging gegen seine Inhaftierung vor und erreichte gegen ein Bußgeld von 50 Talern seine Freilassung. Der Rat von Münster versuchte aber immer wieder, die Tätigkeit jüdischer Händler in der Stadt stark einzuschränken und zu kontrollieren. Freuchen Gans als Sprecherin der Münster besuchenden Händler brachte 1621 den Stadtrat dazu, die Gebühren für den Zugang zu diesem wichtigen Markt zu halbieren.

Die Eheleute hatten mehrere Kinder, von denen fünf namentlich bekannt sind: Joseph, Salomon, der ab 1614 in Minden geschäftlich aktiv war, Jonas und Seligmann, die im Jahre 1604 zusammen mit Freuchen eine Kaution für ihren arrestierten Vater aufbrachten, und eine Tochter namens Sprinz.

Jüdische Händler

Nachdem im 15. und 16. Jahrhundert die jüdischen Gemeinschaften und Ansiedlungen Westfalens aus religiösen und wirtschaftlichen Motiven größtenteils vertrieben waren, musste die Mehrheitsgesellschaft doch immer wieder den Nutzen jüdischer Händler und Geldleiher anerkennen. „Schutzbriefe" für einzelne Juden wurden zudem eine bedeutende Einnahmequelle für Landesherren.

Obwohl die städtischen Zünfte und Gilden immer wieder versuchten, jüdische Händler von ihren Märkten fernzuhalten, konnten diese seit dem Ende des 16. Jahrhunderts über den Geldverleih hinaus weitere Handelstätigkeiten für sich erschließen. Sie sorgten vor allem für den flexiblen Austausch zwischen ländlicher und städtischer Wirtschaft, bei Spezialisierung auf gängige Gebrauchtwaren einerseits und „Luxusgüter" andererseits z.B. Genussmittel und Gewürze. Dadurch wurden die Beziehungen zur übrigen Gesellschaft allmählich intensi-

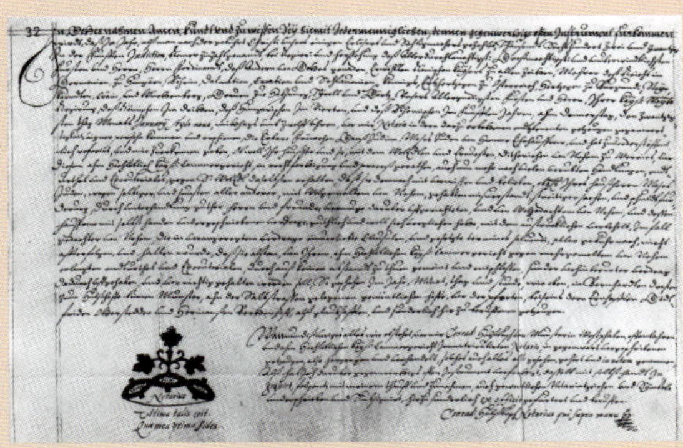

Vertrag der Freuchen Gans mit Dietrich von Nehem vom 20. Januar 1622, verhandelt vor dem Reichskammergericht.

ver. Außerdem wandten sich viele auf dem Land lebende Juden dem Viehhandel zu - ein Geschäftszweig, der ebenfalls viele Konflikte mit sich brachte. Die Ausübung mehrerer Berufe gleichzeitig war damals bei Juden nicht selten. Neben dem Hausiergeschäft suchten die jüdischen Händler Zugang zu den Messen und städtischen Märkten; trotz vieler Versuche, sie davon auszuschließen, hatten sie oft das Argument einer besseren Auswahl und Qualität der Waren auf ihrer Seite.

Das vergleichsweise faire Gerichtsverfahren um 1620 darf nicht als rechtliche Gleichstellung der Juden missverstanden werden. Eine Voraussetzung des rechtlichen Erfolgs von Freuchen und Moises war ihr großer finanzieller Rückhalt. Rechtsbrüche gegen Juden waren um 1600 an der Tagesordnung - von übler Nachrede und Diskriminierungen bis zu Ausweisung, Beraubung und Todesgefahr. „Schutzbriefe" stellten für manche Juden eine gewisse Sicherheit dar; in einer Zeit ohne starke staatliche Zentralgewalt war ihre Wirkung aber begrenzt.

Zum Weiterlesen:
Diethard Aschoff, Geschichte der Juden in Westfalen im Mittelalter, Münster 2006.
Birgit Klein, Wohltat und Hochverrat - Kurfürst Ernst von Köln, Juda bar Chajjim und die Juden im Alten Reich, Hildesheim 2003.

Zwischen Recht und Willkür
Jacob Kaufman (um 1600)

Noch bis weit in das 18. Jahrhundert hinein war das Reisen für Kaufleute eine gefährliche Angelegenheit. Soziale Probleme und damit einhergehende Verarmung hatten vielerorts zur Bildung von Räuberbanden geführt. Deren „Ziele" waren oft reisende Kaufleute. Jüdischen Kaufleuten drohte aber eine weitere Gefahr. Neben den Räuberbanden versuchten auch immer wieder kleine Landadlige, von durchreisenden Juden „Schutz"- und Wegegelder zu erpressen. Eine Begebenheit aus der Herrlichkeit Lembeck bei Dorsten ist im Archiv des Schlosses überliefert.

Zwei jüdische Reisende begrüßen einander

Anfang November 1602 reiste der Händler Jacob Kaufman mit seinem Geschäftspartner Leser (Lazarus) Judd mit Handelswaren nach Frankfurt am Main. Beide hatten ihre Heimat am Niederrhein, in den Orten Rees und Büderich, und besaßen einen Schutzbrief des Herzogs von Kleve. Die ersten 50 Kilometer reisten sie in Begleitung des christlichen Stadtboten von Wesel. Sie hatten in Schermbeck übernachtet und waren am 12. November 1602 auf dem Weg nach Recklinghausen.

Eine Geiselnahme

Als sie kurz vor Dorsten durch das Gebiet des Schlossherrn von Lembeck - Matthias von Westerholt - kamen, wurden sie von zwei niederländischen Reitern festgenommen. Die beiden Kaufleute versuchten sich aus der Gefangenschaft der Soldaten freizukaufen. Sie boten den beiden „ethliche tausendt Reichstaler“ an. Der Vogt des Lembecker Schlossherrn, der von dieser Gefangennahme erfuhr, verlangte die Übergabe der beiden an seinen Herrn. Nach einigem Hin und Her wurden die Kaufleute auf das Schloss Lembeck verbracht. Die Reiter - einer von ihnen war Dorstener im Dienste der Niederlande - zogen mit ihnen, da sie die Hälfte des angestrebten Lösegeldes für sich beanspruchten. Über die Verhandlungen, wer nun wie viel Geld von den Juden bekommen sollte, und darüber, ob die Juden überhaupt noch zahlen wollten, vergingen fünf Monate. Während dieser Zeit mussten die beiden Kaufleute nicht nur für ihre eigene Verpflegung bezahlen, sondern auch für die der Reiter und der sie bewachenden zwei Soldaten. Der Lembecker Schlossherr verlangte von Jacob und Leser Geld für die Durchreise - zu Unrecht, denn sein Landesherr, der Fürstbischof von Münster, gewährte in seinem Gebiet allen Juden freies Geleit. Doch im 17. und 18. Jahrhundert konnten gerade Juden nicht auf einen sicheren Rechtsstatus zählen.
Die beiden jüdischen Händler waren so in einen Rechtsstreit zwischen dem Lembecker Schlossherrn und den Lehnsherren, den Bischöfen von Münster, geraten. Von 1575 bis nach 1800 behaupteten die Lembecker hartnäckig, die Entscheidung über das Wohnrecht und sogar das Durchreiserecht für Juden zu haben. Diesen Streit mit den Bischöfen trugen sie immer wieder auf dem Rücken einzelner Juden aus.

„Kassiber“

Die Gefangenen versuchten mit geschmuggelten Briefen ihre Freilassung zu beschleunigen. Durch den christlichen Mitreisenden, den Stadtboten von Wesel, erfuhren die Ehefrauen, Esther und Agate, von der Inhaftierung. Einer dieser „Kassiber“ hat sich erhalten. Jacob Kaufman wendet sich in dem Schriftstück in westjiddischer Sprache an seine Frau Esther. Kaufman berichtet von schwerer Gefangenschaft und bittet seine Frau um Hilfe. Sie möge den Vorrat an Gerste verkaufen und auch „etwas dazuleihen, damit ich in Ehren hier rauskomme".

Um die Freilassung der beiden jüdischen Kaufleute entfalteten sich zahlreiche Aktivitäten. So veranlassten die beiden Frauen die Regierung des Herzogtums Kleve, unter deren Schutz die Ehemänner standen, Protestbriefe zu verfassen. Auch der Bürgermeister, die Schöffen und der Rat der Stadt Büderich, des Wohnorts von

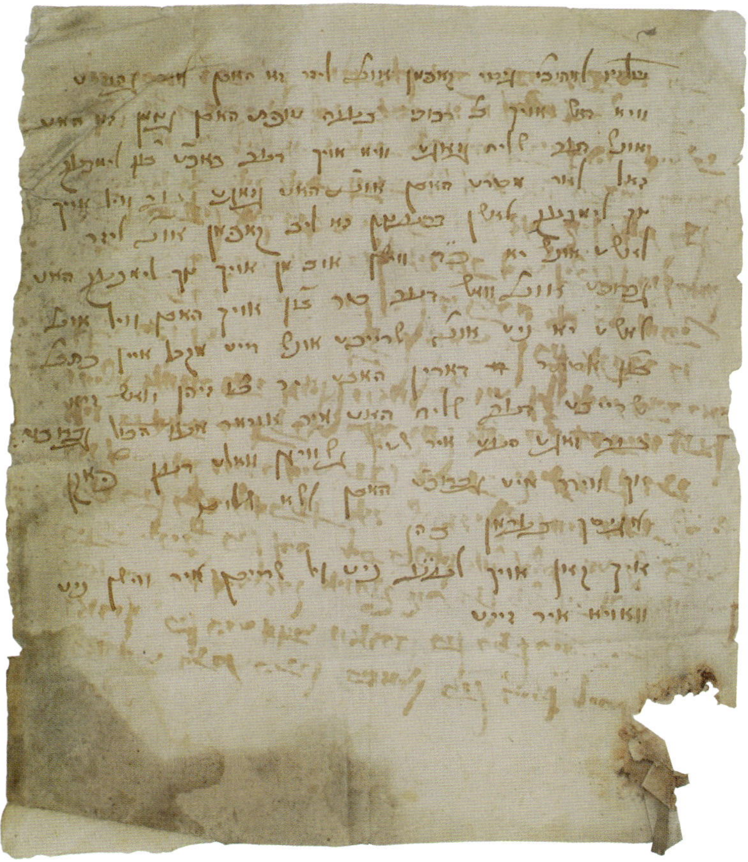

Mit geschmuggelten Briefen, so genannten Kassibern, hielten die beiden Gefangenen Kontakt mit ihren Familien. Sie bedienten sich dabei der jiddischen Sprache.

Lazarus Judd, ergriffen in einem Schreiben an den Bischof von Münster Partei für ihren jüdischen Einwohner und dessen Familie. Schließlich gelang es den Ehefrauen sogar, das Lembecker Gefängnis zu besuchen, wo sie feststellten, dass ihre Männer aus keinem anderen Grund festgehalten wurden, als dem, dass sie Juden waren.
Der Lembecker Schlossherr weigerte sich beharrlich, die Juden frei zu lassen und berief sich indessen auf den Beschluss der Stände von 1584, dass *„kein Zigeuner oder Heide oder Jude in diesem Stift geduldet oder vergleidet noch beherbergt oder sonst untergebracht werden solle“.*
Erst nach über fünf Monaten kamen Jacob Kaufman und Leeser Judd wieder frei. Wieviel Lösegeld sie schließlich zahlen mussten, lässt sich aus den Akten nicht mehr rekonstruieren.

Erster Brief
S[olem] l[echo] s[olem] laahuvi gisi Kafman un‘ Leser! so haben mir gehö(r)t, / wi das öuch b‘ rechuvi[m] baav[onossenu] h[orabim] tofess haben genumen. so hot / uns der soliah gesagt, wi öuch der vocht vun Lembek / sol var-masert haben un‘ hot gesagt, er will öuch / noch Lembek loßen brengen. so, lib Kafman un‘ Leser, / lost uns jo c[ol] d[over] wißen, ob man öuch noch Lembek hot / gebrocht un‘ was der sar vum öuch haben will, un‘ / lost jo nit un‘ schreibt uns! seit mekabel ain cessav / vun Esther; darin habt ir zu sehen, was si‘ / schreibt. der soliah hot mir öu‘er mer hacol gebrocht. / er sagt, het ir stil geswigen, wolt den paken / ach wider mitgebrocht haben, veso solem / migischo Berman Cohen. / ich kann öuch lee[ss] a[te] nit vil schreiben, mir wißen nit, / wou‘ ir seit.

Friede dir, Friede meinem lieben Schwager Kaufman und auch Leser! Wir haben also gehört, wie euch zwei Reiter „um unserer großer Sünden willen“ gefangen genommen haben. Und zwar hat uns der Bote berichtet, wie euch der Vogt von Lembeck denunziert haben soll und gesagt hat, er will euch nach Lembeck bringen lassen. Lieber Kaufman und Leser, teilt uns ja alles mit - ob man euch nach Lembeck gebracht hat und was der Adelsmensch von euch haben will! Versäumt ja nicht, uns zu schreiben! Nehmt beiliegend einen Brief von Esther in Empfang; darin könnt ihr sehen, was sie schreibt. Der Bote hat mir alles an Nachrichten über euch gebracht. Er sagt, hättet ihr still geschwiegen, dann hätte er auch die Ware wieder mitgebracht. Und hab Segenswünsche von deinem Schwager Berman Cohen. Ich kann euch im Augenblick nicht viel schreiben, wir wissen nicht, wo ihr seid.

Zweiter Brief
Liebe Esther, lang mögest du leben!
(ich) liege hier in schwerer Gefangenschaft; sieh zu, dass du mir hilfst - mit Gottes Hilfe! Was das angeht, dass du mir schreibst, ich soll dich wissen lassen, ob ich Leser geraten habe mitzuziehen: so habe ich ihm gesagt, als Mose und Berman dabei waren, ich wolle ihn keineswegs mithaben, doch könnte ich ihm den Weg nicht verwehren. Daraufhin ist er mitgezogen. (Ich) hoffe trotzdem nicht darauf, dass er etwas geben wird; die Ablösungssumme beträgt 4.000. Sieh zu, durch Loben und Geben kommt man gütlicher auseinander. Du kennst unsere Vermögensverhältnisse wohl, (nämlich,) dass nicht viel im Vorrat ist. Du kannst die Gerste verkaufen und etwas dazuleihen, damit ich in Ehren hier rauskomme. Denn der Herr von Lembeck ist des Handelns müde, dieser Adelsmensch - „sein Name werde ausgelöscht" - begehrt nichts von ihm.- Lieber Berman und Mose, tut das Beste für mich, damit ich hier wegkomme; denn es entstehen große Unkosten, ich werde schlimm geschädigt von den Strolchen - „Ihr Name werde ausgelöscht". Damit dem Herrn befohlen! Von deinem lieben Mann Kaufman.

Zum Weiterlesen:
Erika Timm, Zwei neuaufgefundene jiddische Briefe von 1602 und ihre Bedeutung für die Sozial- und Sprachgeschichte, in: Aschkenas, 4. Jg. (1994) Heft 2.
Wolf Stegemann/Johanna Eichmann, Juden in Dorsten und in der Herrlichkeit Lembeck, Dorsten 1989.

Das 19. Jahrhundert

Von ihrer beruflichen Struktur her standen sich die Juden in den westfälischen Kleinstädten und Dörfern in der ersten Hälfte des 19. Jahrhunderts wirtschaftlich nicht viel besser, als in den Jahrzehnten zuvor. Sie waren Trödler, Krämer und Hausierer, Schlachter und Viehhändler. Einige von ihnen betätigten sich gelegentlich als Geldverleiher oder vermittelten Grundstücksgeschäfte. Erst mit dem Fortschreiten der Emanzipation und der Gewerbefreiheit erhielten die Juden Zugang zu ihnen bisher verschlossenen Berufsgruppen und Handelszweigen. Damit verbunden war für viele Familien ein wirtschaftlicher und gesellschaftlicher Aufstieg. Hinzu kam ein bereits im frühen 19. Jahrhundert einsetzender Aufstieg ins Bildungsbürgertum.

„Emanzipation“

Die rechtliche Emanzipation der Juden und die deutsche Einigung unter preußischer Führung fielen zeitlich fast zusammen. Die auf jüdischer Seite damit verbundenen Hoffnungen auf eine volle gesellschaftliche Anerkennung erfüllten sich jedoch nicht.

In Westfalen, das nach den 1815 gefassten Beschlüssen des Wiener Kongresses endgültig zu Preußen gehörte, galten zunächst fünf verschiedene Judenordnungen. Die Veränderung von einer reinen Agrarwirtschaft zu einer zunehmend industriell geprägten Wirtschaft führte auf dem Lande bei Bauern und Handwerkern zu großer Unsicherheit. Viele von ihnen sahen in den Juden die Hauptnutznießer und Verursacher des freien Handels. Antijüdische Propaganda steigerte und bündelte diese Judenfeindschaft. Es kam immer wieder zu lokalen und regionalen Ausschreitungen, so 1844 im ostwestfälischen Minden und im sauerländischen Geseke. Unterstützung fand die Forderung nach einer Emanzipation der Juden hingegen bei den „Liberalen“. Wollte man den Juden zunächst nur Rechtssicherheit und Freizügigkeit gewähren, so wurde die Emanzipation der Juden in den 1840er Jahren allmählich zu einer Grundforderung. Nur die Freiheit selbst könnte zur Freiheit erziehen, hieß es nun bei den Liberalen.

Mit dem Gesetz „die Verhältnisse der Juden betreffend“ vom 23. Juli 1847 konnte die Gesetzgebung vereinheitlicht werden. Es gewährte den Juden die Freizügigkeit sowie das passive Wahlrecht auf kommunaler Ebene. Staatliche Funktionen, ständische Rechte und die freie akademische Laufbahn aber blieben weiter ihnen vorenthalten.

Große Hoffnungen auf die überfällige Emanzipation weckte die Märzrevolution 1848. Zu den Parlamentariern gehörte auch eine Reihe von prominenten Juden. Nach dem Verfassungsentwurf sollten die Juden die vollen bürgerlichen Rechte erhalten. Die Verfassung trat jedoch nie in Kraft, die Ziele der Revolution konnten nicht verwirklicht werden. Der Artikel 12 der preußischen Verfassung von 1850 bestimmte zwar, dass der „Genuss der bürgerlichen Rechte unabhängig von dem religiösen Bekenntnisse“ zu gewährleisten sei, schränkte dies aber mit dem Artikel 14 ein. Dort wurde die christliche Religion zur Grundlage all der Einrichtungen erklärt, die in Zusammenhang mit der Religionsausübung standen.

Die Jahre zwischen 1850 und 1873 brachten einen allgemeinen wirtschaftlichen Aufschwung, der dem industriellen Kapitalismus zum Durchbruch verhalf und Landwirtschaft und Handwerk ebenfalls florieren ließ. Dieses und der wiedererstandene Liberalis-

mus wirkten politisch so zusammen, dass den Juden auch in Preußen die vollständige Gleichberechtigung nicht mehr vorenthalten werden konnte. Am 3. Juli 1869 trat im Norddeutschen Bund, dem Zusammenschluss aller 22 Klein- und Mittelstaaten nördlich der Mainlinie und der Freien Hansestädte, ein Gesetz in Kraft, das „alle noch bestehenden, aus der Verschiedenheit der religiösen Bekenntnisse hergeleiteten Beschränkungen der bürgerlichen und staatsbürgerlichen Rechte“ aufhob. Mit der Gründung des Deutschen Reiches erhielt das Gesetz reichsweite Gültigkeit. Dennoch gab es weiterhin faktische Benachteiligungen der Juden in Verwaltung, Heer, Polizei, Justiz, Schule und Universität.
Je mehr sich die Juden als deutsche Staatsbürger verstanden, desto stärker verlor die Religion ihre Bindungskraft. Scharfe Kritik am Wandel der jüdischen Tradition übte der Münsteraner Landrabbiner Abraham Sutro (1784-1869). Sein Kampf gegen die liberale Gemeindereform konnte aber nicht verhindern, dass sich auch in Westfalen ein modernes jüdisches Selbstverständnis durchzusetzen begann.

Antisemitismus
Einer allgemeinen liberalen gesellschaftspolitischen Entwicklung stellte sich der in den letzten Jahrzehnten des 19. Jahrhunderts aufkommende neue Nationalismus entgegen, der durch die sozialen und wirtschaftlichen Umwälzungen und den Verfall des bürgerlichen Liberalismus Auftrieb erhielt. Er strebte nach einer in Abstammung und Sprache einheitlichen Nation und diskriminierte die Juden als „Fremdkörper“.
Anders als die Judenfeindlichkeit in früheren Jahrhunderten gründete sich der Antisemitismus im 19. Jahrhundert nicht nur auf den religiösen Gegensatz. Er wandte sich vielmehr gegen die Bestrebungen zur rechtlichen und gesellschaftlichen Gleichstellung der Juden. Die neue antisemitische Propaganda richtete sich nun gegen das emanzipierte bzw. assimilierte Judentum. Kriterien der gesellschaftlichen Ächtung wurden Abstammung und „Rasse“, weniger die Religion.
Der Berliner Geschichtsprofessor Heinrich von Treitschke (1834-1896) machte im November 1879 in einem Artikel in den „Preußischen Jahrbüchern“ die Juden für den „schnöden Materialismus“ in Deutschland verantwortlich und löste damit den so genannten Antisemitismusstreit aus. Das Erstarken des Antisemitismus in Deutschland zeigte sich auch in zwei Parteigründungen: 1878 gründete der evangelische Pfarrer und Berliner Hofprediger Adolf Stoecker die judenfeindliche Christlich-Soziale Arbeiterpartei, und

1879 wurde unter der Leitung von Wilhelm Marr eine „Antisemitenliga“ ins Leben gerufen. Marr prägte auch den Begriff des „Antisemitismus“, der aber irreführend ist, weil er sich nicht auf die Gesamtheit der semitischen Völker bezieht, sondern nur auf die Juden.
In Deutschland hatten die Hetzreden des Hofpredigers Adolf Stoecker große Wirkung auf den wirtschaftlich bedrohten Mittelstand. Seine Christlich-Soziale Arbeiterpartei und die „Berliner Bewegung“ bekämpften sowohl den angeblich „jüdischen“ Kapitalismus als auch die Sozialdemokratie. Seit den 1890er Jahren stellten die völkischen Ideologen den „Rassegedanken“ in den Vordergrund ihrer Agitation. In der Zeit der Wirtschaftskrise und der nationalstaatlichen Selbstfindung wurden die Juden für alles verantwortlich gemacht, was die Krise der Nationalstaaten verursachte. Träger dieser Form der Judenfeindschaft waren obrigkeitsstaatlich und antiparlamentarisch eingestellte Kräfte. Die erst seit einem Jahrzehnt gleichberechtigten Juden gerieten in das Blickfeld der Modernisierungsgegner, weil ihr Aufstieg eng mit dem Erfolg des Liberalismus verbunden war. Zudem gehörten zahlreiche Juden zu den Liberalen wie auch zu den führenden Sozialisten und zu anderen Oppositionellen.
Der Antisemitismus blieb aber nicht ohne Widerspruch. Das Bildungsbürgertum und die liberalen Parteien artikulierten ihren Widerstand. Auch die sozialdemokratische Arbeiterbewegung verurteilte entschieden den Antisemitismus. Seit den 1880er Jahren wandte sich auch der politische Katholizismus gegen jegliche Form der Judenfeindschaft.
Dennoch wirkten überkommene Mythen wie „Brunnenvergiftung“, „Hostienschändung“ und „Ritualmord“ im ländlich katholischen Milieu fort. So kam es im Sommer 1892 in Kleve zu einem Prozess gegen einen vermeintlichen Ritualmörder. Adolf Buschhoff aus Xanten wurde beschuldigt, einen katholischen Jungen aus rituellen Gründen getötet zu haben. Die Vorwürfe erwiesen sich als haltlos und Buschhoff wurde freigesprochen, doch das Haus der Familie hatte der Mob zwischenzeitlich völlig zerstört. Zwischen Köln und Krefeld kam es zu zahlreichen Übergriffen und Zerstörungen jüdischer Einrichtungen.
Von jüdischer Seite begann man seit Mitte der 1880er Jahre, sich dem Antisemitismus entgegen zu stellen. Zunächst schlossen sich jüdische Studenten in eigenen Verbindungen zusammen. Breitenwirkung zeigte der 1890 gegründete konfessions- und parteiübergreifende „Verein zur Abwehr des Antisemitismus“, dem auch zahlreiche Juden aus Westfalen und dem Rheinland beitraten.

Diese Abwehrhaltung führte 1893 zur Gründung des „Centralvereins deutscher Staatsbürger jüdischen Glaubens“ und förderte auch die Entwicklung und Verbreitung zionistischer Ideen.

Vom Hausierer zum Textilfabrikanten Cosman Cohen (1836-1897)

Die Textilherstellung gehörte schon im 18. Jahrhundert zu den wichtigen Erwerbsquellen im Münsterland. Erfolgte die Weberei zunächst im Handbetrieb in Heimarbeit, so übernahmen im Zuge der Industrialisierung die auch im Münsterland zahlreich entstandenen Textilfabriken mit ihren mechanischen Webstühlen die Produktion und die Weiterverarbeitung. Zu den Unternehmern, die im 19. Jahrhundert die neuen Fabriken aufbauten, gehörten auch immer wieder jüdische Kaufleute. Hatten ihre Vorfahren noch als wandernde Händler von den Hauswebern die Stoffe aufgekauft, so produzierten nun die Enkel in eigenen Betrieben. Stellvertretend für jüdische Familien, die in Bocholt, Dülmen, Bielefeld und anderenorts in der Textilfabrikation tätig waren, wird hier die Geschichte des Cosman Cohen aus Bocholt vorgestellt.

An der Bahnhofstraße in Bocholt lagen die Villen der Familie Cohen und Magnus.

Ein „Pionier“

Cosman Cohen wurde am 16. Februar 1836 als Sohn von Salomon Cosman Cohen und seiner Frau Jette in Bocholt geboren. Die Familie Cohen war damals bereits in der dritten Generation in der Textilherstellung tätig: Sein Großvater Cosman David Cohen kam zu Beginn des 19. Jahrhunderts als Hausierer nach Bocholt und errichtete dort eine Baumseidenmanufaktur. Er kaufte Baumwolle und Leinen, ließ sie in Lohnarbeit zu Garnen und Stoffen verarbei-

Cosman Cohen

ten und übernahm nach der eigenen Färberei den Verkauf der Produkte. Seine Geschäfte reichten bis nach Holland und in die rheinischen Provinzen.
Die Söhne David, Michael und Levy Cosman führten nach dem Tod des Vaters das florierende Geschäft weiter, waren aber nicht ganz so erfolgreich, da Zollbeschränkungen für den Export von Leinen, Zölle für ausländische Baumwollgarne und Färbemittel zunahmen und der allgemeine Lohnverfall bei Spinnern und Webern das Textilgewerbe beeinflusste. 1828 heißt es in der Steuerliste: *„Das gemeinschaftliche Geschäft hat ganz aufgehört und die Eröffnung des Concurses steht bevor.“*
Auch andere Familienmitglieder versuchten sich in der Textilbranche - etwa im Kleinhandel mit Baumseidenfabrikation, Handel mit Kurzwaren oder Leinenzeugfabrikation. 1846 zählt der vierte Sohn, Salomon Cohen, mit seiner „Handlungsfirma Salomon Cosman Cohen“ zu den größeren Spinnanstalten Bocholts; mit fünf Spinnmaschinen und 600 Spindeln sowie 19 Beschäftigten konnte er gute Ergebnisse erzielen. Die Entwicklung der Firma kann man an seiner schnell wachsenden Gesamtsteuersumme ablesen, 1857 führt die Bocholter Steuerliste Salomon Cohen als Fabrikant. Der weitere Aufstieg der Firma ist ein Beispiel für die rasante Modernisierung und den sozialen Aufstieg vieler westfälischer Juden.
1863 gründete Cosman Cohen die Weberei und Baumwollspinnerei „Cosman Cohen & Comp.“ Er setzte sich 1864 mit 13 weiteren Bocholter Firmen für die Einrichtung einer Telegraphenstation ein. Nach rasanter Entwicklung konnte man 1872 bereits 99 Arbeiter beschäftigen.

Erfolge und Ausgrenzungen

Als erstes Unternehmen in Bocholt hatte Cohen 1872 mechanische Webstühle in Betrieb und ging so zur industriellen Fertigung über. 1880 meldete der Landrat in Borken nach Münster: *„Die Firma*

Als erste Bocholter Weberei nahm die Firma 1872 mechanische Webstühle in Betrieb und ging zur industriellen Fertigung über.

Cosman Cohen & Comp. zu Bocholt hat ihre Fabrik bedeutend vergrößern lassen und werden in derselben gegenwärtig 160 Webstühle in Betrieb gesetzt, wogegen nur 100 Stühle vorhanden waren." 1886 konnte die Firma Cosman Cohen 180 Beschäftigte melden und war damit zum viertgrößten Bocholter Betrieb in diesem Zweig geworden. Hergestellt wurden die Bocholter Standardartikel Cord und Moleskin, aber auch billige Decken, die bis nach China exportiert wurden. Die Familie Cohen hatte damit einen wichtigen Beitrag zum Aufbau der Bocholter Textilindustrie geleistet.

Cosman Cohen engagierte sich auch in anderen Geschäften. 1889 beteiligte er sich mit einer Einlage von 100.000 Mark an der „Baumwollspinnerei von Velsen & Cie", um günstigere Bedingungen beim Garneinkauf zu erzielen. Das Gesamtkapital betrug 500.000 Mark bei fünf Gesellschaftern. Das Unternehmen wurde im Volksmund auch „Simultan-Spinnerei" genannt, da sich hier ein Protestant, ein Jude und drei Katholiken zusammengetan hatten.

Nach dem Tod von Cosman Cohen 1897 übernahmen die Söhne Emil und Max Cohen sowie sein Enkel Carl Magnus den Betrieb Cosman Cohen & Cie. Im Juli 1897 vernichtete ein Brand den Betrieb vollständig. Die Weberei wurde an anderer Stelle wieder aufgebaut, und schon 1902 waren wieder 200 Beschäftigte gemeldet.

Gelegentlich stand die Firma im Mittelpunkt von Streikaktivitäten der christlich geprägten Gewerkschaftsbewegung. 1913 nahm der größte Arbeitskampf in Bocholt bei „Cosman Cohen & Co." seinen Anfang, weil ein jüdischer Betrieb am ehesten angreifbar schien. Gefordert wurden die Einführung des Zehnstundentages und 15 Prozent Lohnerhöhung. Als es zu keiner Einigung kam, kündigten die Arbeiter bei „Cosman Cohen & Co." Die Fabrikantenvereinigung ihrerseits antwortete mit der Aussperrung von 7.000 Textilarbeitern in Bocholt und Umgebung. Nach 42 Tagen endete der Arbeitskampf ergebnislos.

Weder die tiefe Krise der Textilindustrie um die Jahrhundertwende noch die vollständige Zerstörung durch den Brand konnten „Cosmann Cohen & Comp." in die Knie zwingen. Das Ende des Betriebes kam 1929, da es in der Familie keinen geeigneten männlichen Nachfolger gab.
Cosman Cohen heiratete 1864 Rosalie Rosenberg aus Oestinghausen bei Beckum und hatte mit ihr acht Kinder. Mit seiner Familie führte er ein Leben nach bürgerlichem Vorbild. Als wohlhabende und angesehene Bocholter Bürger nahmen sie am gesellschaftlichen Leben der Stadt teil: Cohen und seine Söhne waren im Vorstand des Schützenvereins, spendeten für wohltätige Zwecke und unterstützten das katholische Arbeiterinnen-Hospiz.
Zugleich förderte die Familie die Bocholter jüdische Gemeinde, in deren Vorstand sie jahrzehntelang vertreten war. Cosman Cohen gehörte zu den Gründungsmitgliedern von „Esrass kefufim", des jüdischen Vereins zur Unterstützung Hilfsbedürftiger.
Aber auch Antisemitismus schlug der Familie Cohen entgegen, verstärkt nach den Xantener Ritualmordvorwürfen von 1891. Cosman Cohen besuchte regelmäßig einen Unternehmerstammtisch in Bocholt. Die Enkelin von Cosman Cohen, Else Bamberger, berichtete 1983, wie gesellschaftliche Anerkennung

Zum 70. Geburtstag von Rosalie Cohen kam 1908 die ganze Familie zusammen.

Cosman Cohen und seine Familie führten ein Leben nach bürgerlichem Vorbild. Als wohlhabende und angesehene Bürger nahmen sie am gesellschaftlichen Leben teil und spendeten für wohltätige Zwecke. Das Foto zeigt Räume der Villa Cohen-Blühdorf.

und beschämende antisemitische Ausgrenzung zu der Zeit Hand in Hand gehen konnten.

„Cosman Cohen hatte zu der Zeit eine große Enttäuschung erlebt. Er hatte jahrelang nach der wöchentlichen Arbeit als einziger Jude einen Stammtisch in einem Restaurant am Marktplatz mit den größten, christlichen Fabrikanten. Mein Großvater war das tägliche Leben in Bocholt leid, fuhr öfter an die belgische Nordseeküste, Ostende, wo ein Casino mit Spielbank war. Seine Frau nahm er nie mit, die hatte mit 8 Kindern genug Beschäftigung zu Hause. Eines Tages schlug er dem ‚Stammtisch' vor, ein eigenes Casino aufzumachen, damit die Frauen und die Jugend auch Abwechslung mit Tennis und Kegelbahn, Tanz und Theater hätten. Alle fanden das eine gute Idee, und nun sollten ‚Statuten', also Regeln zur Mitgliedschaft gemacht werden. Einer der Herren hatte das unternommen, und alles in Gedichtform gemacht, das damit endete: ‚der Jude und das Schwein, die kommen hier nicht rein'. Damit war der Stammtisch für Cosman Cohen beendet."

Else Bamberger erinnerte sich weiter, dass ihnen von Kindheit an gesagt wurde, sie sollten nicht mit christlichen Freunden zum Tennisspielen in dieses Casino gehen. Um den Kindern dennoch das Tennisspielen zu ermöglichen, ließ ihr Vater einen eigenen Tennisplatz anlegen.

Nach kurzer Krankheit starb Cosman Cohen 1897. Er hinterließ seiner Familie ein erhebliches Vermögen als einer der größten Steuerzahler Bocholts. Nach seinem Tod übernahmen sein Sohn Emil Cohen und sein Schwiegersohn Iwan Magnus die Firma.

Zum Weiterlesen:

Eduard Westerhoff, Cosman David Cohen (1753-1823) und seine Nachkommen, in: Rheinisch-westfälische Wirtschaftsbiographien, Band 16, 1996.

Pionier der Bildungsreform Alexander Haindorf (1784-1862)

Alexander Haindorf kam 1784 in Lenhausen im Landkreis Meschede (Herzogtum Westfalen) als Sohn des Händlers und Schächters Sandel Herz zur Welt. Als er neun Jahre alt war, starb seine Mutter. Von da an erzogen ihn seine religiös orthodoxen Großeltern mütterlicherseits in Hamm. Der Großvater war Vorsteher der jüdischen Gemeinde und ein Vertreter des „akkulturationsbereiten“ Reformjudentums. Seiner Initiative ist zu verdanken, dass der Enkel als einer der ersten Juden in das Hammer Gymnasium aufgenommen wurde. Nach dem Abitur (1807) studierte Haindorf in Würzburg, Bamberg und Jena Medizin und promovierte 1810. Bereits ein Jahr später folgte die Habilitation. Haindorf bewarb sich anschließend um eine Professur an der Universität Heidelberg, wurde jedoch mit der Begründung zurückgewiesen, er sei Westfale und somit Ausländer. Vermutlich ist aber Judenfeindlichkeit der eigentliche Grund für die Ablehnung. Aus dem Gutachten der Universität geht hervor, dass man fürchtete, bei der Anstellung eines jüdischen Lehrers die „Ehre der Universität“ in Verruf zu bringen.

Portrait von Dr. Alexander Haindorf, um 1840/1850. Lithografie von Heinrich Auling.

1815 ließ sich Haindorf in Münster nieder. Im gleichen Jahr heiratete er Sophie Marks, Tochter des vermögenden Gutsbesitzers Elias Marks. An der Spitze der Provinz Westfalen stand zu dieser Zeit der Zivilgouverneur Ludwig von Vincke, der sich trotz seiner Sympathie für die antijüdische Politik des preußischen Staates für Haindorf einsetzte und ihm eine Lehrerlaubnis als Privatdozent an der Medizinischen Fakultät erwirkte. Eine Professur war jedoch auch hier ausgeschlossen. Trotz des preußischen

Emanzipationsedikts vom 11. März 1812 vergab der Staat noch bis Mitte des 19. Jahrhunderts Professuren und andere staatliche Anstellungen an Juden nur, wenn sie sich taufen ließen.

Emanzipation der Juden
Im Zuge der Revolution erließ die französische Nationalversammlung 1791 ein Dekret, das den Juden Frankreichs alle Rechte und Pflichten des französischen Bürgers zuerkannte. Nach dem für Preußen demütigenden Tilsiter Frieden 1807 wurde Deutschlands politische Ordnung neugestaltet. Napoleon übertrug dabei seinem Bruder Jérôme das neu gebildete „Königreich Westfalen". Jérôme erklärte durch Dekret vom 15. November 1807 alle jüdischen Untertanen seines Reichs als den christlichen Bürgern gleichgestellt. Nach dem Sieg über Napoleon wurde die territoriale Zugehörigkeit abermals neu geregelt. Westfalen gehörte jetzt zum Zuständigkeitsbereich des Königreichs Preußen. In den Gebieten, die nach dem Frieden von Tilsit preußisch geblieben waren, setzte der Reformer Hardenberg durch Edikt vom 11. März 1812 die Emanzipation der Juden durch. Der Widerstand gegen die Emanzipationsbestrebungen war jedoch stark, die Bestimmungen des Edikts wurden häufig auf dem Verwaltungsweg wieder suspendiert.

Liberal-religiöser Reformer und Pädagoge
Um den als Diskriminierung erfahrenen Gegensatz zwischen europäisch-christlicher Kultur und Judentum zu überwinden, strebte Haindorf den Austausch beider Religionen an. Er war der Ansicht, dass nur durch christliche Bildung der jüdischen Jugend die Jahrtausende alten Vorurteile entkräftet werden könnten. Sein Ziel war, wie er es nannte, die *„Amalgamierung des Christentums und Judentums"*. Als geeignetes Mittel dazu erschien ihm ein umfassender Bildungsprozess - in der Annahme, „dass auf dem bequemen Wege der Bildung das endliche Ziel der Amalgamierung und Veredlung erreicht wird".
Mit Unterstützung seitens der Königlichen Regierung in Münster, an deren Spitze der Oberpräsident Ludwig von Vincke den Plänen Haindorfs aufgeschlossen entgegenkam, und dank einer Schenkung seines Schwiegervaters in Höhe von 25.000 Talern gründete Haindorf 1825 den „Verein zur Beförderung von Handwerken unter den

Juden und zur Errichtung einer Schulanstalt“. Der Verein unterhielt eine jüdische Volksschule und ein Lehrerseminar. 1866 - vier Jahre nach Haindorfs Tod - wurde die Einrichtung nach ihm und

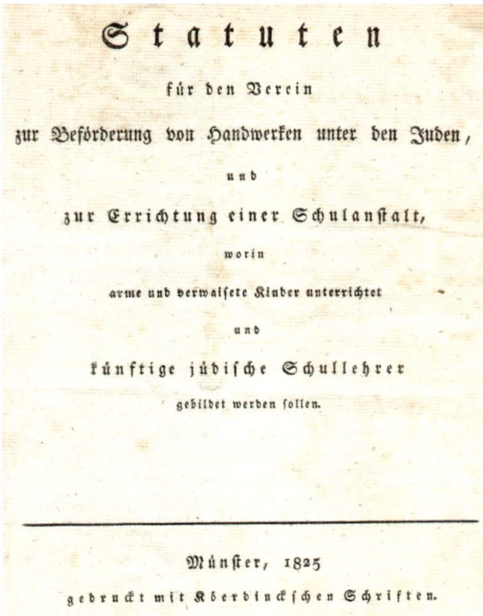

Statuten

für den Verein

zur Beförderung von Handwerken unter den Juden,

und

zur Errichtung einer Schulanstalt,

worin

arme und verwaisete Kinder unterrichtet

und

künftige jüdische Schullehrer

gebildet werden sollen.

Münster, 1825

gedruckt mit Koerdinckschen Schriften.

Titelblatt der Gründungsstatuten für den Verein zur Beförderung von Handwerken unter den Juden, der späteren Marks-Haindorfschen Stiftung.
Die preußischen Behörden machten die Zahl der in handwerklichen Berufen tätigen Juden zum Gradmesser für die Emanzipation. Auf jüdischer Seite bemühte man sich vor allem unter den Gebildeten, diesen Zustand zu ändern und unter den Glaubensgenossen das Handwerk populär zu machen.

seinem Schwiegervater in „Marks-Haindorf-Stiftung“ umbenannt. Sie wurde zu einem in Preußen einzigartigen Zentrum jüdischer Lehrerbildung. Der Versuch der Handwerksausbildung war dagegen weniger erfolgreich. Im Zuge der beginnenden Industrialisierung waren Ausbildung und Zielsetzung des Instituts nicht mehr zeitgemäß.

Die Marks-Haindorf-Stiftung (1825-1942) - Das Lehrerseminar
Das von Haindorf gegründete jüdische Lehrerseminar am Kanonengraben in Münster galt als Zentrum jüdischer Lehrerbildung in Westfalen und der Rheinprovinz. Es erhielt 1874 als erstes jüdisches Lehrerseminar in Preußen Staatszuschüsse. Allerdings erlangte es nie den öffentlich-rechtlichen Status und somit auch nie die Prüfungsberechtigung.
Dennoch begründeten seine qualifizierten Absolventen - unter anderem auch der Pädagoge und Schriftsteller Jakob Loewenberg -

das hohe Ansehen des Instituts über die Region hinaus. Viele Schulgründungen wurden in Westfalen und in Teilen der Rheinprovinz von hier aus gefördert und viele Lehrerstellen in den Provinzen durch Absolventen des Seminars besetzt.
Das Lehrerseminar existierte aber nur bis zum 31. März 1926. Ein wesentlicher Grund seiner Schließung war die Akademisierung des Volksschullehrerberufs und der Aufbau von Pädagogischen Akademien in Preußen. Eine pädagogische Akademie jüdischer Konfession wurde nicht errichtet.

Die Schulanstalt
Ziel des am 28. November 1825 gegründeten „Vereins zur Förderung von Handwerken unter den Juden und zur Errichtung einer Schulanstalt" war die Verbesserung des jüdischen Bildungswesens zur Durchsetzung der bürgerlichen und staatsbürgerlichen Gleichstellung der Juden. Haindorf, der sich als Deutscher jüdischen Glaubens verstand, strebte ebenso wie die preußischen Schulreformer die „Veredelung" und „Verbesserung" der Menschheit an, die letztlich der „Verbesserung" des Staates dienen sollte. Er ließ sich vom Prinzip der „allgemeinen Menschenbildung" leiten und war orientiert an der pädagogischen Reformbewegung des Philanthropismus (Lehre von der Erziehung zur Natürlichkeit, Vernunft und Menschenfreundlichkeit).

„Philanthropismus"
Das aus dem Griechischen stammende Wort Philanthropismus (philos = Freund und anthropos = Mensch) ist die Lehre von der Erziehung zur Natürlichkeit, Vernunft und Menschenfreundlichkeit. Johann Bernhard Basedow gründete 1774 in Dessau die erste Erziehungsanstalt, die sich nach diesen Grundsätzen ausrichtete und den Namen „Philantropin"- Stätte der Menschlichkeit - erhielt. Berühmt ist das jüdische „Philantropin" in Frankfurt, das 1804 von Mayer Amschel Rothschild zunächst als Schule für Minderbemittelte gegründet wurde und später zu einem umfassenden Schulsystem ausgebaut werden konnte. 1942 wurde die Schule geschlossen, Schüler und Lehrer deportiert und ermordet. Die Idee des „Philantropin" überlebte jedoch, so dass zu Beginn des Schuljahrs 2006/07 diese Schule neu erstehen konnte.

Das Gebäude der Marks-Haindorf-Stiftung in Münster

Schüler und Lehrer der Marks-Haindorfschen Schule in Münster, 1914

In Haindorfs Lehranstalten wurden Schüler und Schülerinnen ungeachtet der sozialen Schicht, der Glaubenszugehörigkeit und des Geschlechts unterrichtet. Die Ausgrenzung von Frauen im öffentlichen höheren Bildungsbereich war im 19. Jahrhundert noch gängige Praxis. Haindorf sah jedoch in der Koedukation eine wertvolle Bereicherung des Unterrichts. Unterrichtssprache war Deutsch. Religion wurde für jüdische, evangelische und katholische Schüler getrennt erteilt. Das Kollegium setzte sich aus jüdischen und christlichen Lehrern zusammen. Haindorf ging es nicht um die Beseitigung der Unterschiede, sondern um gegenseitige Anerkennung und Respekt.
Nach zehnjährigem Bemühen um eine öffentlich-rechtliche Anerkennung erhielt die Elementarschule 1839 die entsprechende Genehmigung. Diese Anerkennung war allerdings gemäß der Politik des preußischen Kultusministeriums mit der Auflage verbunden, nur noch jüdische Kinder aufzunehmen. Bis dahin war die Haindorfsche Schule wegen ihres überdurchschnittlichen Bildungsniveaus auch von der aufgeklärten christlichen Bürgerschicht sehr akzeptiert worden, während andernorts die aufgeklärte jüdische Oberschicht christlichen Schulen den Vorzug gaben.

Gründungsaufruf des Vereins mit dem Ziel der „Beförderung von Handwerken unter den Juden“
„Es ist endlich Zeit, dass ein größerer Teil der israelitischen Einwohner durch die Betreibung von nützlichen Gewerben und edleren Beschäftigungen als den Kleinhandel sich der Wohltat einer allgemeinen Gewerbsfreiheit, einer allgemeinen Gesetzgebung mit Recht erfreue und dass sie endlich als Bürger eines Staates, dieser Ideen gemäß, auch ihr Tun und Wirken so einrichten, dass sie immer gemeinnütziger ihre Kräfte zum Wohle des Ganzen verwenden, indem sie ihren christlichen Mitbürgern sich anschließend, deren Teilnahme durch Veredelung und Verbesserung sich immer würdiger zeigen.“

Die Förderung handwerklicher Lehrberufe
In den ersten 50 Jahren ihres Bestehens führte die Stiftung 350 jüdische Knaben dem Handwerk zu, so auch in Dorsten. Die Stiftung leistete Hilfe bei der Aushandlung von Lehrverträgen, bezahlte bedürftigen jüdischen Familien das Lehrgeld und gab zum Teil auch Zuschüsse zum Kostgeld. In einem Bericht von 1833 ist von acht Lehrlingen in Dorsten die Rede, die bei Strumpfwebern,

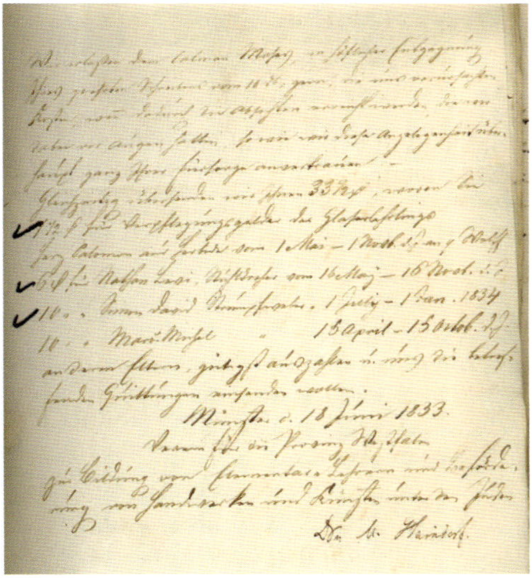

Korrespondenz der Marks-Haindorf-Stiftung mit dem Bürgermeister von Dorsten

Schuhmachermeistern und Stuhldrehern ihr Handwerk lernten. Zwar wurden sie „von ihren Meistern als fleißig und aufmerksam gerühmt", aber ihre Berufswahl entsprach nicht den Vorstellungen Haindorfs. So teilte er in seiner Antwort auf den Jahresbericht von 1833 dem Dorstener Bürgermeister Luck mit: *„Wir würden es überhaupt gern sehen, wenn Ew. Hochwohlgeboren die sich zur Erlernung eines Handwerks bei Ihnen meldenden Knaben zu schwereren Gewerben, als die bis jetzt gewählten waren, anhalten wollten."* Statt der „faulen Gewerbe" sollten sie die Berufe „des Schlossers, Maurers oder sonst schweren Handwerks" erlernen. Der Bürgermeister antwortete, dass damit nicht zu rechnen sei, „weil der hiesige Anwuchs schwach und zwergartig klein ist."

Haindorf als Kunstsammler

Haindorf gehörte auch zu den Initiatoren des 1831 gegründeten und heute noch bestehenden Westfälischen Kunstvereins in Münster. Er war Mitglied, obschon Juden in dieser Zeit in der Regel keinen Zugang zu christlichen Vereinen, Clubs oder Organisationen hatten. Das zeigt, wie akzeptiert er in der damaligen christlichen Gesellschaft war. Er war selbst ein begeisterte Sammler. Exponate aus seiner privaten Sammlung existieren heute noch. Einige davon sind im Museum ausgestellt.

Zum Weiterlesen:

Susanne Freund, Jüdische Bildungsgeschichte zwischen Emanzipation und Ausgrenzung. Das Beispiel der Marks-Haindorf-Stiftung in Münster (1825-1942), Paderborn 1997.

Dichter einer verlorenen Heimat
Jakob Loewenberg (1856-1929)

Jakob Loewenberg als junger Lehrer mit ca. 19 Jahren, um 1875.

Loewenbergs Biografie ist ein Beispiel für die Veränderung der Lebensbedingungen im Laufe des 19. Jahrhunderts, bedingt durch die in vielen Bereichen durchgreifende Emanzipation in Politik und Gesellschaft, die sich auch auf das Leben der Juden auswirkte. Ähnlich wie die Biografien von Cosman Cohen und Alexander Haindorf gehört auch der Lebenslauf von Jakob Loewenberg zu den Zeugnissen einer Generation aufstiegswilliger deutscher Juden.

Herkunft

Jakob Loewenbergs Familie gehörte zur Gruppe der westfälischen Landjuden, die in der ersten Hälfte des 19. Jahrhunderts als Hausierer, Trödler und Viehhändler mit ihren Kiepen oder ihrem Vieh durchs Land zogen und nur mühsam ihr Brot verdienten. Jakob Loewenberg wurde am 9. März 1856 als 9. Kind des Hausierers Levi Loewenberg und der Riwka (Friederike) Rose in Niederntudorf bei Salzkotten geboren. „*Die Gemeinde bestand nur aus wenigen Familien, die fast alle ihr Stückchen Brot sauer verdienen mussten*“, berichtete Loewenberg später. „*Der einzige Wohlhabende unter ihnen trieb Landwirtschaft; einer war Färber, und die anderen waren Handelsleute. Der eine handelte mit Korn, der zweite mit Fellen, der dritte mit Zeugstoffen und Wollgarn, der vierte mit Vieh und der fünfte mit allem zusammen und noch vielen anderen Dingen. Der fünfte war mein Vater.*“

Werdegang

Loewenbergs Bildungsweg führt von der 1873 begonnenen Lehrerausbildung unaufhaltsam bis zur Spitzenposition als anerkannter Reformpädagoge und Direktor einer Höheren Mädchenschule. Die

Etappen seines beruflichen Werdegangs sind beeindruckend: An der renommierten Marks-Haindorfschen Lehrerbildungsanstalt in Münster qualifiziert er sich als Elementarlehrer. Innerhalb von sechs Jahren gelangt er über die Qualifikation als Mittelschullehrer bis zur erfolgreichen Rektoratsprüfung. Ab 1881 hält er sich zum Spracherwerb in London und Paris auf. 1884 beginnt er sein Philosophiestudium an den Universitäten Marburg und Heidelberg, wo er 1886 zum Dr. phil. promoviert wird.
Zu diesem Zeitpunkt scheint es allerdings einen Bruch in Loewenbergs Karriere gegeben zu haben. Zwar hatte er hervorragende Leistungen vorzuweisen, doch mit Hinweis auf das fehlende Abitur wurde ihm die Zulassung zur Prüfung für das Höhere Schulamt verweigert. In seinem autobiografischen Roman „Aus zwei Quellen“ (1914) erfährt man aber, dass die Verweigerung dem Juden gilt, dem man nicht zutraut, die „Gesinnungsfächer“ Deutsch und Geschichte christlichen Kindern „artgerecht“ zu vermitteln.

Hermann Cohen und der Neukantianismus
An der Universität Marburg lehrte von 1876 bis 1912 der Philosoph Hermann Cohen, der nach Veröffentlichung seiner Schrift „Kants Theorie der Erfahrung“ (1871) als erster Jude in Deutschland zum Ordinarius für Philosophie ernannt worden war. Er war Vertreter des Neukantianismus. Cohen lehnte den Zionismus ab und forderte die völlige Integration der Juden in Deutschland. Seine Hauptwerke sind „Deutschtum und Judentum“ (1916) sowie „Die Religion der Vernunft aus den Quellen des Judentums“ (1919). Jakob Loewenberg war von Cohens Ideen stark beeinflusst. Im Denken Cohens fand Loewenberg die Versöhnung von Religion und aufgeklärter Vernunft. Die Cohensche Philosophie zeigte ihm auch, *„wie nahe Judentum und (protestantisches) Christentum, wie nahe also Juden und Deutsche, sofern sie sich selber nur recht verstehen, miteinander verwandt sind“.*

Der Ausbildungsweg Loewenbergs entsprach jüdischem Selbstverständnis. Schon im traditionellen Judentum galten Lernen und Lehren - vor allem das Studium der Tora - als besonders wichtig. Für Loewenberg wurden sie - als „Instrumente einer ganzheitlichen Bildung (...) beinahe zum Heilweg selber“.

Reformpädagoge

Loewenberg erhält 1886 endlich eine Anstellung als Lehrer an der Realschule der Evangelisch-Reformierten Gemeinde in Hamburg. Sechs Jahre später (1892) übernimmt er die Leitung einer jüdischliberalen Privatschule, einer Höheren Töchterschule. Hier entwickelt er seine reformpädagogischen Ideen einer „Erziehung vom Kinde aus". Das Programm der Schule lässt großen Idealismus erkennen. Angestrebt wurde *„allseitige Entwicklung und harmonische Ausbildung der geistigen und körperlichen Kräfte ihrer Schüler im Dienste des Reinmenschlichen, das zugleich das Göttliche ist, im Dienste des Wahren, Guten, Schönen".*

Der Ruf der Schule wuchs von Jahr zu Jahr, so dass immer mehr christliche Familien ihre Töchter in diese Schule schickten, die 1912 die offizielle Anerkennung als Höhere Mädchenschule (Lyzeum) erhielt. Loewenbergs pädagogisches Handeln ist so überzeugend, dass es später in dem Nachruf, den der Hamburger Senat ihm widmet, heißen wird: *„Ein vorbildlicher Erzieher der Jugend, ein feinsinniger Dichter, ein allzeit gütiger und hilfsbereiter Mensch ..."*

Jakob Loewenberg mit seiner Frau Jenny geb. Stern und seinen Söhnen Ernst Lutwin und Richard Detlev, um 1901

Schriftsteller

Jakob Loewenberg erwarb sich auch einen Namen als Schriftsteller. 1891 gründete er in Hamburg die „Literarische Gesellschaft", die er jedoch nach einiger Zeit wegen aufkommender antisemitischer Tendenzen verließ. In diesen Jahren entwickelte er neben der Reformtätigkeit, deren Ideen er 1903 in seinen pädagogischen Aufsätzen veröffentlichte, eine reiche literarische Tätigkeit. Heute kennen allerdings nur ganz wenige seine „Lieder eines Semiten" oder seine immer noch lesenswerte Romanautobiografie „Aus zwei

Quellen". Der zunehmende Antisemitismus bedrückte Loewenberg immer mehr. Den Diskriminierungen setzte er seine Position des assimilierten Judentums entgegen, hielt aber fest an seiner Identität als Jude und Deutscher: *„Wenn ich jemals auf etwas stolz war, so war es darauf, Deutscher und Jude zu sein."* Auf die Frage nach dem Jüdischen in seinem Werk antwortete Loewenberg viele Jahre später mit Verweis auf Moses Lennhausen, den Protagonisten seines Romans: *„Die zwei Quellen - das sind Judentum und Deutschtum -. Aus ihnen beiden strömt dem Träger der Handlung sein Fühlen und Denken. Was er äußert, ist mein eigenstes Bekenntnis. Niemals habe ich einen Zwiespalt zwischen dem Juden und dem Deutschen in mir gefühlt. (...) Die Heimat meiner Seele ruht in beiden."* Und er ergänzt: *„Auch der Bach, der aus zwei Quellen strömt, einigt sein Wasser geruhigt dem großen Meere."*
Allen antisemitischen Anfeindungen zum Trotz nennt er Deutschland „Mein Vaterland", so der programmatische Titel eines zweistrophigen Gedichtes, das mit einem stolzen Bekenntnis schließt:

„Und schallt es nun aus Red' und Schriften:
‚Du Fremdling, fort, was suchst du hier?'
Das Leben könnt ihr mir vergiften,
Rein bleibt und treu die Seele mir.
Ihr könnt mir das Gefühl nicht rauben,
Das freudigstolz die Brust mir schwellt;
Trotz euer: Deutschland über alles,
Ja, über alles in der Welt!"

Das Ehepaar Jenny und Jakob Loewenberg während eines Urlaubs in Rapallo im Dezember 1912

Das Ende

Loewenberg heiratet spät, erst 1895 mit fast 40 Jahren. Seine Frau, Jenny Stern aus Siegen, ist 20 Jahre jünger. Drei Kinder entstammen der Ehe: Ernst Lutwin (1896-1987), Richard Detlev (1898-1954)

und Annette Friedericke (1902-1974). Die Tochter wird später einen Sohn des Rabbiners und Exegeten Benno Jacob heiraten. Die Nachkommen leben heute in Pittsburgh (USA).
Im Januar 1929 erkrankte Loewenberg an einer schweren Grippe. Er starb kurz darauf am 9. Februar. Er ist begraben auf dem jüdischen Friedhof in Hamburg-Ohlsdorf. Loewenberg musste nicht mehr erleben, dass die Nationalsozialisten seine Bücher im Mai 1933 als „undeutsch“ verbrannten. Seitdem sind sie fast vergessen.
Loewenberg hatte eine Vision, die sich nicht - noch nicht - erfüllt hat. Er war der festen Überzeugung, dass *„die Entwicklung der Menschheit langsam vor sich (schreitet). Als Lessing vor etwa 160 Jahren sein kleines Lustspiel ‚Die Juden‘ schrieb, meinte ein Kritiker, der Vorgang des Stückes sei kaum möglich, denn so einen anständigen oder edlen Juden, wie darin geschildert, gäbe es gar nicht. Dreißig Jahre später erschien der ‚Nathan‘ und wurde schon geglaubt. (...) Und endlich vor hundert Jahren erhielten wir die Bürgerrechte. Nach abermals hundert Jahren - wir haben hoffen und warten gelernt - wird es vielleicht keinem einzigen Menschen mehr einfallen zu bezweifeln, dass wir Deutsche sind. (...) Nur dürfen wir unsere Menschenwürde nicht vergeben, nur müssen wir uns selber als Deutsche fühlen und als Deutsche wirken - trotz alledem.“* (Auszug aus der Kulturzeitschrift „Der Kunstwart“ von 1912)

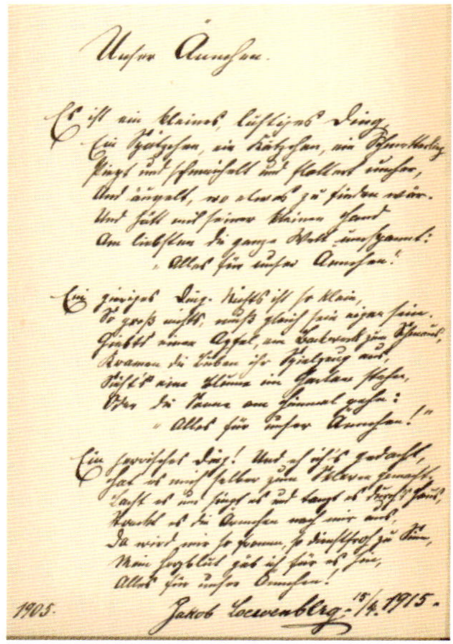
Unser Ännchen.

„Alles für unser Ännchen!“

„Alles für unser Ännchen!“

1905.

Jakob Loewenberg. 15/4. 1915.

Seiner Tochter Annette Friederike widmete Jakob Loewenberg 1915 dieses Gedicht. Handschriftlicher Eintrag in einem Gedichtband „Von Strand und Straße“.

Zum Weiterlesen:
Bernd Wacker/Winfried Kempf, Jakob Loewenberg 1856-1929 - Erinnerungen an sein Leben und Werk. Hrsg.: Judentum in Salzkotten e. V., Salzkotten 1992.

Die Weimarer Republik

In den 1920er Jahren hatten die Emanzipationsbestrebungen der deutschen Juden ihre Ziele, zumindest vordergründig, erreicht. Die jüdische Gemeinschaft und die Synagogengemeinden waren laut Weimarer Verfassung Körperschaften öffentlichen Rechts. Die rechtliche Anerkennung betraf damit nicht mehr nur die einzelnen Juden, sondern erstmals auch das deutsche Judentum als Gesamtheit. 1925 wurde im preußischen Staatshaushalt ein gesonderter Posten für die jüdische Religionsgemeinschaft verabschiedet. Diese dem Status der Kirchen entsprechende Rechtsstellung verlangte nach organisatorischen Zusammenschlüssen auf Landesebene. 1922 wurde ein preußischer Landesverband jüdischer Gemeinden gegründet.
Die demografische Entwicklung der jüdischen Bevölkerung glich in den zwanziger Jahren den Tendenzen aus der Kaiserzeit: niedrige Geburtenzahlen, die die sozialen Chancen der Kinder erhöhten, ein hohes Heiratsalter und ein großer Anteil an Ledigen. Hinzu kam eine leichte Überalterung der jüdischen Bevölkerung und die Zunahme von gemischt konfessionellen Ehen auf etwa ein Drittel der Gesamtzahl, in einzelnen Großstädten stieg die Zahl sogar auf 50 Prozent an. Obwohl der jüdische Anteil an der Gesamtbevölkerung prozentual leicht zurückging, kam es in Westfalen und im Rheinland in absoluten Zahlen vor allem in den Großstädten zu Zuwächsen. Zwischen 1910 und 1925 stieg ihre Zahl von 64.300 auf 70.800 an. Die größte jüdische Gemeinde in Rheinland und Westfalen war diejenige in Köln, mit etwa 18.000 Mitglieder im Jahr 1933. Die nächst größeren Gemeinden mit 4.000 bis 5.000 Mitgliedern befanden sich in Düsseldorf, Essen und Dortmund. Es folgten Wuppertal, Krefeld, Aachen und Bochum mit etwa 1.000 bis 2.500 Mitgliedern in den Kultusgemeinden.

Religion und Säkularität

Die Zunahme der jüdischen Gemeindeeinrichtungen und der verbesserte Rechtsstatus vermochten den Trend zur Abwendung vom konfessionellen jüdischen Leben nicht aufzuhalten. Eine großstädtische jüdische Gemeinde konnte neben den traditionellen Einrichtungen wie Synagoge und Friedhof auch eine Schule, eine Bibliothek, Kinder- und Jugendheime, eventuell sogar ein Krankenhaus und Alten- und Erholungsheime besitzen. Angesichts eines nicht sehr weit entwickelten staatlichen und kommunalen Fürsorgesystems darf die Bedeutung eines derartigen Netzwerks für den innerjüdischen Zusammenhalt nicht unterschätzt werden.

Auf das religiöse Leben in den Gemeinden hatten diese Einrichtungen dennoch keinen Einfluss. So beziehen sich zum Beispiel die Erinnerungen an Bar Mizwa-Feiern in den zwanziger Jahren fast ganz auf die feierliche Atmosphäre in der Synagoge und die Geschenke. Der ursprüngliche Sinn als Initiationsritus zur vollgültigen Mitgliedschaft der dreizehnjährigen Jungen in der jüdischen Gemeinde ging in einer Gesellschaft verloren, die eine verlängerte Kindheit und die Jugend als eigenen Lebensabschnitt kannte.
Das Desinteresse am konfessionellen Judentum führte aber nur selten zum Austritt aus der jüdischen Gemeinde. Viele religiös Gleichgültige verstanden sich als „Trotzjuden“, die ihr Judentum schon aus Selbstachtung nicht den gesellschaftlichen Verhältnissen opfern wollten. Der verlorene Krieg und die Beschlüsse des Versailler Vertrags führten erneut zu einem extremen Antisemitismus, da die Juden wieder einmal als Sündenböcke für die militärische Niederlage und den Untergang des Kaiserreiches verantwortlich gemacht wurden. Diese antijüdischen Strömungen verhinderten trotz eines Bedeutungsverlustes der Religion die Auflösung des jüdischen Zusammenhaltes.
Man suchte nach Handlungsmöglichkeiten, um gemeinsam den antisemitischen Tendenzen entgegenzutreten. Ein wichtiges Betätigungsfeld bot der Sport. Die jüdische Sportbewegung in Deutschland war schon seit dem Beginn des 20. Jahrhunderts für viele jüdische Deutsche ein Weg, ein neues Selbstverständnis zu gewinnen und um Anerkennung zu kämpfen. Die unterschiedlichen Verbände einte die Abwehr antisemitischer Zerrbilder: Körperliche Leistung konnte als „lebendiges Zeugnis“ eines starken Judentums herausgestellt werden. In der jüdischen Jugendbewegung wurde dieses Angebot begeistert aufgenommen. Die 1920er Jahre wurden zur Blütezeit von „Hakoah“, „Makkabi“, „Schild“ und anderen Verbänden.

Abwehr nach außen - Zusammenschluss nach innen

Die politische Lage der Juden wurde in den 1920er Jahren auf zweifache Weise bestimmt: Auf der einen Seite stand der wieder erstarkte Antisemitismus, auf der anderen Seite die Hoffnung, die im Kaiserreich beschränkte gesellschaftliche Gleichstellung werde nun vollendet. Politisch wählte die Mehrheit der jüdischen Bevölkerung die Deutsche Volkspartei und die Deutsche Demokratische Partei, das hieß die bürgerliche Mitte.
Als integrierende Kraft im deutschen Judentum konnte zumindest in der älteren Generation der Central-Verein deutscher Staatsbürger jüdischen Glaubens wirken. Man wandte sich vor den Reichs-

tagswahlen in Manifestationen gegen die antisemitischen Rechtsparteien, unterstützte deren Gegner in der SPD und in der bürgerlichen Mitte. Juristisch leistete man denen Beistand, die individuell beleidigt worden waren - ein Engagement, bei dem Juden vor Gericht häufig Recht bekamen. Gegen antisemitische Kollektivbeleidigungen fand der C.V. aber kaum wirksame juristische Mittel. Ein zweiter wichtiger Verband war der 1921 gegründete Reichsbund jüdischer Frontsoldaten. Die Gründung des Reichsbundes war auf die Kriegserfahrungen der jüdischen Soldaten zurückzuführen. Obwohl sich viele junge Juden freiwillig zum Fronteinsatz gemeldet hatten, versuchte das preußische Kriegsministerium mit einer so genannten „Judenzählung“ die Juden als Feiglinge zu diskreditieren. Der Reichsbund versuchte den Vorwurf, die Juden seien im Krieg „Drückeberger“ gewesen, zu entkräften. Zu seinen Aktivitäten gehörte die Herausgabe eines 1932 erschienenen Gedenkbuches für die jüdischen Kriegsopfer mit 10.154 namentlich aufgeführten Gefallenen.

Der Rabbiner Benno Jacob

Waren die Juden seit dem Ende der 1870er Jahre zum Sündenbock für die wirtschaftlichen und sozialen Erschütterungen der Zeit gestempelt worden, so wurde ihnen nach dem Ende des Ersten Weltkriegs von rechten Gruppen und Parteien eine „Schuld“ für die militärische Niederlage und die Novemberrevolution angelastet. Derartige Angriffe veranlassten 1919 den Dortmunder Rabbiner Benno Jacob, vor einem nicht nur jüdischen Publikum offensiv gegen den Antisemitismus anzugehen: Dieser habe sich zwar während des Krieges *„zügeln müssen“*, nun aber breche er hervor, *„um alles angesammelte Gift gegen die Juden auszuspeien. Die Niederlage, die wir erlitten haben, und die Revolution, die den Staat erschüttert, die tiefe Not des Vaterlandes und die Fieberwirren der Zeit sollen zur Entfesselung einer neuen Judenhetze ausgebeutet werden.“*

Als Rabbiner, der die Aufstiegsgeschichte der Juden im Kaiserreich mitgestaltet hatte und der den Optimismus jener Tage nicht einfach abstreifen konnte, deutete Benno Jacob den Rassenantisemitismus jedoch nicht als Merkmal einer zwiespältigen Moderne. Er sah ihn vielmehr als absterbendes Phänomen und verglich ihn mit den judenfeindlichen Ausschreitungen in Russland und Polen, die unter deutschen Juden als Inbegriff des Rückständigen galten.

Die jüdische Jugendbewegung

Der Antisemitismus ließ manchen Jugendlichen eine stärkere Besinnung auf das Jüdische und seine Traditionen zur Stärkung des eigenen Selbstwertgefühls als notwendig erscheinen. Inflation und Wirtschaftskrise sowie die Zunahme der abhängig Beschäftigten unter den jüngeren Juden begünstigten sozialistische Überzeugungen. Jugendbewegungen wie der Haschomer Hazair (Junger Wächter) und der Habonim (Erbauer), beide waren stark von Ostjuden geprägt, nahmen die Ideen des Zionismus und des Sozialismus bereitwillig auf. Auch der Jung-Jüdische Wanderbund öffnete sich der zionistischen Bewegung. Daneben gab es weitere jüdische Jugendvereine, zum Teil bereits im Kaiserreich gegründet, die nach neuen Perspektiven suchten und eine Plattform zum Austausch von Ideen boten.

Doch diese Jugendbewegungen und Vereine repräsentierten nicht die Mehrheit der jüdischen Jugendlichen. Es gab ein neu entwickeltes von Elternhaus, Schule und Synagoge losgelöstes Freizeitangebot, das von Jugendlichen aus der Mittelschicht gern genutzt wurde. Das ließ viele der nun oft in Angestelltenberufen beschäftigen jüdischen Jugendlichen zu Angehörigen einer „Großstadtjugend" werden, die den Caféhausbesuch wichtiger empfand als die Teilnahme an Veranstaltungen jüdischer Jugendgruppen oder gar der Kultusgemeinde. Auch die Angebote in den jüdischen Jugendheimen, mit denen man ursprünglich die Jugendlichen an das Judentum binden wollte, boten zunehmend Programme, denen nichts spezifisch Jüdisches eigen war.

Gleiche Tendenzen zeigten sich in der Erwachsenenbildung. Jüdische Lehrhäuser, wie das in den 1920er Jahren in Köln nach den Ideen von Franz Rosenzweig und seinem Frankfurter Lehrhaus gegründete, wollten mit ihren Angeboten ein neues Interesse am traditionellen Judentum wecken. Das Bildungsangebot des Kölner Lehrhauses erfasste aber auch solche Themenbereiche, die den Programmen der kommunalen, konfessionell nicht gebundenen Volkshochschulen entsprachen.

Die jüdischen Jugendheime und Lehrhäuser lassen durch ihre Aktivitäten ein Krisenbewusstsein im deutsch-jüdischen Bürgertum erkennen, das im Gegensatz zu dem Gefühl von Sicherheit und Fortschritt stand, dem man vor 1914 noch angehangen hatte. Trotz der vollendeten bürgerlichen Gleichstellung spürten viele Juden eine politische und soziale Isolation, die das Wunschbild der vollkommenen, dauerhaft gesicherten Integration in Frage stellte. Dennoch erschien es vielen Juden absurd, vom Bild des deutschen Staatsbürgers jüdischen Glaubens Abschied zu nehmen. Aber unter dem politischen Druck, der von den Verbänden und Parteien der Rechten ausging, sahen sich die geistigen Väter dieses Konzeptes veranlasst, die deutschen Juden nicht nur als Religions- und Abstammungsgemeinschaft, sondern auch als Schicksals- und Gefühlsgemeinschaft zu verstehen.

Der Schöpfer der großen Menora
Benno Elkan (1877-1960)

Benno Elkan, um 1940

Benno Elkan, 1877 in Dortmund geboren, machte sich seit den 1920er Jahren als Porträtist, Schöpfer von Grabdenkmälern, als Medailleur und zeitweilig auch als Schriftsteller einen guten Namen. Er porträtierte berühmte Persönlichkeiten wie Walther Rathenau, Karl Valentin, Friedrich Ebert, Winston Churchill, Chaim Weizmann, Frank Wedekind, Yehudi Menuhin.
Benno Elkan war das einzige Kind des jüdischen Kaufmanns Salomon Elkan und dessen Ehefrau Sophie (geb. Oppenheimer). Die Familie wohnte 1877 in der Brückenstraße 51. In der nahe gelegenen Reinoldistraße 23 betrieb sein Vater als Schneidermeister zusammen mit einem Geschäftspartner das „Herrenkleidermacher-Geschäft Braun & Elkan“.
Benno besuchte die Volksschule und später das städtische Gymnasium. Da er nach den Wünschen der Eltern den Kaufsmannberuf ergreifen sollte, schickten sie ihn für ein Jahr zum Studium der Sprachen in das exklusive, private Internat Château du Rosey in Rolle, einem kleinen Ort am Genfer See nahe Lausanne. Zurückgekehrt nach Dortmund begann er eine kaufmännische Ausbildung. Zu dieser Zeit erwachte sein Kunstinteresse. In der Freizeit besuchte er Museen und Ausstellungen und war Gast in der Dortmunder Kunsthandlung Karl Utermann.
Zur Vorbereitung auf die Aufnahmeprüfung an der Akademie der Schönen Künste in München besuchte Elkan 1897 die Kunstprivatschule von Walter Thor in München. Seit 1898 studierte er dann an den Kunstakademien in München und Karlsruhe. In das Jahr 1903 fällt die Entscheidung, sich ganz der Plastik und Bildhauerei zu widmen. Im selben Jahr entstand auch seine erste Auftrags-

arbeit. Der mit der Familie Elkan eng befreundete Chefredakteur des Dortmunder „General-Anzeigers“ beauftragte ihn mit der Schaffung eines Grabmals für die Familie Richter-Seippel („Die Wandelnde“, Ostenfriedhof).
Es folgten die für viele junge Künstler üblichen Wanderjahre. Drei Jahre (1905-1908) verbrachte er in Paris, kam aber zwischenzeitlich immer wieder nach Dortmund sowie nach Karlsruhe zurück, wo seine Verlobte, die Pianistin Hedwig Judith Einstein, wohnte. 1907 heirateten die beiden.

Erste Ausstellungen und Ehrungen
1906 realisierte Benno Elkan im Dortmunder Rathaus seine erste größere Ausstellung. In dieser Zeit entwickelten sich auch engere künstlerische Kontakte zu Karl Ernst Osthaus in Hagen. Nach Elkans eigener Überlieferung förderten vor allem die Freundschaften mit Jules Pascin und Pablo Picasso sowie eine Begegnung mit August Rodin seine bildhauerische Entwicklung. Diese Förderung war so erfolgreich, dass ihm 1908 der Rom-Preis der Michael-Beer-Stiftung zugesprochen wurde.
Die nächsten zwei Jahre verbrachte Elkan nun mit seiner Frau in Rom. Dort entwickelte sich unter dem Einfluss der Renaissance, besonders Donatellos, und des italienischen Frühbarocks, Elkans individueller Stil.
Nach seiner Rückkehr nach Deutschland widmete er sich nahezu ausschließlich der Bildhauerei. Bald zählte er in Deutschland zu den bekanntesten Künstlern seiner Fachrichtung.
1911 zog die Familie,

Benno Elkan in seinem Londoner Atelier vor einem Leuchter mit Motiven aus dem Neuen Testament, um 1940

Doppelseite des von Benno Elkan geschriebenen und illustrierten Buches „Polnische Nachtstücke“ von 1918.

Benno und Hedwig Elkan waren inzwischen Eltern einer einjährigen Tochter, nach Alsbach an der Bergstraße, einem kleinen Ort zwischen Heidelberg und Darmstadt.
Der Erste Weltkrieg schränkte ab 1914 seine Arbeitsmöglichkeiten sehr ein. Elkan widmete sich in dieser Zeit verstärkt der Medaillenkunst, in der er es bereits zu internationaler Anerkennung gebracht hatte. Es entstanden einige Auftragsarbeiten von höheren Militärs, unter anderem eine Medaille auf General August von Mackensen, dem Sieger der Schlacht um Lodz, aber auch auf den Mannheimer Sozialdemokraten und Parlamentarier Ludwig Frank, der bereits 1914 an der französischen Front gefallen war. Einige dieser Medaillen wurden in der von Karl Ernst Osthaus 1916 betreuten Wanderausstellung „Die Kunst im Krieg“ gezeigt.
Obwohl schon über 37 Jahre alt, wurde auch Elkan noch zum Militärdienst einberufen und als Verbindungsoffizier an der Ostfront eingesetzt. In dem 1918 erschienenen Buch „Polnische Nachtstücke“ hat er seine Kriegseindrücke festgehalten und mit kräftigen Federstrichen illustriert. Wie lange sein Fronteinsatz währte, ist nicht bekannt. An Cholera erkrankt, wurde er zur Postüberwachung nach Frankfurt/M. beordert.

1946 begann Benno Elkan mit der Arbeit an seinem großen Leuchter. Das Foto zeigt den Künstler vor dem Modell der Menora in London 1954.

Bis Oktober 1919 wohnte Benno Elkan mit seiner Familie noch in Alsberg, dann zogen sie nach Frankfurt/M. um. Das Haus an der Bergstraße blieb der Familie als Sommerresidenz erhalten. In Frankfurt nahm Elkan regen Anteil am Kulturleben. Sein Atelier lag im umgebauten Winterrefektorium des alten Karmeliterklosters, unweit des Mainufers. Die Familie selbst wohnte im Westend, einem der großbürgerlichen Stadtteile Frankfurts.

In der Folgezeit entstanden immer wieder Grabdenkmäler, so auch das von Thomas Mann 1919 enthüllte Denkmal für Frank Wedekind auf dem Münchener Waldfriedhof. Noch im gleichen Jahr forderte der Frankfurter Magistrat Elkan auf, ein Modell aus seiner Werkstatt für ein Gefallenenmahnmal anzubieten. 1920 erwarb die Stadt Frankfurt seine 1913/14 entstandene Skulptur „Heldenklage". Das Denkmal zeigte eine im Schmerz zusammengesunkene, klagende Muttergestalt. Diese Darstellung löste ganz unterschiedliche Reaktionen aus. Während sich die Kunstkritiker wohlwollend äußerten, sahen nicht wenige in der Mutterfigur das zusammengebrochene Deutschland und fühlten sich in ihrem Nationalstolz verletzt.

Der Große Leuchter

Schon seit 1921 gab es für Benno Elkan ein immer wiederkehrendes Thema. Es ging um einen großen, etwa zwei Meter breiten Leuchter, geschmückt mit Figuren aus der Bibel. Erstmals lassen sich hier seine bildhauerische Arbeit und seine jüdische Abstammung verknüpfen. Dieser Leuchter wurde viele Jahre später in Westminster Abbey aufgestellt, später um einen zweiten Leuchter mit Motiven aus dem Neuen Testament ergänzt. Schon im Jahr 1926 schrieb er im Gemeindeblatt der Israelitischen Gemeinde Frankfurt a.M.:

„Seit fünf Jahren arbeite ich, mit größeren Pausen, an einem

großen Leuchter, der zwischen seinen Lichtern von vielen Gestalten der biblischen Geschichte angeführt werden soll. Er soll erzählen von unseren tapferen Helden und edlen Frauen, unseren prophetischen Sehern und entrückten Dichtern, unseren Vorkämpfern und Gesetzgebern, unseren Siegen und Niederlagen, unseren Jubeltagen und bitteren Vernichtungsjahren, unseren irdischen Sorgen und himmlischen Freuden. Er möge das Märchen, die Vision von der Geschichte Israels erzählen, des Volkes, dem wir heute noch angehören, stolz auf die Selbstverantwortung, die stets auf uns lag. Einzig dem Geiste in uns selbst zugewandt, isolierte er uns großartig von allen Völkern der Erde - bis auf den heutigen Tag. Dieses Licht leuchte auch aus dem Leuchter, der schwaches Abbild und Erinnerung an körperliche Gestalten ist, deren verklärtes Wesen auf uns ruhen möge und uns den Sinn der Flamme, des Lichtes, der Leuchte neu und lebendig machen soll".

Die Idee zu einem noch größeren Leuchter entstand bereits 1947 und knüpft formal an die beiden Londoner Leuchter an. Elkan verzichtete aber auf Themen aus dem Neuen Testament und erweiterte die Themen aus der hebräischen Bibel um Darstellungen aus der Geschichte der jüdischen Volkes von der biblischen Zeit bis zur Moderne mit der Gründung des Staates Israel.

1949 begann Elkan mit der Herstellung der Reliefs, ausgeführt als Hochreliefs, mit zum Teil plastisch hervortretenden Gestalten vor flachem Hintergrund. Als 1953 eine britische Parlamentariergruppe Israel besuchte, diskutierte man auch über ein repräsentatives Geschenk für den jungen Staat. Man entschied sich für Elkans Menora. Mit Lichtern konnte Elkan den Leuchter nicht ausstatten. Das orthodoxe jüdische Publikum hatte sich nur allmählich und sehr widerstrebend mit dem Gedanken an einen zudem noch Figuren tragenden Leuchter vertraut gemacht, dessen Nachbildung durch den Talmud nicht gestattet war. Diesen nun auch noch zu entzünden, widersprach der religiösen Tradition. Anfang 1956 war der Leuchter in den Maßen 457 x 365 cm fertiggestellt.

Am 15. April 1956 übergaben Abgeordnete der British Labour Party den großen Leuchter der Knesset, dem israelischen Parlament, in Jerusalem. Seinen heutigen Standort gegenüber dem Eingang zur Knesset erhielt der Leuchter 1966, nachdem das Gebäude fertig gestellt war.

Die 1920er Jahre

Die 1920er Jahre entwickelten sich für Benno Elkan erfolgreich. Er erhielt lukrative Aufträge, konnte reisen und einen großzügigen Haushalt führen. Neben den plastischen Arbeiten entstanden auch einige Bücher, so 1921 als Ausdruck seiner Vielseitigkeit das humorvolle Kinderbuch „Die große Reise der Tante Clementine“ und „Spanien - von einem Künstler gesehen“.
Kaum eine bekannte Persönlichkeit konnte Frankfurt besuchen, ohne in das Haus Elkan eingeladen zu werden. Schauspieler wie Max Pallenheimer, seine Frau Fritzi Massary, Heinrich George und Karl Valentin waren seine Gäste. Gelegentlich schauten Ludwig Marcuse und Paul Hindemith vorbei. Im elterlichen Haus lernte Elkans Tochter Ursula den Pianisten und Arrangeur der Comedian Harmonists, Erwin Bootz, kennen, den sie später heiratete.
Zu Elkans größeren Arbeiten in dieser Zeit gehörte ein Mahnmal für Völklingen bei Saarbrücken, dass 1923/24 in Anlehnung an seine Frankfurter „Heldenklage“ entstand. 1927 beteiligte sich Elkan an der Neugestaltung der Synagoge in Bruchsal. Die schmiedeeisernen Gitter des Rednerpultes und zwei Leuchter stammten von ihm. Benno Elkan war in seinem Schaffen stets bemüht, die umfangreiche jüdische Gedankenwelt mit der humanistischen Bildung seiner Schul- und Lehrjahre zu verbinden. Seine Verbundenheit mit Deutschland zeigte das Denkmal „Zur Befreiung der Rheinlande“ in Mainz, das 1930 fertig gestellt wurde und den Abzug der französischen Besatzungstruppen feierte.

Abschied und Exil

Bereits 1931 gab es in Frankfurt Zusammenstöße zwischen Gruppen der SA und Studenten. Im Herbst 1932 erlebten die Ausschreitungen ihren ersten Höhepunkt. Die immer stärker werdenden Angriffe auf die jüdische Bevölkerung veranlassten Elkan bereits im Juni 1933, seine Auswanderung vorzubereiten. Sein „Heldenklage“-Denkmal in Frankfurt, das Befreiungsdenkmal in Mainz und sein Gefallenenmahnmal in Völklingen fielen dem nationalsozialistischen Bildersturm zum Opfer.
Am 3. April fuhr Elkan nach Paris, von dort weiter nach London. Nachdem er eine Unterkunft für sich und seine Familie gefunden hatte, kehrte er noch einmal nach Frankfurt zurück. Es gelang ihm, fast sämtliche Arbeiten, Modelle und Hausrat nach London zu retten.
Zwar fand sich Elkan nur langsam in London zurecht, doch schuf er in den folgenden Jahren dort viele seine Meisterwerke. Im Dezember 1939 wurde feierlich ein Leuchter mit Figuren des Alten

Testaments in Westminster Abbey enthüllt. Drei Jahre später folgte ein zweiter Leuchter mit Motiven aus dem Neuen Testament. Ansonsten schuf er bis Kriegsende vorwiegend Porträts.
Nach dem Krieg unternahm Elkan eine fast einjährige Amerikareise, um seine dort lebenden Kinder zu besuchen. Einige Kurzbesuche führten ihn auch wieder nach Deutschland. Seine Verbindungen waren nie ganz abgerissen. In Frankfurt war inzwischen seine „Heldenklage“ wieder aufgestellt worden.
Die 1950er Jahre standen ganz im Zeichen der Arbeit an der großen Menora, die 1956 vor dem israelischen Parlamentsgebäude in Jerusalem aufgestellt wurde. Elkan wurde zunehmend von seiner Krankheit, einer Rückenmuskelentzündung, behindert. Als im Oktober 1959 seine Frau Hedwig starb, brachten Freunde ihn in ein Pflegeheim. An den Rollstuhl gefesselt wurden seine letzten Monate zur Qual. Am 10. Januar 1960 starb Benno Elkan in einer Londoner Klinik.

Zum Weiterlesen:
Fritz Hofmann, Benno Elkan. Ein jüdischer Künstler aus Dortmund. Hrsg. von Rosemarie E. Pahlke, Museum am Ostwall, Essen 1997.
Hans Menzel-Severing, Der Bildhauer Benno Elkan, Dortmund 1980. (Monographien zur Geschichte Dortmunds und der Grafschaft Mark, Band 7).
Hans Menzel-Severing, Benno Elkan. Ein künstlerischer Kosmopolit aus dem Ruhrgebiet. In: Jan-Pieter Barbian/ Michael Brocke/ Ludger Heid (Hrsg.), Juden im Ruhrgebiet: Vom Zeitalter der Aufklärung bis in die Gegenwart, Essen 1999.

Bilder einer freien Jugend
Erich Gottschalk (1906-1996)

Erich Gottschalk wurde am 16. März 1906 in Wanne (heute ein Stadtteil von Herne) im Ruhrgebiet geboren. Seine Eltern unterhielten ab 1912 ein gut gehendes Geschäft für Dekorationsartikel in Bochum. Er besuchte in Bochum die Volksschule und ein Gymnasium, das er mit der „mittleren Reife“ 1923 verließ. Seine Banklehre musste er wegen Konkurs des Instituts abbrechen und ließ sich dann bis 1928 zum Kaufmann ausbilden. Ab 1929 arbeitete er in Karlsruhe im Textilhandel. 1933 musste er diese Stelle aufgeben und kehrte nach Bochum zurück, wo er im elterlichen Betrieb mitarbeitete.

Erich Gottschalk, 10 Jahre alt

Hakoah und Makkabi

Seit seiner Jugend in Bochum war er begeisterter Sportler. Er war Mitglied in mehreren Sportvereinen, fuhr Ski und spielte Fußball mit Freunden auf dem Bolzplatz. Erich war Mitglied im Bochumer Turn- und Sportverein TUS 48 und im Makkabi-Sportverein - sein Hauptinteresse galt dem Fußballspiel.

Gottschalk trat 1932 der Fußballabteilung von „Hakoah" bei. 1938, mitten in der NS-Zeit, gewann Gottschalk als Kapitän der Bochumer Mannschaft des Sportbundes „Schild" die Deutsche Meisterschaft in der jüdischen Liga. Das Endspiel gegen den Titelverteidiger Schild Stuttgart fand in Köln am 30. Juni 1938 statt. Der Sportreporter der „CV-Zeitung" schrieb: *„Die Mannschaft aus Bochum verdankt den Sieg dem besseren Mannschaftsgeist und der klareren taktischen Gestaltung der Handlungen... Mit einer erstaunlichen Ruhe und Sicherheit operierte die Verteidigung Gottschalk*

Als begeisterter Fußballspieler gehörte Erich Gottschalk von frühester Jugend Sportvereinen an. Das Foto zeigt ihn (obere Reihe 4.v.r.) mit der Schülerriege des Turn- und Sportvereins TuS 48 in Bochum 1917/18.

und Weinberg. Stuttgart war nicht auf einen so starken Gegner gefaßt." Obwohl der Gegner zur Halbzeit 1:0 führte, gewann Bochum mit einem Resultat von 4:1.

Die jüdische Sportbewegung
Die nationalistischen deutschen Turnvereine des späten 19. Jahrhunderts grenzten Juden grundsätzlich aus. Der erste jüdische Turnverein „Bar Kochba Berlin" entstand 1898; seither erlebte die jüdische Sportbewegung einen Gründungsboom. Unterschiedliche Strömungen waren sich einig: Körperliche Leistung konnte als „lebendiges Zeugnis" eines starken Judentums herausgestellt werden.
Viele deutsche Juden aus dem Bürgertum sahen im Sport auch eine Chance, durch „fair play", Teamgeist und internationalen Austausch weltoffene Haltungen zu zeigen. Zu diesen modernen Sportarten gehörten zu Beginn des 20. Jahrhunderts neben Fußball auch Tennis, Golf und Boxen sowie Verteidigungssportarten wie Jiu-Jitsu. Deren Vordringen war Zeichen eines allgemeinen Trends: Das strenge Turnen verschwand allmählich zu Gunsten lockerer Übungen und Freizeitaktivitäten. Eine Reihe prominenter Fußball-Klubs - wie der FC Bayern München oder die Karlsruher Kickers - und der Deutsche Fußball-Bund verdanken ihre frühe Entwicklung sehr stark jüdischen Förderern.
Trotz des demokratischen Aufbruchs der Weimarer Republik blieb der Antisemitismus in den traditionellen Klubs virulent, und die jüdischen Vereine auch deshalb wichtig. Die jüdische Jugendbewegung machte die 1920er Jahre zu einer Blütezeit eigener Sportvereine. 1923 wurde zunächst in Essen, dann auch in Bochum, Dortmund und Recklinghausen der jüdische Sportverein „Hakoah" („Die Kraft") gegründet. Außer „Hakoah" gab es noch die Vereine „Makkabi", „Bar Kochba" und „Schild". Makkabi und Bar Kochba waren zionistisch orientiert. Der Sportverein „Schild" ging 1925 aus dem „Reichsbund jüdischer Frontsoldaten" (RjF) hervor und stand für ein selbstbewusst-deutsches Judentum.
Nach 1933 boten die jüdischen Vereine den etwa 20.000 Sportlern Zuflucht, die (noch vor entsprechendem staatlichen Zwang!) aus den anderen Vereinen ausgeschlossen wurden. Im November 1938 wurden alle jüdischen Sportvereine - für viele die letzten Inseln normalen Lebens - verboten.

1935 verlobte sich Erich Gottschalk mit der Bochumerin Rosa Strauss. 1937 heirateten Erich und Rosa, deren Eltern nach Südafrika geflohen waren.

Flucht und Exil
Nach dem Novemberpogrom 1938, bei dem auch das Geschäft der Eltern Gottschalk zerstört wurde, inhaftierte die Gestapo Erich im Konzentrationslager Sachsenhausen bei Berlin. Gottschalk floh nach seiner Entlassung im Dezember 1938 mit Frau und Eltern nach Holland. Nach dem Überfall der deutschen Truppen auf Holland am 10. Mai 1940 wurde Gottschalk verhaftet und mit seiner Familie in das Lager Westerbork überstellt. Mehr als vier Jahre verbrachten die Gottschalks hier in einem

1937 heirateten Erich Gottschalk und Rosa Strauß. Auf dem Foto sind neben den Eltern der Brautleute auch Erichs älterer Bruder Siegfried und dessen Frau Johanna zu sehen.

Vater und Sohn Erich Gottschalk mit eigenem Auto

steten Wechsel zwischen Hoffnung und Verzweiflung. Im Juni 1941 kam dort ihre Tochter Renée zur Welt.
Im Sommer 1941 wurde das Sammellager Westerbork zum „Durchgangslager“ erklärt und vergrößert. Die Lagerleitung ging in die Hände der SS über. Ab Juli 1942 bis zum September 1944 fuhren von hier die Deportationszüge mit etwa 100.000 Menschen in die Vernichtungslager in Polen.
Erich Gottschalks Eltern und sein Bruder Siegfried wurden im Januar 1944 nach Theresienstadt deportiert - im Juli 1944 sind sie in Auschwitz ermordet worden. Erich, Rosa und Renée Gottschalk wurden im Herbst 1944 deportiert, zunächst ebenfalls nach Theresienstadt. Dort wurde die Familie auseinandergerissen. Über Auschwitz kam Erich Gottschalk in das Arbeitslager Tschechowitz in Polen. Beim Näherrücken der sowjetischen Truppen im Februar 1945 wurden die Häftlinge auf einen Todesmarsch geschickt. Gottschalk konnte fliehen und kehrte nach Kriegsende in die Niederlande zurück, wo er bis zu seinem Lebensende blieb.

Erich und Rosa Gottschalk mit ihrer 1941 in Westerbork geborenen Tochter Renée

Der Tod seiner Angehörigen wurde erst spät zur Gewissheit, lange noch nach 1945 hoffte er gegen alle Wahrscheinlichkeit auf ihr Überleben. 1961 heiratete er erneut. Beruflich konnte er wegen der traumatischen Erfahrungen der Schoa nie wieder Fuß fassen. Erich Gottschalk starb 1996. Nach seinem Tod fand man das Manuskript eines autobiografisch geprägten Romans „Moffen, joden en kaaskoppen“. Es enthält kaum verschlüsselt die Geschichte seiner eigenen Erfahrungen in den 1930er Jahren: der erfolglosen Bemühungen um Visa, der fehlenden Bürgen, Beziehungen und Qualifikationen für die Auswanderung, der deutschen Besetzung der Niederlande, mit der die letzten Illusionen zerbrechen.

Zum Weiterlesen:
Gideon Reuveni/Michael Brenner (Hrsg.), Emanzipation durch Muskelkraft. Juden und Sport in Europa, Göttingen 2006.
Dietrich Schulze-Marmeling (Hrsg.), Davidstern und Lederball. Die Geschichte der Juden im deutschen und internationalen Fußball, Göttingen 2003.

Im Dienste der Tora und der deutschen Nation Benno Jacob (1862-1945)

Benno Jacob war einer der bedeutendsten Rabbiner und Bibelwissenschaftler des frühen 20. Jahrhunderts. Er wurde am 7. September 1862 in Frankenstein/Schlesien geboren und starb am 24. Januar 1945 im Exil in London. Er studierte von 1883-1890 in Breslau und ließ sich am Jüdisch-Theologischen Seminar der Fraenkelschen Stiftung zum Rabbiner ausbilden. 1889 reichte er seine Dissertation „Das Buch Ester in der Septuaginta" bei der Philosophischen Fakultät in Leipzig ein und promovierte dort zum Dr. phil.

Im Amt des Rabbiners

Von 1891 bis 1906 übernahm er seine erste Tätigkeit als Rabbiner in Göttingen. Zu seinen Aufgaben gehörten die Predigt am Schabbat und an den Feiertagen, Unterrichtstätigkeit in der Erwachsenenbildung, Seelsorge, Wohlfahrtspflege und Mitarbeit in verschiedenen Organisationen. 1906 zog er mit seiner Frau Helene geb. Stein und den Kindern Ernst, Hanna und Ewald nach Dortmund. Hier amtierte er als Rabbiner bis zum Eintritt in den Ruhestand 1929. Er verließ Dortmund 1931 und zog nach Hamburg, wo seine Frau ein Jahr später nach schwerer Krankheit starb. Dortmund besaß seit sechs Jahren eine prachtvolle Synagoge mit tausend Sitzplätzen. Die Gemeinde, die Jacob in Dortmund vorfand, war entsprechend groß, aber nicht einfach. Durch den Zuzug osteuropäischer Juden, die zu dieser Zeit ins Ruhrgebiet strömten, kam es zu Spannungen zwischen dieser Gruppe und den Einheimischen. Jacob kümmerte sich um die sozia-

Benno Jacob im Ornat eines Rabbiners

len Probleme und bemühte sich um die Integration der jüdischen Arbeiter, die ihn deswegen sehr verehrten.
Es gab in der Gemeinde keine führenden Familien. Die meisten gehörten dem Mittelstand an. Jacob schätzte seine Gemeinde und - wie er sagte - ihre „mannhafte echt westfälische Treue“. Dennoch gab es auch Konflikte zwischen dem Rabbiner und der Gemeinde. Jacob ließ sich dadurch jedoch nicht beirren. *„Ein Rabbiner“*, so sagte er, *„der nichts als populär ist, erregt meinen Verdacht.“* Seine Rabbiner-Kollegen schätzten ihn als einen Mann, *„der nach seiner echten Religiosität (...) konservativ genannt werden könnte, aber freisinnig und liberal war, weil er ein durchaus moderner Mensch ist.“*

Ex Libris für Benno Jacob. Die Abbildung zeigt den nächtlichen Kampf Jakobs mit einem Unbekannten am Fluss Jabbok (Gen. 32,23-33).

Lehrer und Exeget

Für Jacob führte der Weg zum Judentum über das Lernen. Er verstand darunter sowohl die Bejahung der religiösen Pflichten und sittlichen Ideale als auch das gründliche Studium der überlieferten Schriften Tora und Talmud im Urtext. Er wollte die Tora lernen und lehren. Sie war der Mittelpunkt seiner Arbeit. Der Sinn der Tora bestand für ihn darin, „ein Volk für Gott zu erziehen“. Für ihn beruhte der Sinn der Tora auf dem Gebot der Nächstenliebe: *„Der Satz: ‚du sollst deinen Nächsten lieben wie dich selbst‘ ist wahr und verbindlich, wer immer ihn zuerst verkündet habe. Er ist wahr, nicht weil er in der Thora steht, sondern sie [die Thora] ist wahr, weil er in ihr steht.“ (Die Thora Moses, 1912/13).* Er verstand sich nach eigenen Worten als Lehrer und Gelehrter der jüdischen Religionsgemeinschaft, als Jugenderzieher, Volkslehrer, Seelsorger und geistiger Führer, nicht als „Koscherwächter“, der die Einhaltung der Riten kontrollierte.
Was ihm für seine Zeit dringend notwendig schien, war *„ein wissenschaftlicher, unabhängiger jüdischer Kommentar (der Tora), der von unserer Gemeinschaft die Beschämung nehmen sollte, zur wissenschaftlichen Belehrung über ihr eigenstes und heiligstes Buch nur auf christliche Kommentare angewiesen zu sein, der einen neuen Weg zum Studium der Tora zeigen sollte, die ‚unser Leben und die Dauer unserer Tage‘ ist“.*

Benno Jacob hat überzeugend formuliert, warum sich Juden als „Volk des Buches“ bezeichnen: *„Eigentlich ist das ganze jüdische Schrifttum seit 2000 Jahren nichts anderes als Kommentar zur Bibel, zur Tora, oder wurzelt in diesem Boden: Talmude und Midraschim, Halacha, Sprachforschung, Philosophie, Dichtung, Erbauungsschriften, Liturgie usw. So einzigartig ist das Dasein und geistige Leben Israels auf dieses Buch gegründet“* (aus dem Vorwort zum Buch Genesis, 1934). Für Jacob war das Judentum eine Glaubensgemeinschaft. Sie war für ihn das Verbindende. Begriffe wie Volk, Nation oder Partei fand er unpassend.

Benno Jacob, um 1935

Im Laufe seines Lebens hat Benno Jacob u. a. zwei umfangreiche Exegesen verfasst: den 1934 veröffentlichten, 1.000 Seiten umfassenden Kommentar zum Buch Genesis und den posthum 1997 herausgegebenen Kommentar zum Buch Exodus. Die meisten Exemplare des Genesis-Kommentars wurden während des Nationalsozialismus vernichtet. Ein gerettetes Exemplar ist im Jüdischen Museum Westfalen ausgestellt. Der Exodus-Kommentar entstand während des Exils in London, wohin Jacob sich 1939 nach dem Novemberpogrom und der vorübergehenden Inhaftierung seines ältesten Sohnes hat retten können. Bei seinem Tod im Jahr 1945 hinterließ er allerdings nur einen Berg von Konzepten, die in den 1990er Jahren von seinem Enkel Rabbiner Walter Jacob in Pittsburgh zusammen mit der evangelischen Theologin Almut Jürgensen (Hamburg) bearbeitet und 1997 als Buch veröffentlicht werden konnten.

Jude und Deutscher

Benno Jacob setzte sich in öffentlichen Reden immer wieder leidenschaftlich mit den Vorurteilen gegenüber Juden und ihrer angeblich großen Macht in der Weimarer Republik auseinander. Dem wachsenden Antisemitismus trat er kämpferisch mit dem Anspruch entgegen, Jude und Deutscher zu sein: *„Deutschland ist weder ein christlicher Kirchenstaat noch ein germanischer Rassestaat, sondern eine Gemeinschaft im Geiste. Wir Juden sind keine Germanen, sondern Semiten, aber um nicht weniger Deutsche (...).*

Ein Deutscher ist, wer Deutscher sein will. (...) Wir deutsche Juden sind und bleiben von Religion Juden, von Nation Deutsche. Welcher anderen Nation könnten wir denn angehören, welches andere Land kann unser Vaterland sein, als dasjenige, in dem unsere Wiege stand und die Gräber unserer Väter liegen, dessen Luft wir seit Kindesbeinen atmen, dessen Bildung wir in uns aufgenommen haben? Nein, wir sind auf Gedeih und Verderb mit diesem Land und dieser Nation verbunden.“

Kämpfer gegen den Antisemitismus
Schon als Student in Breslau hatte Jacob seine jüdische Identität kämpferisch verteidigt. 1886 war er Mitbegründer einer eigenen Studentenverbindung, die „Viadrina Mensur“. Als schlagende Verbindung setzte sie sich gegen den Antisemitismus an den Universitäten zur Wehr. Sie sollte jüdischen Studenten helfen, selbstbewusst für ihr Judentum einzustehen. Sport spielte dabei eine große Rolle. In einer Denkschrift des Vereins liest man: *„Wir müssen das Odium der Feigheit und Weichlichkeit, das auf uns lastet, mit aller Energie zurückweisen.“*
Die Mitglieder des Vereins machten vom Duellrecht ausgiebig Gebrauch. So trug auch Jacob als Folgen seiner Fechtduelle die so genannten „Schmisse“. Er sei „kein bequemer Zeitgenosse“ gewesen, heißt es, vielmehr „a militant Rabbi“, der „Freude hatte am Kampf“ als „Ausdruck seiner ungewöhnlichen Vitalität“. So urteilten seine Zeitgenossen.
Das Selbstverständnis der „Viadrina Mensur“ ist erkennbar in dem Spruch, der sich auf den Aschenbechern der Vereinigung befindet: „Nemo me impune lacessit“ - Niemand darf mich ungestraft beleidigen. Einen solchen Aschenbecher schenkte Benno Jacob seinem Sohn Ernst bei dessen Eintritt in die Viadrina. Dieses Erinnerungsstück überdauerte die Emigration nach England und später in die USA. Benno Jacobs Enkel, der liberale Rabbiner Walter Jacob aus Pittsburgh, stellte dieses Andenken an seinen

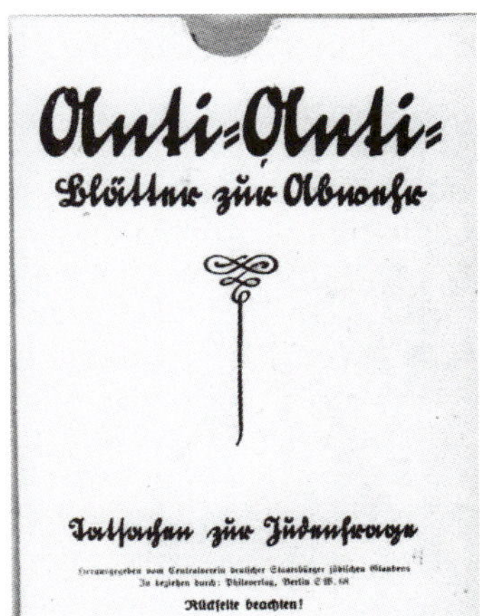

Schuber zur Sammlung von Argumenten gegen den Antisemitismus, herausgegeben vom Central-Verein (CV)

Großvater dem Jüdischen Museum als Dauerleihgabe zur Verfügung. Benno Jacob war Vorstandsmitglied im „Central-Verein deutscher Staatsbürger jüdischen Glaubens".

Aschenbecher mit dem Wappen der jüdischen Studentenverbindung „Viadrina"

Der Central-Verein (CV)
wurde 1893 in Berlin von jüdischen Intellektuellen als Antwort auf den um sich greifenden Antisemitismus gegründet. Ziel des Vereins war die Sammlung der deutschen Juden zur Durchsetzung der ihnen zustehenden staatsbürgerlichen Rechte. Die Mitglieder verstanden sich als deutsche Bürger mit jüdischem Religionsbekenntnis. Sie lehnten deshalb eine eigenständige jüdische Nation ab, wie sie vom Zionismus gefordert wurde. Der CV galt als eine Organisation selbstbewussten und wehrhaften deutschen Judentums. Es ging dabei um „jüdische Selbstfindung" und um Aufklärung der Nichtjuden über das „wahre Judentum". Im Laufe der Zeit wandelte sich der CV von einem „Abwehrverein" zu einem „Gesinnungsverein", bei dem es nicht mehr um Defensive ging, sondern um das Selbstverständnis, Deutscher und Jude zu sein. Schon 1913 distanzierte sich der CV entschieden von allen zionistischen Tendenzen: *„Soweit der deutsche Zionist danach strebt, den entrechteten Juden des Ostens eine gesicherte Heimstätte zu schaffen oder den Stolz des Juden auf seine Geschichte und Religion zu heben, ist er uns als Mitglied willkommen. Von dem Zionisten aber, der ein deutsches Nationalgefühl leugnet, sich als Gast im fremden Wirtsvolk und national nur als Jude fühlt, von dem müssen wir uns trennen."* Das Ende des Vereins, der in der Weimarer Republik über 70.000 Mitglieder zählte, wurde durch die Nationalsozialisten erzwungen: 1935 musste er sich in „CentralVerein der Juden in Deutschland" umbenennen, ein Jahr später in „Jüdischer CentralVerein" und wurde schließlich 1938, einen Tag nach dem November-Pogrom, verboten. An seine Stelle trat durch Verordnung die „Reichsvertretung der Juden in Deutschland".

Entsprechend der Ausrichtung des CV lehnte auch Jacob den Zionismus mit seinen Ideen entschieden ab und sprach sich gegen die Gründung eines jüdischen Staates aus. Im geplanten „palästinensischen Bürgertum“ sah er auf Grund des Auszugs aus der Völkergemeinschaft und der dadurch entstehenden Absonderung die „Wiederaufrichtung des Ghettos mit allen mittelalterlichen Folgen“.
Nach seiner Pensionierung zog Jacob nach Hamburg, wo er sich ganz seiner bibelwissenschaftlichen Arbeit widmete. Als sein Sohn - der Rabbiner Ernst Jacob - nach der Pogromnacht im November 1938 in das Konzentrationslager Dachau verschleppt wurde, wusste Benno Jacob, dass es für Juden kein Bleiben mehr in Deutschland gab. Nach der Entlassung seines Sohnes gelang es der Familie, nach England zu emigrieren. Benno Jacob starb am 24. Januar 1945 in London.

Zum Weiterlesen:
Almut Jürgensen, Die Thora lehren und lernen. Rabbiner Benno Jacob in Dortmund (1906-1929). In: Jan-Pieter Barbian u.a.(Hrsg.), Juden im Ruhrgebiet, Essen 1999.
Trumah (Zeitschrift der Hochschule für jüdische Studien Heidelberg) Bd. 13 (2003), Benno Jacob - der Mensch und sein Werk.

NS-Diktatur: Im Ausnahmezustand

Der mit Beginn des NS-Regimes offen ausbrechende Antisemitismus konnte aufmerksame Zeitgenossen nicht überraschen. Nach dem verlorenen Krieg von 1918 entwickelte sich die antisemitische Opposition immer heftiger, bis sie 1933 mit Hitlers Machtübernahme voll zur Wirkung kam. Von Anfang an verdrängte man die Juden massiv aus dem gesellschaftlichen Leben. Beim Boykott jüdischer Unternehmen im April 1933 kam es zu schweren Übergriffen, die sich in aller Öffentlichkeit abspielten.
Die judenfeindliche Politik des Nationalsozialismus folgte aber nicht, wie die jüngere historische Forschung zeigt, einem feststehenden Plan. Zielte 1938/39 die Politik noch auf die Vertreibung der Juden, so betrieb man drei Jahre später ihre Ermordung. Der Völkermord an den Juden wurde schließlich mit den Mitteln einer Vernichtungsindustrie planmäßig durchgeführt; vorausgegangen waren ständig sich verschärfende antijüdische Maßnahmen und Verfolgungen, denen weder national noch international Einhalt geboten wurde.

Jüdische Lebenswege in Westfalen

Für die deutschen Juden stand die Frage im Vordergrund, wie sie der akuten Diskriminierung und Bedrohung begegnen konnten. Angesichts der erfolgreichen Emanzipationsgeschichte beharrten viele auf ihrer Zugehörigkeit zu Deutschland. Eine nationale Gesinnung und der Einsatz im Ersten Weltkrieg - so eine zunächst noch verbreitete Annahme - würden vor Verfolgung schützen. Schließlich waren 1914 zahlreiche junge jüdische Männer auch aus Westfalen mit patriotischer Begeisterung in den Ersten Weltkrieg gezogen, ungewöhnlich viele als Freiwillige. Manch einer der Überlebenden kehrte mit einem Orden dekoriert in seine Heimat zurück.

Die Ausgrenzung aus dem gesellschaftlichen Leben
Bereits wenige Wochen nach Hitlers Ernennung zum Reichskanzler Ende Januar 1933 begannen die Nationalsozialisten mit der brutal vorangetriebenen Verdrängung der Juden aus dem gesellschaftlichen Leben. Boykotte und organisierter „Volkszorn", Gesetze und Verordnungen erwiesen sich als wirksame Mittel zur Ausgrenzung. Staatliche Dienststellen arbeiteten Hand in Hand mit Einrichtungen der NSDAP und Wirtschaftsverbänden. Sie stießen dabei auf Duldung durch die Bevölkerung. Nicht wenige bereicherten sich an Besitz und Vermögen der Juden, und diese wurden als Konkurrenten ausgeschaltet.
Die Entlassung der jüdischen Beamten, Berufsverbote und der mit massivem Druck erzwungene Verkauf von Geschäften und Betrieben ließen die jüdische Bevölkerung unter der NS-Herrschaft zunehmend verarmen. Die Beamten traf es zuerst. Nach dem „Gesetz zur Wiederherstellung des Berufsbeamtentums" vom 7. April 1933 wurden Beamte „nichtarischer" Abstammung in den Ruhestand versetzt. Ausnahmen gab es nur für diejenigen, die im Ersten Weltkrieg gekämpft hatten bzw. für Angehörige gefallener Soldaten. Mit dem „Reichsbürgergesetz" entzog man der jüdischen Bevölkerung die politischen Rechte und nahm die Gleichberechtigung zurück. Dieses Gesetz unterschied zwischen „Reichsbürgern" und den Juden als einfache „Staatsangehörige". Das ebenfalls am 15. September 1935 erlassene „Gesetz zum Schutze des deutschen Blutes und der deutschen Ehre" verbot die Heirat zwischen Juden und Nichtjuden. Diese so genannten Nürnberger Gesetze machten die Rechte des einzelnen fortan von seiner „Rassenzugehörigkeit" abhängig. Kriterium für die „rassische" Zuordnung war aber die Religion der Großeltern: Nach den „Nürnberger Gesetzen" galt als Jude, wer von drei oder vier der Religion nach jüdischen Großeltern abstammte.

Vergleichbare gesetzliche Restriktionen in Wirtschaft und Handel gab es nicht. Noch wurden deren Potentiale gebraucht. Doch im Laufe der Jahre erhielten Juden immer weniger Aufträge. Sie wurden von Messen ausgeschlossen, Großhändler kündigten Lieferverträge, Kunden zahlten ihre Rechnungen nicht. Durch viele weitere Maßnahmen wurden die meisten schließlich zur Geschäftsaufgabe genötigt. Dieses führte für viele Familien zur Verarmung. Schließlich folgte 1938 die Stigmatisierung durch die Zwangsnamen „Sara" und „Israel" und durch den Eindruck eines „J" in die „Kennkarten" genannten Ausweise.
Zu den Gesetzen, Verordnungen und Boykotten kamen unzählige Übergriffe auf jüdische Bürger, die sich meist in aller Öffentlichkeit abspielten. In Dortmund führten SA-Männer den Schächter Julius Rosenfeld und seinen Sohn am 20. März 1933 durch die Straßen. Den Sohn zwangen sie, den Bart seines Vaters anzuzünden und dabei das nationalsozialistische Horst-Wessel-Lied zu singen. Anschließend sperrte man beide ins Gefängnis. Nach fünf Stunden wurde Julius Rosenfeld entlassen. Um auch seinen Sohn aus der qualvollen Haft frei zu bekommen, musste der Vater einen geschlachteten Ochsen herbeischaffen.

Überleben in Zeiten des Terrors

Der nationalsozialistische Rassenantisemitismus bedrohte alle Juden unabhängig von religiösen oder politischen Orientierungen und vom Grad ihrer gesellschaftlichen Integration. Mit Selbsthilfefonds, Beratungsstellen und eigenem Kulturleben versuchten sie, das gewaltsam eingeschränkte Leben erträglicher zu machen.
Die Mehrzahl der deutschen Juden beharrte lange auf der Zugehörigkeit zu Deutschland und ihren staatsbürgerlichen Rechten. Für die älteren bot die Emigration ohnehin keine erstrebenswerte Alternative. Als deutsche Staatsbürger jüdischen Glaubens hatten sie jahrzehntelang auf den Staat und das Recht vertraut. Zudem waren mit einer Auswanderung eine Fülle von Schwierigkeiten verbunden: wirtschaftliche und familiäre Probleme, aber auch Einwanderungsbeschränkungen, die in den meisten Migrationsländern galten.

Die Ahlener Synagoge nach der Pogromnacht vom 9. November 1938

Jüdische Lebenswege in Westfalen

Jüngere Menschen verabschiedeten sich oft leichter als ihre Eltern von der trügerischen Hoffnung auf eine Zukunft in Deutschland. Nach 1933 bereiteten sich in Hachscharah-Zentren (etwa in Paderborn) Tausende jüdische Jugendliche auf eine Auswanderung nach Palästina und auf eine berufliche Zukunft in Landwirtschaft und Handwerk vor.
In den ständig durch Auswanderung und Deportationen verkleinerten jüdischen Notgemeinschaften wechselten Verzweiflung und Zuversicht: Die Hoffnung, die NS-Politik werde aus wirtschaftlichen, außenpolitischen oder moralischen Gründen den antisemitischen Terror nicht weiter steigern, wurde immer wieder enttäuscht.
Auch jüdische Nazigegner beteiligten sich am politischen Widerstand. Den diskriminierenden Regeln des NS-Systems zu widerstehen, konnte aber auch heißen, sie im Alltag, oft unter Lebensgefahr, zu ignorieren. Mehrere tausend deutsche Juden entzogen sich während der Kriegsjahre der Erniedrigung und Ermordung, indem sie in den Untergrund abtauchten.

Neues Selbstbewusstsein
Angesichts der nationalsozialistischen Diffamierung und Ausgrenzung betonten zahlreiche Juden verstärkt ihre Zugehörigkeit zum Judentum. Sie waren bestrebt, sich von neuem jüdisches Wissen anzueignen.
Für nahezu alle Lebensbereiche gründete man nun jüdische Einrichtungen. Die jüdischen Kinder und Jugendlichen, die aus den Sport- und Jugendverbänden ausgeschlossen und auch in der Schule diskriminiert wurden, konnten in den jüdischen Freizeiteinrichtungen zumindest einige Stunden am Tag die bedrückende Wirklichkeit im nationalsozialistischen Deutschland vergessen.
Eine der größten Sorgen des jüdischen Selbsthilfewerks galt daher auch dem Schulwesen. Die fortschreitende Ausgrenzung gefährdete die Bildung und damit die beruflichen Chancen der Jugend. Diese Entwicklung führte zu einer ganzen Reihe von Neugründungen jüdischer Schulen. 1935 gingen bereits 50 Prozent der jüdischen Volksschüler auf eine jüdische Schule. Problematischer gestaltete sich die Lage für die jüdischen Gymnasiasten. In nur acht deutschen Städten, darunter Köln, gab es jüdische Oberschulen. Diese konnten aber nicht alle Schüler aufnehmen, die ihre bisherigen Schulen verlassen mussten. Viele mussten auf das Abitur verzichten, wechselten zur Volksschule, begannen eine Berufsausbildung oder bereiteten sich in den Hachscharah-Lagern auf ihre Auswanderung vor.

Die Ausgrenzung der Juden aus dem kulturellen Leben und die Arbeitslosigkeit jüdischer Künstler und Schauspieler führten im Sommer 1933 zur Gründung des „Kulturbundes deutscher Juden“. Den unter Berufsverbot leidenden Künstlern, aber auch dem jüdischen Publikum erschlossen sich mit dem Kulturbund Freiräume, die zumindest etwas Ablenkung und ungestörten Kunstgenuss zu ermöglichen vermochten. Das Programm stand unter der Aufsicht des Reichspropagandaministeriums. So wurde schon bald die deutsche Romantik verboten und 1936/37 auch die deutsche Klassik aus dem Repertoire gestrichen.
Da der Kulturbund aber auch Theater- und Musikstücke aufführen konnte, die von den Nationalsozialisten verboten worden waren, gab es einen durchaus abwechslungsreichen und spannenden Spielbetrieb.

Die Deportation der westfälischen Juden
Im Jahr 1933 lebten in Westfalen-Lippe rund 18.800 Juden. Bis Mai 1939 hatte sich ihre Zahl auf unter 50 Prozent verringert. Damit hatte mehr als die Hälfte aller westfälischen Juden die angestammte Heimat bereits verlassen müssen. Zwischen dem Pogrom vom 9. November 1938 und dem Kriegsbeginn am 1. September 1939 sank die Zahl der jüdischen Einwohner in Westfalen-Lippe noch einmal dramatisch ab. Nach Kriegsbeginn planten die Behörden die Zwangsverschickung der Juden, zynisch als „Evakuierungsmaßnahme“ bezeichnet.
Am 13. Dezember 1941 begannen die Deportationen nach Osten in Ghettos und Vernichtungsstätten wie Riga, Izbica, Lodz und Minsk, seit 1942 auch nach Theresienstadt und Auschwitz-Birkenau. Den Opfern war jegliche Möglichkeit zur Auswanderung oder zur Gegenwehr versperrt.
Die Nutznießer der Deportationen waren NSDAP-Parteigenossen, Familien mit Beziehungen, „Ausgebombte“. Sie erhielten die Möbel der Deportierten oder gar deren Wohnungen zugewiesen. Den Opfern wurden an den Sammelpunkten ihre letzten Habseligkeiten abgenommen. Die Begleitkommandos der Deportationszüge konnten mit Leichtigkeit erkennen, dass die Menschen nicht „umgesiedelt“ werden sollten, sondern in den Tod fuhren.
Nur wenige überlebten und kehrten in die angestammten Orte in Westfalen zurück.
Dennoch begann schon bald nach 1945 ein erster, zögernder Aufbau jüdischer Gemeinden - ohne Zukunft, wie es zunächst schien: Bis 1990 zählte die jüdische Gemeinschaft in Deutschland nicht mehr als 30.000 Mitglieder.

Entscheidung für ein neues Leben
Jenny Aloni (1917-1993)

Jenny geb. Rosenbaum wurde am 7. September 1917 in Paderborn geboren und war von 1924 bis 1935 Schülerin der katholischen Vorschule und des Oberlyzeums St. Michael. Ihre Eltern Moritz und Henny Rosenbaum gehörten zum jüdischen Bürgertum der Stadt, die Familie war seit Jahrhunderten in Westfalen ansässig. Jennys Vater betrieb eine „Rohproduktenhandlung“, einen Handel mit Fellen und Altmetall.
Seit den Jugendjahren bemühte sich Jenny Rosenbaum, ermutigt von einer verständnisvollen Lehrerin, ihr Leben in Tagebüchern und Gedichten zu reflektieren. Bereits den Tag der nationalsozialistischen Machtübernahme hat die wache und politisch interessierte Fünfzehnjährige als Bruch erlebt. Wegen der wachsenden Anfeindungen in den 1930er Jahren brach sie die Schule ab und fasste den Plan, nach Palästina auszuwandern.

Jugendfoto von Jenny Aloni; Beschriftung auf der Rückseite: Jenny Rosenbaum Bachstr. 2

Moritz und Henny Rosenbaum, mit zwei ihrer drei Töchter

Auswanderung?
Jenny engagierte sich in der zionistischen Jugendbewegung und nahm 1935 zur Vorbereitung ihrer Auswanderung an einem Hachscharah-Lager teil.
Die 17-Jährige, schon länger Mitglied einer jüdischen Pfadfindergruppe, entschloss sich zu diesem Schritt gegen den Willen ihrer Eltern; Jenny arbeitete mehr als ein Jahr lang als Praktikantin in

„Gut Winkel“, einem Ausbildungslager bei Berlin, erteilte dort auch Unterricht und qualifizierte sich für den Obst- und Gemüsebau. Mit Rücksicht auf ihre Eltern stellte sie ihre Auswanderungspläne aber noch zurück, besuchte in Berlin die Schule der „Israelitischen Synagogengemeinde Adass Jisroel“ bis zum Abitur, nahm teil am kulturellen Leben der Stadt und lernte Hebräisch und jüdische Geschichte.
Für die „Jüdische Jugendhilfe“ arbeitete sie mehrere Monate als Betreuerin im Ausbildungslager Schneebinchen in der Niederlausitz. Als eine „glückliche Insel“, auf der die schreckliche Umgebung der Nazi-Diktatur zeitweise vergessen werden konnte, hat sie diesen Ort bezeichnet - trotz der schwierigen Probleme, mit denen die Jugendlichen dort konfrontiert waren: Viele hatten noch Familienangehörige, die sie nicht zurücklassen wollten, jede Auswanderungschance konnte die letzte sein, die Auswahl der Zielorte war längst keine freie mehr.

Hachscharah-Lager
Zu den Projekten jüdischer Selbstbehauptung während der Nazi-Zeit gehörten die etwa 30 über das ganze Reichsgebiet verstreuten Hachscharah-Lager, in denen junge Juden auf die Emigration vorbereitet wurden. Getragen von zionistischen Jugendorganisationen bemühten sie sich, mit Sprachunterricht, handwerklicher Ausbildung und landwirtschaftlicher Arbeit die Grundlagen für die „Alijah“ (hebr. „Aufstieg“) genannte Auswanderung nach Palästina zu vermitteln.
Solche Lager existierten u.a. im Großraum Berlin, aber auch in Paderborn. In großen Städten wie Berlin gab es solche berufsvorbereitenden Angebote in Form von Kursen; für Mädchen und Frauen stand manchmal auch die eher traditionelle Vorbereitung auf Haushalt und Hauswirtschaft im Vordergrund.
Schon früher waren in der Geschichte der jüdischen Diaspora immer wieder Stimmen laut geworden, die den Juden zu einer beruflichen Umorientierung rieten. Mit der Entrechtung der Juden ab 1933 und dem nationalsozialistischen Druck zur Emigration stellte sich das Problem neu, weil in vielen Auswanderungsländern eher praktisch-handwerkliche Tätigkeiten erwartet wurden. Dieser Zwang wurde gelegentlich auch ideologisch überhöht zu einem Programm kultureller Erneuerung der „Großstadtmenschen“.

„Es waren nicht mehr die gleichen Straßen."
Während sie in Berlin lebte, besuchte Jenny Rosenbaum regelmäßig ihre Eltern in Paderborn, zuletzt in den Tagen nach dem Pogrom vom 9. und 10. November 1938. Das Haus ihrer Eltern war großenteils zerstört, Wohnungseinrichtung und Geschäft waren zertrümmert. Ihr Vater und ihr Onkel waren in das Konzentrationslager Buchenwald gebracht worden, die erzwungene Geschäftsaufgabe stand bevor. 1939 konnte Jenny endlich ausreisen. Fast alle Familienangehörigen wurden ermordet, die Eltern und ihre Schwester Irma vermutlich in Auschwitz.

Erstausgabe „Der blühende Busch", 1964

Mit der Ankunft in Palästina stellten sich für Jenny Rosenbaum die Probleme der meisten Einwanderer: das Erlernen der hebräischen Sprache, die Gewöhnung an ein fremdes Land, finanzielle Sorgen. Zunächst schlug sie sich mit Gelegenheitsarbeiten durch; mit Hilfe eines Stipendiums konnte sie ein Studium aufnehmen und leistete daneben noch freiwillige Sozialarbeit.
1942 meldete sie sich zum Sanitätsdienst in einem Militärkrankenhaus der britischen Armee; ab 1946 besucht sie eine Schule für Sozialarbeit. 1948 heiratete sie Esra Aloni, 1950 wurde ihre Tochter Ruth geboren. 1948 bis 1950 arbeitete sie in der Jugendfürsorge.

Jenny und Esra Aloni, 1968

Daneben schrieb sie Erzählungen und Skizzen. Auch in späteren Jahrzehnten, als sie bereits eine anerkannte Schriftstellerin war, setzte sie ihre Arbeit mit psychisch Kranken fort. Seit 1957 lebte sie in Ganei Yehuda nahe Tel Aviv. Nach anfänglichen Versuchen, in Hebräisch zu schreiben, verfasste Jenny Aloni ihre Werke in deutscher Sprache. Dennoch handeln sie meist von Israel, von der Integration der Menschen unterschiedlichster

Herkunft in einem neuen Gemeinwesen, von den Kriegen um die Behauptung in einer feindlichen Umgebung. Die Dramen des jüdisch-palästinensischen Konflikts werden zum Gegenstand ihrer Erzählungen und Gedichte, ebenso Erfahrungen der Einsamkeit und der gesellschaftlich Randständigen.
Mehrfach besucht sie ab 1955 Deutschland, auch ihre Heimatstadt Paderborn. Seit 1956 erscheinen ihre Werke in (West-)Deutschland. Seit den 1960er Jahren hat sie sich - wohl ausgelöst durch den Eichmann-Prozess in Jerusalem - verstärkt mit den verschütteten Erinnerungen an ihre Jugend in Paderborn auseinander gesetzt und diese literarisch verarbeitet.
Die 1980er Jahre bringen ihr zunehmende Anerkennung in Deutschland. Die Neue Zürcher Zeitung zählt sie 1993 zu den „profiliertesten Erzählerinnen ihrer Generation". Zu den vielen Auszeichnungen für ihr dichterisches Werk gehört unter anderem der Annette von Droste-Hülshoff-Preis. Am 30. September 1993 starb Jenny Aloni im Alter von 76 Jahren.

Zum Weiterlesen:
Jenny Aloni/Hartmut Steinecke, „...man müßte einer späteren Generation Bericht geben". Ein literarisches Lesebuch zur deutsch-jüdischen Geschichte und eine Einführung in Leben und Werk Jenny Alonis, Paderborn 1995.

Jenny Aloni in ihrem Arbeitszimmer, etwa 1980

Unter fremdem Namen
Marga Spiegel (geb. 1912)

Marga Spiegel zählt zu den wenigen westfälischen Juden, die, um der Deportation zu entgehen, während des Krieges untertauchen konnten und überlebten. Nach 1945 fand kaum einer von ihnen die Kraft, über seine Erlebnisse zu berichten - nicht zuletzt wegen der abwehrenden Haltung der deutschen Öffentlichkeit.
Einzigartig sind daher ihre bereits 1964/65 veröffentlichen Erinnerungen, die in 17 Folgen in der Münsterischen Bistumszeitung „Kirche und Leben" erschienen. 1969 folgte die Buchausgabe unter dem Titel „Retter in der Nacht". Darin beschreibt sie, wie sie unter dem Namen „Margarete Krone" gemeinsam mit ihrer Tochter und ihrem Mann Siegmund, einem Pferdehändler aus Ahlen, auf den Bauernhöfen früherer Geschäftskunden Zuflucht fand.

Oberaula - der Heimatort

Marga Spiegel, 1912 im hessischen Oberaula als Marga Rothschild geboren, entstammt einer uralt eingesessenen und gewerblich erfolgreichen Landjudenfamilie Nordhessens. Die Familie Rothschild betrieb über mehrere Generationen eine Färberei für die traditionellen Blau- und Buntdrucke. Marga Spiegel, geborene Rothschild, gehörte von ihrer Familientradition zu jener Schicht deutscher Juden, die sich in Deutschland angekommen wähnten. „Wir waren doch auch gute pflichttreue Deutsche, sogar deutsche Patrioten." Als sie erstmals wählen durfte, fragte sie ihren Vater, wie sie denn wählen sollte? Natürlich deutsch-national, antwortete dieser, ohne zu überlegen.

Elternhaus von Marga Spiegel in Oberaula, um 1914

Die Eltern wollten ihrer Tochter eine gute Schulausbildung ermöglichen. Sie ging von 1920 bis 1922 in Oberaula auf die Privatschule von Adele Dippel zur Vorbereitung auf die Höhere Schule. Anschließend besuchte Marga Spiegel ab 1924 das Lyzeum in Bad Hersfeld. Auf dieser Schule, es war noch die Zeit der Weimarer Republik, ertrug sie die mehr oder weniger offene Ablehnung und diffamierende Bemerkungen. In den Pausen standen die jüdischen Schülerinnern allein, es gab Bemerkungen der Lehrer wie „Judenkinder können doch nun einmal besser rechnen. Darum sind Juden ja auch so reich."

Marga Rothschild mit Mutter Cilly und Schwester Hannchen, um 1925

Die Ausgrenzungen und Diskriminierungen, die sie und ihre Familie in Oberaula nach 1933, zum Teil auch schon früher, trafen, haben die Familie schwer getroffen. Das Dorf stand spätestens seit 1930 völlig unter dem Banne Hitlers. Die Ergebnisse der Reichstagswahlen und der Reichspräsidentenwahl zeigen, dass dort weit mehr als die Hälfte der Wahlberechtigten sich für Hitler und die NSDAP entschieden. Die Mutter wurde noch in der Weimarer Zeit aus dem lokalen Heimatverein ausgeschlossen, Marga musste beim Abschlussball in Hersfeld die deprimierende Erfahrung machen, dass sie und die anderen jüdischen Mädchen nicht zum Tanzen aufgefordert wurden.

In ihren Erinnerungen berichtet Marga Spiegel von ihrer Verhaftung, den Verunglimpfungen, der Gefängnishaft des Vaters, vom frühen Tod der Mutter „an gebrochenem Herzen", den die Tochter auf die seelischen Belastungen der NS-Zeit zurückführte. Und auch ihr Elternhaus fiel der so genannten Arisierung zum Opfer.

Blutige Übergriffe

Im Vergleich mit anderen Regionen wie Westfalen oder das Rheinland war Hessen früh eine Hochburg des Nationalsozialismus. Auch in Oberaula kam es 1933 zu blutigen Übergriffen. Marga Spiegel erinnert sich an einen Nachbarn, der blutüberströmt in einem Straßengraben gefunden wurde; ein jüdischer Gastwirt verschwand nach seiner Verhaftung spurlos.

Im Herbst 1933 wurde Margas Vater verhaftet und sechs Monate in ein Gefängnis nach Marburg verschleppt. Mutter und Tochter konnten ihn einmal besuchen. Wie es ihm dort erging, hat sie nie erfahren. Ihre Mutter sagte nur, es sei besser, wenn sie nichts wüsste. Kurze Zeit später kam ihr Vater erneut in „Schutzhaft".

Marga Spiegel konnte nach dem Abitur vorübergehend noch in Marburg studieren, da Kinder von Kriegsteilnehmern zunächst vom Hochschulverbot ausgenommen waren. Aber schon nach dem zweiten Semester musste sie die Hochschule verlassen.

Öffentliche Demütigungen

Ehemals „gute“ Nachbarn der Familie Rothschild wandten sich nun gegen sie und denunzierten sie wegen banaler Vorfälle oder mit frei erfundenen Anschuldigungen bei der Polizei. Unter dem Vorwurf, eine deutsche Familie beleidigt zu haben, holten zwei SA-Leute in Begleitung des Dorfwachtmeisters Marga aus dem elterlichen Haus und zerrten sie mit Trommeln und Trompeten durch die Straßen von Oberaula. Aus vielen Häusern ertönten Bravo-Rufe, in anderen Häusern wurden schnell die Fensterläden geschlossen, man sah weg.

Um 1936 wurde Marga verhaftet. Sie hatte in Bad Hersfeld den Bruder ihres Vaters besuchen wollen. Vor seinem Haus wurde sie von zwei Polizisten aus dem Auto gezogen und abgeführt. Ohne Angabe von Gründen musste sie mehrere Tage im Gefängnis verbringen. Erst nach drei Tagen konnte sie den „Kreisleiter“ nach dem Grund ihrer Inhaftierung fragen. Ein Mann aus ihrem Dorf hatte sie bei der Polizei mit einer erfundenen Anschuldigung

Kriegsfreiwilliger Siegmund Spiegel (unten Mitte) mit Kameraden, 1917

denunziert. Da der Vorwurf nicht bewiesen werden konnte, wurden die Polizisten angewiesen, Marga Spiegel freizulassen.

Die Hochzeit

In diese Zeit der zunehmenden Übergriffe fiel ihre Hochzeit mit Siegmund Spiegel aus Ahlen. Da Margas Mutter wegen einer Herzerkrankung nicht mehr reisen durfte, sollte die Hochzeit in Oberaula stattfinden. Es war alles vorbereitet. Siegmund Spiegel wollte mit seiner Familie am Nachmittag im Dorf ankommen. Sie blieben jedoch mit einer Panne kurz vor dem Ziel im Schnee stecken. Von einer Nachbarin heimlich informiert - jüdische Haushalte durften 1937 bereits keine Telefone mehr besitzen - machte sich Marga mit einigen Helfern auf den Weg. Doch sie wurden von einer Gruppe junger Nationalsozialisten verfolgt und bedroht: *„Wir waren so verängstigt , dass wir mit allen Verwandten in ein nahegelegenes Waldstück flohen und uns die ganze Nacht bis zum Morgen versteckt hielten. (...) Als dann der Morgen graute und die Bande abgezogen war, trauten wir uns wieder in unsere Autos und fuhren nach Hause, müde: wir waren alle in einer ganz niedergeschlagenen Stimmung. So gegen Mittag wurde dann bei uns im Zimmer die Trauung nach jüdischem Ritus vollzogen. Die Hochzeit glich keiner Feier mehr, eher einem Abschied in eine gefürchtete ungewisse Zukunft."*
Nach dem Tod ihrer Mutter zog Marga nach Ahlen. Ihre Mutter Cilly Rothschild starb mit nur 48 Jahren 1937 an einer Herzerkrankung, „an gebrochenem Herzen", wie Marga in ihren Erinnerungen festhielt.

Die Spiegels in Ahlen

Der Schwiegervater von Marga Spiegel, Simon Spiegel (geb. am 17. Januar 1846) kam mit seinen Brüdern Abraham und Herz aus dem nahe gelegenen Dorf Enniger nach Ahlen. Eine Generation später gehörten die drei Brüder und ihre Familien zu den etablierten und angesehenen Familien Ahlens. Sie repräsentierten den gewerblichen Mittelstand. Wie andere Juden auch waren die Spiegels in das städtische Leben integriert, u.a. im Bürgerschützenverein vertreten. Unter den neun jüdischen Gefallenen des Ersten Weltkriegs aus Ahlen waren drei Angehörige der Spiegels, darunter Nathan Spiegel, ein Bruder von Margas Ehemann.
1939 wurden die letzten Juden Ahlens vertrieben, die Stadt erklärte sich „judenfrei". Die meisten Vertriebenen zogen ins nahe Ruhrgebiet, unter anderem nach Dortmund. Hierhin gingen auch Marga Spiegel, ihr Ehemann Siegmund und die Tochter Karin.

Der Tod des Vaters

Im April 1938 zog Margas Vater, Siegmund Rothschild, zu Tochter und Schwiegersohn nach Ahlen. Einige Monate konnte er sich noch an seinem im Januar geborenen Enkelkind Karin erfreuen. Dann holte ihn die unbändige Verfolgungswut des Oberaulaner „Ortsgruppenführers" Konrad Wettlaufer auch in Ahlen ein. Während Siegmund Rothschilds Schwestern ein Affidavit für die USA erhielten und noch aus Deutschland herauskamen, wurde sein Antrag aufgrund der Intervention Wettlaufers abgelehnt. Nach seiner Verhaftung schaffte man ihn nach Oranienburg-Sachsenhausen. Von dort erhielt Marga Spiegel die Nachricht, dass ihr Vater am 12. Juli 1938 „an inneren Blutungen" gestorben sei.

Die Pogromnacht

In der Pogromnacht zerbrach der Glaube Siegmund Spiegels an sein deutsches Vaterland. Als Träger des Eisernen Kreuzes, das er mit 18 Jahren als Kriegsfreiwilliger bekommen hatte, fühlte er sich sicher, wie er immer wieder betonte. Doch am 9. November 1938 drang in der Nacht eine Horde SA-Leute auch in die Wohnung der Spiegels ein, demolierte die Einrichtung und schlug Siegmund Spiegel brutal zusammen.

Alle jüdischen Männer Ahlens kamen in das dortige Gefängnis; sie sollten in die Konzentrationslager weitertransportiert werden. Dank des zuständigen Gefängniswachtmeisters blieb ihnen dieses Schicksal erspart. Er zögerte den Abtransport immer wieder hinaus, bis es hieß, es gebe zu wenig Platz in den Lagern, die Männer könnten entlassen werden.

Vor dem Untertauchen

Am 27. Oktober 1941 wurde Margas einzige und jüngere Schwester Johanna nach Litzmannstadt deportiert. Am 27. Oktober ging ihr Transport. Margas Ehemann, Siegmund Spiegel, hatte bei der Dortmunder Firma Sommer, einer Firma, die Zechentürme entrostete, eine Stelle bekommen. Die schwere und gesundheitsgefährdende Tätigkeit schützte ihn eine Zeitlang vor der Verschleppung. Der Firmeninhaber Sommer forderte ihn immer wieder an, doch 1943 erhielt die Familie zum 27. Februar den Aufruf zur Deportation.

Die Deportation seiner Schwägerin Johanna hatte bei Siegmund Spiegel wohl endgültig den Gedanken aufkommen lassen, dem Aufruf zum Abtransport nicht zu folgen. Als die Auswanderung noch möglich war, Marga Spiegel hatte bereits eine Einreisegenehmigung für Palästina besessen, erklärte er noch öffentlich,

Auf dem Hof Aschoff, 1943. Von links: Elisabeth Aschoff, Karin Spiegel, Marga Spiegel, unbekannt

Siegmund Spiegel und Tochter Karin nach der Befreiung, 1945

dass er als Kriegsfreiwilliger und Träger des Eisernen Kreuzes geschützt sei, niemand werde Hand an ihn legen. Nachdem eine Ausreise nicht mehr möglich war, machte sich Spiegel bittere Vorwürfe und suchte nach anderen Möglichkeiten, seine Familie zu retten.
Seine Kontakte als Pferdehändler zu den Bauern sollten ihm dabei sehr nützlich werden. Von einigen erhielt er die Zusage, dass sie ihn verstecken würden. Schwieriger gestaltete es sich, für seine Frau und die fünfjährige Tochter eine Bleibe zu finden. Doch auch dies gelang nach einiger Zeit.

Der Weg ins Ungewisse

Am 27. Februar 1943, dem Tag an dem sich auch die Familie Spiegel um 9 Uhr am Dortmunder Schlachthof zu melden hatte, begann der Weg ins Ungewisse. Die Familie musste sich trennen. Siegmund hatte Zusagen von ihm bekannten Bauern. Sie wollten ihn auf ihren Höfen verstecken. Mit einem fünfjährigen Kind war ein Untertauchen nicht möglich. Marga und ihre Tochter Karin mussten als Bekannte, Ausgebombte oder Evakuierte bei den Familien, die helfen wollten, Schutz suchen.
Fünf Familien zwischen Nordkirchen und Herbern, Ascheberg und

Marga Spiegel

Unterschrift
(Signature)

Vor- und Zuname: Marga Spiegel
(Christian name Family name)
Wohnort: Ahlen/Westf.
(permanent)
Straße: Vorhelmerweg No.10
(address)

Der Obengenannte ist zur Sonderhilfe berechtigt vom Kreissonderhilfsausschuß
(The above mentioned is entitled to special benefits on the authority of Kreis-Special Assistance Committees

Beckum

Datum: 9. Dezember 1947
(Date)

Vorstand
(Chairman)

Mitglieder
(Members)

Kennkarte Nr.: AJ.625 490 [illegible]

Registrierschein Nr.:

Serie (Serial)	Einzelheiten (Detail)	Stempel d. V. (Committee Stp)
1 Betr.: Kreisernährungsamt (Apply to Kreis-Food Office)	Mittelschwere Arbeiter (Medium Heavy Workers) Rationen (Ration Cards) von 12. 9. 1946 (from) bis (to)	
2 Betr.: Kreis-Wohnungsamt (Apply to Kreis-Wohnungsamt)	Wohnungsvorrecht (Housing Priority) für .... Personen (for)	
3 Betr.: Kreis-Arbeitsamt (Apply to Arbeitsamt)	Anstellungsvorrecht (Priority Employment)	
4 Betr.: Kreis-Wohlfahrtsamt (Apply to Kreis-Wohlfahrtsamt)	Besondere öffentliche Unterstützung (Special Public Assistance a) für .... Wochen (for) (weeks) b) erneuert für .... Wochen (renewed) (for) (weeks) c) dauernd (permanent)	

Sonderausweis von 1947 für politisch, rassisch und religiös Verfolgte

Werne hatten ihre Unterstützung zugesagt. Marga und Karin Spiegel verbrachten viele Monate auf dem Hof der Familie Aschoff bei Herbern. Die Aschoffs stellten sie als Margarete und Karin Krone, Ausgebombte aus Dortmund, vor. Zwischenzeitlich wechselten sie zu anderen Familien, um nicht zu sehr aufzufallen.

Die Rolle meines Mannes
Mich bedrückt heute, dass durch mein Buch „Retter in der Nacht" der Eindruck entstanden ist, unser Überleben sei vor allem mein Werk. Richtig ist dagegen, dass der Gedanke, sich der tödlichen Verfolgung zu entziehen, allein von meinem Mann kam. Ich machte mit, weil er es so wollte, glaubte aber eigentlich nicht an das Gelingen.
Was meinen Mann zum Handeln trieb, waren die großen kindlichen Augen unserer Tochter. Er sagte einmal: „Wenn mir meine Kleine sagte, sie habe Hunger, und ich könnte ihr nichts zu essen geben - das hielte ich nicht aus." Ohne die Verantwortung für das Kind hätte er vielleicht alles nie unternommen.

Er hatte nach dem ersten Hinweis auf die Todestransporte das durch nichts mehr zu erschütternde sichere Gefühl, dass uns allen der Tod bevorstand, wenn wir uns den Transporten nicht entzögen. Mein Mann war ein ungemein natürlicher Mensch, beileibe kein Intellektueller, aber er durchschaute instinktiv, was die Nationalsozialisten planten.
Als es im Februar 1943 hieß, die Arbeitspapiere sollten überprüft werden, wusste er, was die Stunde geschlagen hatte. Für ihn war dies das Signal unterzutauchen. Ich war dagegen, ja stritt mit ihm: „Hier steht doch schwarz auf weiß, dass nur die Papiere überprüft werden sollen." Er glaubte dem nicht, und er hatte recht. Er durchschaute die Finte. Der Transport, der letzte, der Dortmund verließ, ging nach Auschwitz. Vielleicht hätte er selbst dort überlebt, was freilich unwahrscheinlich ist. Aber Karin und ich hätten keine Chance gehabt. Mütter mit Kindern wurden immer ins Gas geschickt.
Ich wäre dem Herdentrieb gefolgt wie alle anderen, vor allem, wenn ich mit meinem geliebten Schwesterlein hätte gehen können. Vielleicht rettete es mir das Leben, dass sie so früh von Essen aus deportiert wurde.
Dies war die zweite Wende im Leben meines Mannes, was sein Verhältnis zum Hitlerreich betraf. Die erste war die Pogromnacht 1938: in ihr zerbrach, als er in seiner eigenen Wohnung überfallen und bitterlich geschlagen wurde, seine bis dahin unerschütterliche Gewissheit, als Frontkämpfer des Weltkrieges und Träger des Eisernen Kreuzes mit seiner Familie geschützt und unantastbar zu sein. Jetzt im Oktober 1941 wusste er, dass es um das nackte Überleben ging. Unermüdlich fuhr er mit dem Rad, den Judenstern verdeckt, über das Land zu den Bauern, die ihn von früher her schätzten. Zugute kam ihm seine tiefe Vertrautheit mit Land und Leuten. Auch in dunkler Nacht fand er die Wege. Hier im südlichen Münsterland bei Hubert Pentrop erhielt er auch das Angebot, geschützt und versorgt zu werden, wenn dies nötig sei. Immer wieder versicherte er sich: „Et blifft doch debie?" Dass es dabei blieb, war die Hoffnung, die dann auch nicht trog.
Immer wieder trainierte er unsere knapp fünfjährige Tochter Karin für ihre neue Identität. Mir stand hier meine Wahrheitsliebe im Wege. Ich hätte dies nicht so vermocht. Kurz, dass wir überlebten, war in erster Linie das Verdienst meines Mannes. Ich hatte am Anfang nur keine andere Wahl als ihm zu folgen.

Gelegentlich kam es auch zu kritischen und gefährlichen Situationen, die die Nerven der Helfer bis zum Äußersten belasteten. Nicht immer waren diese der Situation gewachsen, so dass Mutter und Kind den Hof verlassen und anderweitig Schutz suchen mussten. Obwohl eine ganze Reihe von Menschen die wahre Identität der beiden kannte, wurden sie nicht verraten. Auch Siegmund Spiegel musste mehrere Male sein Versteck wechseln. Einmal drohte Verrat durch einen Pflichtjahrjungen, ein anderes Mal sollte es eine Einquartierung von Soldaten geben, oder aber der Hausherr hatte doch zu große Angst.
Hin und wieder waren kurze Besuche zwischen den Eheleuten möglich. Dabei konnte Siegmund seine Tochter aus dem Versteck heraus beobachten. Im April 1945 ging die Zeit der Angst und Ungewissheit nach 27 Monaten zu Ende.
Siegmund und Marga Spiegel kehrten mit ihrer Tochter Karin nach Ahlen zurück. Dort warteten sie auf weitere Familienangehörige. Doch von den 37 deportierten Verwandten kehrte niemand mehr zurück. In ihren Erinnerungen sprach Marga Spiegel immer wieder über die Menschen, die geholfen hatten:
„Dem unerbittlichen Verfolger gegenüber stehen unsere Retter. Aus Verantwortungsbewusstsein, Glaubens- und Gewissensgründen, vielleicht auch im Bewusstsein des schrecklichen Unrechts, dessen Zeugen sie wurden, waren es stille Helden, die im Schatten blieben, ja um unseret- und ihrer selbst willen damals im Schatten bleiben mussten. Für mich waren sie Widerstandskämpfer. Sie setzten ihr Leben und das ihrer Angehörigen so entschlossen aufs Spiel wie die Verschwörer beim Attentat auf Hitler. Es kam hundertfach vor, dass einzelne Juden von Deutschen vor den Verfolgern versteckt wurden unter beiderseitiger Lebensgefahr, aber dass eine ganze Familie so überlebte, sei sonst nicht bekannt.“
Das Leben ging für die Familie scheinbar normal weiter. Das Haus in Ahlen musste wieder hergerichtet, der Pferdehandel neu aufgebaut werden. Es kam ein zweites Kind, Sohn Daniel. Doch antisemitische Hetze sollte die Familie viele Jahre später erneut treffen. 1966 gab es zwei antisemitische Drohanrufe. Als Täter konnte ein 26jähriger Polizist der Ahlener Wache ermittelt werden.
Siegmund Spiegel starb 1982 im Alter von 83 Jahren. Seine Frau wohnt seit vielen Jahren in Münster, die Tochter starb 2005, der Sohn lebt auf Teneriffa.

Zum Weiterlesen:
Marga Spiegel, Retter in der Nacht. Wie eine jüdische Familie im Münsterland überlebte. Hrsg. von Diethard Aschoff. Münster 1999.

Aufwachsen in „Feindesland“
Imo Moszkowicz (geb. 1925)

Imo Moszkowicz, 1925 in Ahlen geboren, wuchs in einer armen Familie ostjüdischer Herkunft auf. Sein Vater Benjamin, der - wie viele andere Juden aus Osteuropa - 1914 als Kriegsgefangener in die westfälische Kleinstadt gekommen war und zunächst im Bergbau arbeitete, baute nach einem Arbeitsunfall eine bescheidene Existenz als Schuster auf und konnte seine Frau und seine beiden ersten Kinder aus Polen nachkommen lassen. Die Moszkowiczs lebten zunächst in Baracken am Stadtrand von Ahlen. Die Familie bekam noch fünf weitere Kinder.

„Ostjuden“
Seit etwa 1900 gab es eine jüdische Einwanderung aus Osteuropa nach Deutschland - u.a. ausgelöst durch Pogrome in Russland und Hungersnöte. Im Ersten Weltkrieg bemühten sich die Behörden des Deutschen Reichs systematisch, osteuropäische Arbeiter für die Rüstungsindustrie anzuwerben - darunter auch viele Juden. Sie kamen vor allem aus dem österreichisch-ungarischen Galizien und Russland, ab 1918 auch aus den Bürgerkriegsgebieten der entstehenden Sowjetunion. Nach Gründung der Republik Polen flohen noch einmal Tausende jüdischer Männer, um der polnischen Armee und antisemitischen Pogromen zu entgehen.
Das Ruhrgebiet war Schwerpunkt ihrer Ansiedlung. 1915 gab es etwa 50.000 ostjüdische Arbeiter in Deutschland, 1922 ungefähr 150.000 Menschen. In den Industriegemeinden des Ruhrgebiets machten sie oft 30 bis 40 % der jüdischen Bevölkerung aus.
Der Begriff „Ostjuden“ verweist auf soziale und kulturelle Unterschiede, aber auch auf die Geringschätzung den Neueinwanderern gegenüber. Wer aber konnte angesichts der komplizierten Wanderungsprozesse europäischer Juden aus welchem Grund als „Ostjude“, wer als „Westjude“ bezeichnet werden? Der Schriftsteller Joseph Roth schrieb zur Problematik dieser Abgrenzung 1927: *„Wer ist ‚Westjude‘? Ist es derjenige, der nachweisen kann, dass seine Ahnen in der Lage waren, vor den westeuropäischen bzw. deutschen Pogromen im Mittelalter und später niemals fliehen zu müssen? Ist ein Jude aus Breslau, das lange Zeit Wroclaw hieß und eine polnische Stadt war, mehr*

Das jüdische Gemeindehaus Ahlen in der Klosterstraße 13 war von 1933 bis 1939 auch Wohnung der Familie Moszkowicz.

Westjude, als einer aus Krakau, das heute noch polnisch ist? Ist derjenige schon Westjude, dessen Vater sich nicht mehr erinnern kann, wie es in Posen oder in Lemberg aussieht? Fast alle Juden waren einmal Westjuden, ehe sie nach Polen und Russland kamen. Und alle Juden waren einmal ‚Ostjuden', ehe ein Teil von ihnen westjüdisch wurde. Und die Hälfte aller Juden, die heute verächtlich oder geringschätzig vom Osten sprechen, hatte Großväter, die aus Tarnopol kamen."

Die Ostjuden bauten oft eine eigene Struktur von Vereinen und Selbsthilfe-Organisationen auf; behördliche Willkür gehörte zu ihrem Alltag auch noch in der Demokratie der Weimarer Zeit. Für die jüdischen Gemeinden bedeutete die Einwanderung eine neue Vielfalt und an den meisten Orten auch religiöse und soziale Spannungen: Die neuen Gemeindemitglieder waren sprachlich und sozial Fremde und konnten z.B. mit den vorherrschenden liberalen Strömungen im deutschen Judentum nichts anfangen. Seit Mitte der 1920er Jahre veränderte sich die Berufsstruktur der Ostjuden allmählich, manchen gelang ein bescheidener sozialer Aufstieg durch den Wechsel in handwerkliche Berufe und in den Handel.

Schon vor 1933 hatte die Familie Moszkowicz mit materieller Not zu kämpfen, doch ihre Situation verschlechterte sich durch die antijüdische Politik der Nationalsozialisten. Alltägliche Demütigungen wurden in den 1930er Jahren selbstverständlich für den kulturell und literarisch interessierten Imo - eine Umgebung, die „mich immer hat frieren lassen", wie er später bekundete. Seine Familie war wegen ihrer Herkunft besonders von den antisemitischen Ausschreitungen und Beschimpfungen betroffen. Nur wenige Ahlener zeigten menschliches Verhalten.
Als Schuster konnte Benjamin Moszkowicz seine Familie nicht mehr ernähren. Wegen Mietschulden und der immer weiter gekürzten Wohlfahrtsleistungen musste die Familie ins jüdische Gemeindehaus umziehen.

„Unsere Koffer waren gepackt."
Anfang 1938 gelang es dem Familienvater, nach Argentinien zu emigrieren. Da in dieser Zeit die Einwanderungsregelungen wegen des wachsenden Auswanderungsinteresses der deutschen Juden ständig verändert wurden, verzögerte es sich immer wieder, seine Familie wie vorgesehen nachziehen zu lassen. Im November 1938 endlich waren die notwendigen Papiere und eine von jüdischen Hilfsorganisationen finanzierte Fahrkarte nach Hamburg und Schiffspassage nach Buenos Aires beisammen; doch die Familienwohnung im jüdischen Gemeindehaus wurde zusammen mit der Synagoge am 9. November 1938 von SA-Leuten verwüstet, einer seiner Brüder schwer verletzt, zwei Brüder verhaftet, die wichtigen Dokumente vernichtet. Damit scheiterte in letzter Minute der Plan, Benjamin Moszkowicz ins Exil zu folgen.
Imo Moszkowicz besuchte für einige Monate eine jüdische Schule in Dortmund und lernte das Tischlern. Vorübergehend kam die Familie in einem Obdachlosenheim unter; im

Imo Moszkowicz und sein Bruder Araron im Park von Ahlen, 1938

Herbst 1939 musste sie nach Essen umziehen, weil die Stadt Ahlen sich als „judenrein“ profilierte.
Die ersten Nachrichten über den Massenmord an den Juden waren bereits verbreitet, als seine Mutter Chaja und vier seiner Geschwister am 22. April 1942 nach Izbica im Bezirk Lublin deportiert und später in Vernichtungslagern ermordet wurden. Imo und zwei seiner Brüder leisteten Zwangsarbeit im Straßenbau und beim Energiekonzern RWE. 1943 wurde Imo Moszkowicz nach Auschwitz deportiert. Dort gab er sich als Zimmermann aus und überlebte so die Selektionen. Er musste im IG-Farben-Werk von Monowitz schwerste Transport- und Bauarbeiten durchführen. Bei Kriegsende wurde er mit anderen auf einen „Todesmarsch“ nach Westen geschickt. Er ist der einzige Überlebende aus seiner Familie.

Eine Nachkriegskarriere
Moszkowicz kehrte nach Deutschland zurück. Ihm gelang ab 1945 eine eindrucksvolle Karriere als Schauspieler und Regisseur für Theater, Film und Fernsehen. Er arbeitete neun Jahre lang als Regieassistent bei Gustaf Gründgens in Düsseldorf und inszenierte danach an vielen deutschen und ausländischen Theatern, unter anderm auch bei den Ruhrfestspielen.
Seit den 1950er Jahren arbeitet er vor allem als Film- und Fernsehregisseur, z.B. an Kinofilmen wie „Max der Taschendieb“ oder „Straße der Verheißung“, und an Fernsehserien wie „Graf Yoster gibt sich die Ehre“ oder „Kli-Kla-Klawitter“. Zusätzlich lehrt er an österreichischen Hochschulen.

Imo Moszkowicz zu Besuch in Ahlen mit den Schauspielern Werner Brüggemann und Christine Nikschat

Erst spät – in den 1990er Jahren – sah sich Imo Moszkowicz in der Lage, die Geschichte seiner Jugend aufzuschreiben und unter dem Titel „Der grauende Morgen“ zu veröffentlichen. Er unterstützte damit diejenigen, die seit den 1980er Jahren

nach den vergessenen Spuren der jüdischen Geschichte in seiner Heimatstadt Ahlen suchten. Vor allem lag ihm daran, den wenigen Helferinnen seiner Familie zu einem angemessenen Gedenken zu verhelfen. *„Wir, die Opfer, dürfen niemals aufhören das hohe Lied derjenigen zu singen, die in unserem Lande die Kühnheit hatten, ihre Mitmenschlichkeit zu bewahren.“* (Imo Moszkowicz im November 2003).
Im März 2006 wurde Imo Moszkowicz die Ehrenbürgerwürde der Stadt Ahlen verliehen.

Das Ehepaar Imo Moszkowicz und Renate Dadieu bei einem Besuch im Jüdischen Museum Westfalen 2005

Zum Weiterlesen:
Heiko Haumann, Geschichte der Ostjuden, München 1990.
Imo Moszkowicz, Der grauende Morgen. Autobiographie. Münster 2005.

Gehen oder Bleiben - die Nachkriegszeit

Die vielen bis 1933 organisch gewachsenen Gemeinden waren 1945 vernichtet. Die Gemeinden, die nach 1945 in Deutschland neu entstanden, hatten eine völlig andere Struktur. Sie waren klein und ihre Mitglieder meist ältere, der Verfolgung und Ermordung entronnene Personen und deren Familien, die Kinder meist nach 1945 geboren. Neben den in ihre Heimat zurückgekehrten deutschen Juden befanden sich in Deutschland rund 200.000 aus den Vernichtungslagern befreite jüdische Überlebende. Diese Menschen wollten wegen des aufflammenden alten Antisemitismus in Polen und anderen Staaten des sich bildenden Ostblocks nicht mehr in ihre Heimatländer zurückkehren. Sie warteten in Deutschland auf Möglichkeiten, in andere Länder auszuwandern. Viele von ihnen hatten kein Interesse an einem neuen jüdischen Leben in

Deutschland; andere schlossen sich vorübergehend den neugebildeten jüdischen Gemeinden an. In Nordrhein-Westfalen machten die „Rückkehrer“ im Gegensatz zu anderen Bundesländern ca. 70 Prozent der jüdischen Bevölkerung aus. Sie waren hier „zu Hause“ und wollten die Gemeinden, zumindest für die Übergangszeit, in der sie sich in Deutschland auf die Auswanderung vorbereiteten, wieder errichten. 1946 lebten im Gebiet des heutigen Nordrhein-Westfalen nur 2.500 der über 60.000 Juden vor der NS-Zeit.

Notgemeinschaften
Die ersten Gottesdienste fanden in Privathäusern statt. Immer wieder stand die Frage im Raum, ob auf Dauer ein Gemeindeleben in Deutschland möglich sein würde. So waren die Aufgaben der neuen jüdischen Gemeinden klar definiert. Sie sollten die Überlebenden sozial und religiös betreuen und ihnen bei der Ausreise behilflich sein. Stärker als alle Zweifel war schließlich der Wille einzelner, jüdisches Leben in Deutschland wieder aufzubauen. So konstituierten sich bald Gemeinden neu. 1948 gab es in Westfalen jüdische Gemeinden in: Bielefeld, Bochum, Detmold, Dortmund, Gelsenkirchen, Hagen, Hamm, Herford, Herne, Lemgo, Lippstadt, Minden, Münster, Paderborn, Recklinghausen, Siegen, Warburg und Witten.
Viele deutsche Juden waren trotz der katastrophalen Erfahrungen der NS-Zeit noch immer eng mit ihrer alten Heimat verbunden. Jedes positive Geschehen galt ihnen als Zeichen, dass in Deutschland jüdisches Leben wieder möglich sein würde. Im Dezember 1951 beschloss der Landtag in Düsseldorf, dass den nordrhein-westfälischen Synagogengemeinden auf Antrag die Rechte einer Körperschaft des öffentlichen Rechts verliehen werden könnten. Damit stellte das Parlament den Rechtszustand von vor 1933 wieder her. Am 19. Juli 1950 hatte sich in Frankfurt am Main ein neu geschaffenes Gremium mit dem Namen „Zentralrat der Juden in Deutschland“, mit Sitz in Düsseldorf, konstituiert. Im Oktober wählten die Delegierten Hendrik van Dam zum Generalsekretär, der dieses Amt ohne Unterbrechung 23 Jahre inne hatte.
Mit der Gründung des Zentralrates kam der Aufbau der wiedererstandenen jüdischen Gemeinden in Deutschland zu einem vorläufigen Abschluss. Zwar verstanden die meisten der in Deutschland lebenden Juden ihren Aufenthalt als nur vorübergehend, sprachen von einem Leben auf „gepackten Koffern“, doch die Konstituierung des Zentralrates sollte, wenn auch nur indirekt, andere Zeichen setzen.

Neue Synagogen

Auch wenn die Gründung jüdischer Gemeinden bei den Juden außerhalb Deutschlands auf zum Teil massive Ablehnung stieß, gab es in den fünfziger Jahren bei einem Großteil der jüdischen Überlebenden heftigen Widerspruch gegen diese Kritik. Sie hatten sich trotz mancher Schwierigkeiten für ein Leben in Deutschland entschieden. So entstanden Mitte der fünfziger Jahre die ersten Pläne für neue Synagogenbauten. In Westfalen konnten bis 1961 sechs Synagogen eingeweiht werden: Dortmund 1956, Minden und Gelsenkirchen 1958, Paderborn 1959, Hagen 1960 und Münster 1961. 1963 folgte die Einweihung der Synagoge in Bielefeld. In Recklinghausen und Detmold entstanden neue Betsäle in den Gemeindehäusern.

Dennoch waren die Prognosen für die Zukunft der jüdischen Gemeinden ungünstig. Viele junge Juden, die die Schoa überlebt hatten, waren ausgewandert. Die Mitglieder waren überaltert, mehr als die Hälfte der Gemeindemitglieder war 60 Jahre und älter. Die mittlere Generation der 20- bis 40jährigen war kaum vertreten. Dies hatte unter anderem Auswirkungen auf den Nachwuchs: Es gab kaum noch Geburten. Durch die verstärkte Zuwanderung jüdischer Emigranten in den Jahren 1954 bis 1959 stieg die Zahl der Kinder wieder etwas an.

Viele jüdische Eltern übertrugen ihre eigenen Zweifel, nach der Schoa in Deutschland zu leben, auf ihre Kinder. Sie wünschten sich, dass diese nach Abschluss ihrer Ausbildung nach Israel auswanderten und damit das, was ihre Eltern nicht vermocht hatten, nachholten. So wuchs die erste jüdische Generation nach der Schoa in dem Bewusstsein auf, dass ihre Perspektive nicht in Deutschland liege. Bei etwa 28.000 Juden in Deutschland um 1960 war ein ausgeprägtes jüdisches Kulturleben kaum möglich, und auch die religiöse Betreuung war unzureichend. Es fehlten Rabbiner, Kantoren und geschulte Gemeindemitglieder, die ein jüdisches Leben erst möglich machen. Vor allem die Jugendlichen wuchsen meist ohne die für die Identitätsbildung so wichtigen Kontakte zu gleichaltrigen jüdischen Freunden auf.

Die jüdischen Gemeinden der fünfziger und sechziger Jahre glichen eher Notgemeinschaften, die ihre Existenzprobleme zu lösen hatten, als lebendigen, auf die Zukunft ausgerichteten Gemeinden. Die unterschiedlichen Strömungen in der jüdischen Religion, Kultur und Tradition, die sich außerhalb Deutschlands entwickelten, fanden hier kaum Widerhall. Vor diesem Hintergrund zeigten gerade junge Juden kaum Interesse an einer aktiven Gemeindearbeit.

Aufbruch?
Erste Anzeichen eines neuen Aufbruchs zeigten sich Ende der 1960er Jahre. Die erste Nach-Schoa-Generation hatte ihre Schulzeit beendet. Nun hieß es: „Gehen oder Bleiben". Die gesellschaftlichen Umbrüche der späten 1960er Jahre, die öffentliche und intensive Auseinandersetzung mit der NS-Vergangenheit blieb nicht ohne Wirkung auf die Jüngeren, vor allem auf die jüdischen Studenten. Ihre Zahl und damit auch ihr innerjüdisches Engagement nahm zu. Das anfängliche Zusammengehen mit linken Studentengruppen ging in der Folgezeit in dem Maße zurück, wie sich diese Gruppen mit den Palästinensern und den arabischen Staaten solidarisierten. Die jüdischen Studenten suchten jetzt ihren Platz in der jüdischen Gemeinschaft. Es dauerte nicht lange, und die ersten Vertreter der jüngeren Generation wurden in die Gremien der Gemeinden gewählt. Dies sollte das sichtbarste Zeichen dafür sein, dass die jüdische Gemeinschaft sich in Deutschland einzurichten begann.

Partei ergreifen als Jüdin und Demokratin Jeanette Wolff (1888-1976)

Ausweisbild von Jeanette Wolff, 1946

Jeanette Wolff aus Bocholt war die bedeutendste deutsch-jüdische Politikerin der Nachkriegszeit.
Als älteste von sechs Geschwistern erlernte sie den Beruf der Kindergärtnerin, den sie aber nur kurz ausübte. 1911 heiratete sie den Dortmunder Kaufmann Hermann Wolff; sie hatte mit ihm drei Töchter.

Ein politisches Talent
Geprägt vom politischen Engagement ihres Vaters, trat sie früh in die sozialistische Jugend und die sozialdemokratische Partei ein und wurde 1919 als erste Frau (und erste Jüdin)

in den Stadtrat von Bocholt gewählt. Schon seit 1912 engagierte sie sich im Jüdischen Frauenbund (JFB). Seitdem war Jeanette Wolff kontinuierlich an führender Stelle sowohl in der Arbeiterbewegung als auch in jüdischen Organisationen und der Sozialarbeit tätig. Sie bietet ein herausragendes Beispiel dafür, welche Rolle die „Zedaka" genannte Wohltätigkeit im jüdischen Leben spielt. Die meisten Mitglieder des von Bertha Pappenheim im Jahre 1904 gegründeten Jüdischen Frauenbunds entstammten dem Mittelstand. Der gemäßigt-bürgerliche Feminismus der hier versammelten Frauen erlaubte eine hohe Wertschätzung der Hausarbeit und deutliche nationale Akzente im Ersten Weltkrieg. Ende der 20er Jahre waren es mehr als 50.000 Frauen, die sich hier in sozialen Fragen, bei Bildungsthemen und in der Aufklärungsarbeit gegen den Antisemitismus engagierten.

1942/43 war Dortmund der Ausgangspunkt für Deportationen nach Osten. In langen Kolonnen marschierten die Menschen von den Sammelpunkten zum Bahnhof.

Die letzte Vorsitzende des Jüdischen Frauenbunds vor 1938, Ottilie Schönewald aus Bochum, kämpfte mit vielen anderen u.a. für das volle Stimmrecht der Frauen in allen jüdischen Gemeinden, das ab 1926 erst in einem Teil der Gemeinden eingeführt war. Die letzten Jahre des JFB bis zu seiner Zwangsauflösung 1938/39 waren geprägt vom Thema „Abschied" - die Sozialarbeit in den schrumpfenden jüdischen Gemeinschaften und die Vorbereitung von Auswanderungen standen im Zentrum der Arbeit.
Die Nationalsozialisten sperrten Jeanette Wolff schon im März 1933 für zwei Jahre in „Schutzhaft"; die jüdische Sozialdemokratin wurde von den Nazis zunächst vor allem als politische Gefangene behandelt.
Mit ihrer Familie wurde sie 1941 von Dortmund nach Riga in Lettland deportiert. Im dortigen Ghetto landeten viele der Transporte aus Westdeutschland aus Bielefeld, Kassel, Köln und Hannover. Katastrophale Bedingungen und unmenschliche Zwangsarbeit

bedrohten das Leben derjenigen, die den dort immer wieder angeordneten Massenerschießungen entgingen. Nach der Auflösung des Rigaer Ghettos überlebten Jeanette und ihre Tochter Edith Wolff auch die Konzentrationslager Kaiserwald bei Riga und Stutthof bei Danzig und einen der sogenannten „Todesmärsche“ am Ende des Krieg.

„Zedaka“

„Darum mache ich dir zur Pflicht, du sollst deinem notleidenden Bruder, der in deinem Land lebt, deine Hand öffnen“ - diese Aufforderung zu Wohltätigkeit und Gerechtigkeit im 5. Buch Mose spielt für Juden seit jeher eine zentrale Rolle. Dabei geht es nicht um individuelle Großzügigkeit der Besitzenden - den Besitzlosen wird eher eine Art Recht eingeräumt.

Zedaka-Sammeldose

Diese biblische Vorschrift bezog sich zunächst auf einfache Lebensverhältnisse: Den Fremden, Waisen und Witwen stehen die Reste der Ernte zu, in jedem siebten Jahr sollen die Armen den ganzen Ernteertrag erhalten. Die Auslegung dieser Pflicht führte später, unter veränderten gesellschaftlichen Verhältnissen, zu Armenkassen, Armenküchen und ähnlichen Einrichtungen. Geber und Empfänger sollen dieser Tradition gemäß möglichst nicht in ein direktes Verhältnis der Abhängigkeit geraten. Als höchste Wohltätigkeit aber gilt diejenige, die den Armen in die Lage versetzt, sich zukünftig selbst zu helfen. Auch persönlicher Beistand und Trost sind eine wichtige Form der „Zedaka“.

Jüdische Wohlfahrtsorganisationen sind ein Ausdruck dieser religiösen Pflichten. Auch in den nach 1945 wieder entstehenden jüdischen Gemeinden Deutschlands hatten sie eine große Bedeutung, waren doch zunächst die Mehrzahl ihrer Mitglied entwurzelte, eher zufällig nach Deutschland geratene Juden aus Osteuropa, die sprachlich, beruflich und sozial zu integrieren waren. Eine neue Herausforderung auch für die Zedaka war ab 1989 die Einwanderung von Juden aus den Nachfolgestaaten der Sowjetunion.

Für Freiheit und Versöhnung
Nach dem Krieg fand Jeanette Wolff ihre Heimat in Berlin - in der Sozialdemokratie und in der Jüdischen Gemeinde. „Mit Bibel und Bebel" - so lautete das Motto, unter dem Jeanette Wolff nun, nach Verfolgung, KZ-Haft und dem Mord an ihrem Mann und zwei Kindern, wieder in die Politik ging. Sie war zunächst Stadtverordnete in Berlin (1946-1951) und zog anschließend für die SPD in den Bundestag (1952-1961).
Schon im April 1946 appellierte sie an die Berliner Sozialdemokraten, die Menschen aus dem „Nazischutt" herauszuführen. Ihr Eintreten für einen freiheitlichen Sozialismus führte sie schnell in erbitterte Gegnerschaft zu den Kräften, die Sozialdemokraten und Kommunisten in einer Partei zusammenführen wollten: „Die eine Diktatur ist nicht besser als die andere". Diese antikommunistische Haltung trug der 60jährigen Politikerin in den erregten Monaten des Jahres 1948 Drohungen und körperliche Angriffe ein.
Als Politikerin setzte sie sich für Opfer-Entschädigungen und eine „Wiedergutmachung" des nationalsozialistischen Unrechts ein und arbeitete an den entsprechenden Gesetzen mit. Im Petitionsaus-

Besuch einer Kaufmännischen Berufschule in Berlin am 9. März 1961

Titelblatt des 1947 erschienen Lagerberichts „Sadismus oder Wahnsinn“ von Jeanette Wolff. Hier schildert sie Erlebnisse in den deutschen Konzentrationslagern.

Jeanette Wolff mit Traudl und Hans Rosenthal anlässlich ihres 75. Geburtstages 1963. Der berühmte Quizmaster folgte ihr im Amt des Vorsitzenden der Berliner Repräsentantenversammlung.

Auf dem Landesparteitag der Berliner SPD 1974 wird Jeanette Wolff von Bundeskanzler Helmut Schmidt begrüßt.

Jeanette Wolff (6. von links) als Politikerin im Kreise weiblicher Bundestagsabgeordneter in Bonn, um 1954.

schuss widmete sie sich mit großem Engagement den Sorgen „der kleinen Leute“. Im Ausland warb sie um Anerkennung des demokratischen Wiederaufbaus in Deutschland.
Mit der Autorität einer Überlebenden trat sie energisch für die Ansprüche der Opfer des Naziregimes ein. Sie protestierte vehement gegen neonazistische und die Nazi-Verbrechen verharmlosende Tendenzen, die in den 50er Jahren recht stark waren. Ihre antifaschistische Kompromisslosigkeit und ihr Plädoyer für mehr Frauenmacht in der Politik waren auch in der SPD umstritten.
Der Politikerin Jeanette Wolff war es wichtig, ihre Erfahrungen der Nazizeit und ihre Lehren daraus der jungen Generation zu vermitteln. In einem 1947 als Broschüre publizierten Bericht „Sadismus oder Wahnsinn. Erlebnisse in den deutschen Konzentrationslagern im Osten“ stellte sie auf präzise und nüchterne Weise ihr Schicksal und das ihrer Familie während der Nazizeit dar. Sie trat als Zeugin in einem der Nürnberger Kriegsverbrecher-Prozesse auf, hielt häufig Vorträge in Schulen und war Mitglied der christlich-jüdischen Gesellschaft.

„Kein Ghetto um uns selber bauen“

Sie übernahm zahlreiche politische und sozialpolitische Aufgaben in der jüdischen Gemeinschaft, u.a. in der Zentralwohlfahrtsstelle der Juden in Deutschland, zuletzt als stellvertretende Vorsitzende des Zentralrats der Juden in Deutschland (1965-1975), ebenso in dem 1953 neu gegründeten Jüdischen Frauenbund.
In der Berliner Jüdischen Gemeinde und den Dachorganisationen der Juden in Westdeutschland plädierte Jeanette Wolff immer wieder für einen selbstbewussten Beitrag der deutschen Juden zum demokratischen Neuaufbau Deutschlands.

„Kein Ghetto um uns selber bauen“

Jeanette Wolff (MdB) sprach in Frankfurt a. M.

Die Bundestagsabgeordnete Jeanette Wolff war am Samstagabend **Gast der Gemeinde** Frankfurt und sprach über das **Thema**: **„Der jüdische Mensch in der heutigen Diaspora“**. Es ist das Sie ist sich bewußt, auf Widerspruch zu stoßen, aber sie fordert „Aussprechen“ und „Ausdiskutieren“ und sieht darin den einzigen Weg zu wirklicher Verständigung.

Zeitungsausriss aus der Jüdischen Allgemeinen Wochenzeitung, 1957

Zum Weiterlesen:
Jeanette Wolff, Mit Bibel und Bebel. Ein Gedenkbuch, Bonn 1980.
Bernd Faulenbach (Hrsg.), „Habt den Mut zu menschlichem Tun“. Die Jüdin und Demokratin Jeanette Wolff in ihrer Zeit (1888-1976), Essen 2002.

Einen Neuanfang wagen
Rolf Abrahamsohn (geb.1927)

Rolf Abrahamsohn wurde am 9. März 1927 in Marl (Kreis Recklinghausen) als drittes Kind des Kaufmanns Arthur Abrahamsohn geboren. Seine Mutter Else geb. Gottschalk stammte aus Iserlohn, der Vater aus Märkisch Friedland. Schon die Ururgroßel-

Rolf Abrahamsohn, Anfang der 1950er Jahre

tern lebten in Deutschland, „so dass man von Deutschen sprechen muss, von Deutschen jüdischen Glaubens". So definiert Rolf Abraham sich selbst auch heute noch, trotz der demütigenden Erfahrung, ausgegrenzt und zur Vernichtung freigegeben worden zu sein und auch 60 Jahre „danach" noch an Kränkungen leidend, die

Das Kaufhaus der Familie Abrahamsohn an der Loestraße in Marl

seinen Verdacht bestärken, dass verkappte Nazigesinnung die Ursache ist.

Heimkehr und Neubeginn

Wie ist Rolf Abrahamsohn nach seiner Odyssee durch fünf Konzentrations- und Zwangsarbeitslager mit seinem Trauma fertig geworden? Als er krank und ausgemergelt als Achtzehnjähriger in der Festung Theresienstadt von der sowjetischen Armee befreit wurde, war er ohne jede Zukunftsperspektive:

Riga, Stutthof, Buchenwald, Theresienstadt

Im Januar 1942 wurden die westfälischen Juden aus den Städten des Ruhrgebiets und Westfalens zusammengetrieben und bei eisiger Winterkälte in ungeheizten Zügen nach Riga deportiert. Nach drei Tagen und drei Nächten trafen sie im Ghetto Riga ein, in dem zuvor ein großer Teil der dort zusammengefassten jüdischen Bevölkerung liquidiert worden war, um Platz für die Neuen zu schaffen. Rolf Abrahamsohn kam von hier ins berüchtigte KZ Kaiserwald und von dort unter dem Druck der heranrückenden sowjetischen Truppen nach Stutthof, wo die Hälfte der Häftlinge liquidiert wurde. Danach wurden die Überlebenden zurück ins Ruhrgebiet gebracht zur Zwangsarbeit bei der unprofessionell durchgeführten Entschärfung von Bomben, die viele das Leben kostete. Von Bochum wurde Abrahamsohn in das völlig überfüllte KZ Buchenwald verlegt, dann noch einmal zurück nach Bochum und von dort über Buchenwald zur Endstation seiner Odyssee nach Theresienstadt, wo er, kaum mehr lebend, von den sowjetischen Truppen befreit wurde.

ohne Schulabschluss, ohne Ausbildung, ohne Geld, ohne Familie oder Verwandte irgendwo, schon gar nicht im Ausland. Wohin sollte er gehen? Palästina war noch nicht Israel; dort drohte den illegalen Einwanderern neue Lagerhaft. Deshalb schlug sich der junge Mann durch nach dem Ort, der einmal sein Zuhause gewesen war, das es aber nicht mehr gab. Das Elternhaus war enteignet, arisiert, als „Braunes Haus“ Sitz der örtlichen NSDAP geworden. Doch es gab noch die leise Hoffnung, dass nach der Ermordung der Mutter in Riga-Kaiserwald wenigstens der nach Belgien emigrierte Vater und der Bruder Hans überlebt hätten. Erst viel später erfuhr er, dass man beide in Auschwitz umbrachte.
Nach der Rückkehr begann in Marl das Leben neu mit dem Kampf um die Rückerstattung des Eigentums und mit dem Wiederaufbau der bürgerlichen Existenz in den Fußstapfen des Vaters, der einst Handel mit Textilien und Schuhen betrieben hatte. Der Sohn stieg erfolgreich in die Textilbranche ein und fand einen tüchtigen Geschäftsmann als Kompagnon. Er gründete eine Familie und war bald ein bekannter und angesehener Bürger der Stadt Marl, des Ortes, aus dem seine Familie 1938 vertrieben worden war, und wo man sich dann offiziell als „judenrein“ gerühmt hatte.

In den 1970er Jahren verkaufte Rolf Abrahamsohn unter eigenem Markennamen Jeanshosen.

Neubeginn in der Gemeinde
In dieser Phase des Neubeginns fanden sich viele Überlebende bei ihrer Rückkehr völlig allein: Es gab keine jüdischen Gemeinden mehr. Ende 1945 waren von den 485 Mitgliedern der Recklinghäuser Synagogengemeinde zehn zurückgekommen. Mitte der achtziger Jahre waren es schließlich achtzig, aber danach stagnierte die Anzahl mit sinkender Tendenz. Das jüdische Leben schien mit dem Älterwerden der Überlebenden zu erlöschen. Gegen diesen Trend hatte sich jedoch schon 1946 in Recklinghausen wieder eine kleine Gemeinde zusammengefunden, die miteinander Gottesdienste feierte, zunächst in der Privatwohnung des Kaufmanns Ludwig de Vries, so wie es die Juden zu Beginn des 19. Jahrhunderts getan hatten, als sie nach Jahrhunderten der Ausgrenzung aus dem Vest Recklinghausen endlich die Niederlassungserlaubnis in den Städten Dorsten (1808) und Recklinghausen (1812) erhielten. Auch in den Städten Herne und Bochum bildeten sich kleine neue Gemeinden, die sich 1953 zur „Jüdischen Kultusgemeinde Bochum-Herne-Recklinghausen“ zusammenschlossen. 1955 konnte in dem zurückerstatteten jüdischen Gemeindehaus in der Nachbarschaft des Polizeipräsidiums eine kleine Synagoge - eher ein Betsaal - eingerichtet werden. Nach dem sprunghaften Anwachsen der Gemeinde auf tausend Mitglieder durch den Zuzug der jüdischen „Kontingentflüchtlinge“ aus den Ländern der ehemaligen Sowjetunion konnte der bisherige Betsaal durch eine neue, größere Synagoge ersetzt werden. Es ist dies die dritte Synagoge innerhalb von 117 Jahren. 1904 war die erste, 1880 eingeweihte, aber inzwischen zu klein gewordene Synagoge an der Ecke Herzogswall/Klosterstraße durch eine neue, größere Synagoge in der Limperstraße ersetzt worden. In der Pogromnacht wurde sie in Brand gesteckt und kurz danach abgebrochen. Die Abbruchkosten musste die Gemeinde tragen.

Gemeindevorsteher
1958 hatte Minna Aron, ebenfalls eine Überlebende, als Nachfolgerin von Ludwig de Vries die Leitung der kleinen Gemeinde übernommen. Mit fortschreitendem Alter wurde sie dabei mehr und mehr von Rolf Abrahamsohn unterstützt. Als sie 20 Jahre später im Jahr 1978 schließlich aus Altersgründen ihr Amt niederlegte, lag es nahe, dass Rolf Abrahamsohn ihre Nachfolge antreten sollte. Er selbst musste sich jedoch erst dazu durchringen, denn bei

seiner Rückkehr aus der Lagerhaft und dem Verlust aller Angehörigen konnte er nicht mehr an Gott glauben. Aber Minna Aron nahm ihn in die Pflicht. Er habe überlebt, sagte sie, und deshalb habe er eine Verpflichtung gegenüber den Toten.

In dieser Verpflichtung ist Rolf Abrahamsohn in den fast vierzehn Jahren seiner Vorstandstätigkeit zu einem tatkräftigen und weit über die jüdische Gemeinde hinaus engagierten und geachteten Gemeindevorsteher geworden, zu einem unentbehrlichen Initiator und Dialogpartner, der Brücken baut über alles Trennende hinweg, der sich in der Gesellschaft für jüdisch-christliche Zusammenarbeit engagiert, Mitglied im Kuratorium der Israel-Stiftung des Kreises Recklinghausen wird, bei der Städtepartnerschaft Akko-Recklinghausen die Jugendkontakte fördert und 1987 als Mitbegründer des „Vereins für jüdische Geschichte und Religion" die Entstehung des Jüdischen Museums Westfalen in Dorsten unterstützt.

Im Rahmen von Führungen stellte Rolf Abrahamsohn interessierten Gästen die Recklinghäuser Synagoge vor.

In einer Gedenkveranstaltung zur Pogromnacht 1938 übergab ihm der Vorstand des Vereins am 11. November 1990 die erstmals verliehene Julius-Ambrunn-Medaille, die im Gedenken an den letzten Dorstener Gemeindevorsteher Persönlichkeiten ehrt, die sich in Westfalen in herausragender Weise für jüdische Menschen und jüdische Belange eingesetzt haben. In seiner Laudatio charakterisierte der Regierungspräsident Erwin Schleberger den Mann und sein Schaffen: *„Sie haben nach dem Krieg von Anfang an am sozialen Leben wieder Anteil genommen, haben in Vereinen mitgewirkt, haben entscheidenden Anteil am Aufbau einer jüdischen Kultusgemeinde für Bochum, Herne und Recklinghausen, haben sich an vielen Stellen engagiert. Sie haben darauf verwiesen, dass man Begegnungen mit Menschen verschiedener Nationalität, verschiede-*

ner Auffassungen zustande bringen muss, dass solche Begegnungen Brücken schlagen, Brücken des gegenseitigen Verständnisses, Brücken der Freundschaft, Brücken, ohne die die Menschheit nicht leben kann. Darin liegt Ihr großes, Ihr bleibendes Verdienst." Als Brückenbauer bemühte sich Abrahamsohn 1990 mit hohem persönlichem Einsatz auch um die Aufnahme und Eingliederung der ersten jüdischen Zuwanderer aus den GUS-Ländern, verschaffte ihnen Aufenthaltsgenehmigungen und Unterkunft.

In einem Interview resümierte Abrahamsohn seine Aktivitäten im Anschluss an die Frage, was er nach 1945 gemacht habe: *„Ich habe Freunde im Ausland aufgesucht, habe im Sport ein wenig geholfen und habe Jugendbegegnungen aufgezogen, indem ich den Leuten im Ausland gesagt habe (...), macht einmal eine Jugendbegegnung mit Deutschland und dann werdet Ihr sehen, dass nicht alle Deutschen so sind, wie sie bei euch geschildert werden. Ich habe versucht - zu der damaligen Zeit schon -, Kontakte zu schließen. Deutsche mit Dänen oder mit anderen Staaten, was mir dann auch gelungen ist.*"

Später - 1983 - nannte Landrat Helmut Marmulla ihn in einem Dankschreiben den „Inbegriff deutsch-israelischer Völkerverständigung". Kurz nach der Auszeichnung mit der Julius-Ambrunn-Medaille verlieh der Regierungspräsident von Münster dem „Brückenbauer" das Bundesverdienstkreuz.

Zeitzeuge

Rolf Abrahamsohn hat die Mahnung von Minna Aron nicht vergessen. „Ich bin verpflichtet", sagt er und meint damit nicht die Gemeindearbeit. Wer überlebt, ist verpflichtet, Zeugnis zu geben. Abrahamsohn versteht sich als Zeitzeuge. Er geht zu den Menschen, in die Schulen, er spricht und erzählt und gibt in seinen Berichten Auskunft über das Leiden, aber auch über die Überlebenskraft eines Menschen, dem Unmenschliches zugemutet wurde.

Mit fortschreitendem Alter kann es sein, dass man sich mehr und mehr von seiner Vergangenheit entfernt. Es kann aber auch sein, dass die Vergangenheit einen immer stärker einholt. „Wissen Sie, was das Schlimmste ist?" fragte Rolf Abrahamsohn eine Interviewerin. „Mein Gedächtnis ist wie ein Computer. Ich kann nichts vergessen." Darum muss er reden, Zeugnis geben von einer Zeit, wie sie nie wieder kommen darf. „Fragt uns, wir sind die Letzten", sagte der Schriftsteller Hans Sahl, ein aus der Emigration zurückgekehrter Überlebender. Auch Rolf Abrahamsohn weiß, dass er zu den „Letzten" gehört. Deshalb geht er in die Öffentlichkeit, spricht vor Hunderten von jungen Menschen, denen er seine Geschichte erzählt, ohne Routine, sich dabei quälend, mit fahrigen Bewegungen. Schlafen fällt ihm schwer vor solchen Auftritten. Vielleicht wird im Vortrag gerade die immer neu durchlittene Qual des Unfasslichen spürbar, derart, dass junge Menschen ihm sagen und schreiben, sie würden das nie mehr vergessen.

Rolf Abrahamsohn bei einem Interview im Jüdischen Museum Westfalen im Dezember 2003

Rolf Abrahamsohn ist trotz allem zurückgekommen. „Zeitlebens stand er seiner Entscheidung, nicht auszuwandern, ambivalent gegenüber", so Paul Spiegel (1937-2006) als Präsident des Zentralrats der Juden in Deutschland in der Laudatio für seinen Freund Abrahamsohn an dessen 80. Geburtstag. Auf die Frage „warum" hat er zu verschiedenen Zeiten verschieden geantwortet. Seine Antworten offenbaren, dass es eine Entwicklung gibt von der Leiderfahrung der frühen Jahre über die aus der Tätigkeit gewachsene Distanzierung bis zur neuen bitteren Leidensphase des Alters: Was war, kann wieder passieren. Rolf Abrahamsohn redet, damit es nicht wieder passiert, - und *„damit die Nationalsozialisten von heute, die wir immer noch in einer ganz großen Zahl haben, nicht mehr die Nationalsozialisten von morgen sind, sondern von gestern bleiben"* (Interview vom 26.11.1984)
40 Jahre nach der Pogromnacht - am 9. November 1978 - hat die Rundfunkjournalistin Carmen Thomas in ihrer Sendung „Hallo Ü-Wagen" Abrahamsohn befragt. Seine Antwort wirkt gelassen wie die eines Menschen, der trotz allem mit sich und seiner Welt ins

Reine gekommen ist. *„Als ich aus dem KZ, aus der Tschechoslowakei entlassen wurde, sollte mein Aufenthalt in Deutschland eigentlich nur vorübergehend sein. (...) Nachdem ich aber ein halbes Jahr in Deutschland war, habe ich festgestellt, dass das, was ich in den viereinhalb Jahren KZ-Zeit vermutet hatte, nämlich alle Deutschen seien verhetzt worden, gar nicht stimmte. Darum bin ich in Deutschland geblieben und muss sagen, dass die Bevölkerung mir sehr wohlwollend gegenübergetreten ist. Mir persönlich ist kein Antisemitismus begegnet. Ich glaube, dass die Menschen, die etwas mit mir zu tun haben wollen, gerne mit mir zusammenkommen. Ich könnte mir vorstellen, wenn es hier Antisemiten gibt - und die gibt es zweifellos -, die werden einen großen Bogen um mich machen. Damit muss ich rechnen. Das ist aber nicht nur in Deutschland so, sondern auch in Amerika und England. Überall gibt es Verbohrte, die nicht nur gegen den Juden sind, sondern immer gegen jede Minderheit."*
Sechs Jahre später jedoch (1984) spürt man in einem Zeitzeugengespräch in Marl einen Unterton von Bitterkeit. „Wo sollte ich denn hin?" fragte er. *„Man hat mich (bei meiner Rückkehr) sehr wohlwollend aufgenommen in Recklinghausen, und nachdem ich gesund gepflegt war, habe ich mir überlegt: Was sollst du jetzt im Ausland? Die Amerikaner und die Engländer haben uns während der Nazizeit auch nicht die Hilfe gegeben, die hätte sein sollen. (...) Ich bin hier geblieben und habe mein Leben neu gestaltet und aufgebaut. Ob es richtig war? Im Nachhinein sage ich nein. Ich habe es machen müssen. Ich hatte ja keinen Beruf gelernt, ich habe ja keine Sprachen gekannt, ich habe ja keine Verwandten im Ausland gehabt. Ich war ja praktisch mittellos, krank und ohne Beruf zurückgekommen aus dem KZ. Die Ausländer haben nicht auf mich gewartet. Also bin ich hier geblieben und habe mir einen Beruf aufbauen müssen und habe auch einen Beruf bekommen. Und wenn man mich immer wieder fragt, warum ich in Deutschland geblieben bin, kann ich Ihnen immer nur sagen, ich hatte keinen Beruf, man hat im Ausland nicht auf mich gewartet. Vielleicht war ich auch zu feige, ins Ausland zu gehen."*
Die Vergangenheit hat Abrahamsohn am Ende eingeholt. Die Demütigungen, Diskriminierungen, Beleidigungen, die Unerträglichkeit all dessen, was er ertragen musste, hat Verstörungen verursacht, die ihn in schlaflosen Nächten heimsuchen wie Gespenster, braune Gespenster, und die ihn nicht mehr unbefangen sein lassen in der Begegnung mit Menschen - außer mit jungen Menschen, deren Betroffenheit und Anteilnahme ihm helfen, die Hoffnung trotz allem nicht zu verlieren.

Lese-Tipps

Aschoff, Diethard: Juden in Westfalen. Eine kurze Einführung, Münster 1985.
Standardwerk zur jüdischen Geschichte in Westfalen

Barbian, Jan-Pieter/Brocke, Michael/Heid, Ludger (Hrsg.): Juden im Ruhrgebiet. Vom Zeitalter der Aufklärung bis in die Gegenwart, Essen 1999.
Vielseitiger Sammelband mit systematischen und biografischen Beiträgen zur Region und einzelnen Städten

Battenberg, Friedrich: Das europäische Zeitalter der Juden. Zur Entwicklung einer Minderheit in der nichtjüdischen Umwelt Europas. In zwei Teilbänden, Darmstadt 1990.

Benz, Wolfgang: Was ist Antisemitismus? München 2004.
Aktueller Abriss heutiger Strömungen des Antisemitismus - auch zu beziehen bei der Bundeszentrale für politische Bildung

Bergmann, Werner: Geschichte des Antisemitismus, München 2002.
Überblick über die Geschichte des Antisemitismus von der frühchristlichen Antike bis zur Gegenwart mit einem Schwerpunkt auf dem 19. und 20. Jahrhundert

Grübel, Monika: Judentum, Köln 1996.
Handlicher „Schnellkurs" zu Geschichte, Religion und Festen, Kultur und heutiger Lebenswelt der Juden

Grübel, Monika/Mölich, Georg (Hrsg.): Jüdisches Leben im Rheinland. Vom Mittelalter bis zur Gegenwart, Köln 2005.
Ein Querschnitt geschichtlicher Skizzen von verschiedenen Autoren

Hertzberg, Arthur: Wer ist Jude? Wesen und Prägung eines Volkes, München 2002.
Eine religionswissenschaftliche Einführung in historische und aktuelle Fragen

Herzig, Arno: Jüdische Geschichte in Deutschland. Von den Anfängen bis zur Gegenwart, München 1997.

Herzig, Arno: Judentum und Emanzipation in Westfalen, Münster 1973.

Homolka, Walter/Seidel, Esther (Hrsg.): Nicht durch Geburt allein. Übertritt zum Judentum, München 1999.
Aufklärendes Buch zu der Frage, wer nach jüdischer Auffassung Jude ist.

Holzamer, Hans-Herbert (Hrsg.): Jüdisches Leben in Deutschland, München 2003.
Sammlung von Reportagen und Porträts der Süddeutschen Zeitung

Kaplan, Marion (Hrsg.): Geschichte des jüdischen Alltags in Deutschland. Vom 17. Jahrhundert bis 1945, München 2003.
Gesamtdarstellung des jüdischen Alltags: Themen sind u.a. Bildung, Arbeit, soziales Umfeld, Familienbeziehungen und Wohnen, religiöse Praxis und Gemeindeleben, Freizeit

Katlewski, Heinz-Peter: Judentum im Aufbruch. Von der neuen Vielfalt jüdischen Lebens in Deutschland, Österreich und der Schweiz, Berlin 2002.
Ein Lesebuch über das breite Spektrum liberalen und konservativen jüdischen Lebens

Kaufmann, Uri (Hrsg.): Aschkenas. Zur jüdischen Geschichte Deutschlands, Schwalbach/Ts. 2004.
Ein Quellenheft der Reihe „Geschichte aus erster Hand" - mit Kurztexten, Abbildungen und Arbeitsvorschlägen

Kollatsch, Alfred J.: Jüdische Welt verstehen. Sechshundert Fragen und Antworten, Wiesbaden 1996.

Kotowski, Elke-Vera/Schoeps, Julius H./Wallenborn, Hiltrud (Hrsg.): Handbuch zur Geschichte der Juden in Europa, Band 1: Länder und Regionen - Band 2: Religion, Kultur, Alltag, Darmstadt 2001.

Kugelmann, Cilly/Loewy, Hanno (Hrsg.): So einfach war das. Jüdische Kindheit und Jugend in Deutschland seit 1945, Berlin/ Köln 2002.
Eine Sammlung persönlicher Berichte

Leo Baeck-Institut (Hrsg.): Deutsch-jüdische Geschichte in der Neuzeit, 4 Bände, München 2000.
Auf über 1.600 Seiten umreißt diese Ausgabe Jahrhunderte jüdischer Geschichte in Deutschland – vom Mittelalter bis zum Jahre 1945.

Maier, Johann: Judentum von A bis Z - Glauben, Geschichte, Kultur, Freiburg i.Br. 2001.
Komprimiertes Nachschlagewerk über Geschichte, Vorstellungen und Praktiken der jüdischen Religion.

Menneken, Kirsten/Zupancic, Andrea (Hrsg.): Jüdisches Leben in Westfalen, Essen 1998.
Ausstellungskatalog einer Wanderausstellung der Gesellschaft für christlich-jüdische Zusammenarbeit Dortmund - mit Themen vom Mittelalter bis zur Gegenwart

Nachama, Andreas/Schoeps, Julius (Hrsg.): Aufbau nach dem Untergang. Deutsch-jüdische Geschichte nach 1945, Berlin 1992.
Schilderung der Entwicklung jüdischer Identitäten und Interessen sowie Diskussion der Lage Ende der 1980er Jahre

Ortag, Peter: Jüdische Kultur und Geschichte. Ein Überblick, Berlin 2000.
Populäre Überblicksdarstellung zu religiösen und historischen Aspekten - zu beziehen bei der Bundeszentrale für politische Bildung

Petuchowski, Jakob J.: Feiertage des Herrn. Die Welt der jüdischen Feste und Bräuche, Freiburg i.Br. 1984.
Ausgangspunkt sind die Feiertage, die Jesus und seine Jünger gefeiert haben; christliche Leser sollen erkennen, dass das Christentum seine Wurzeln im Judentum hat.

Petuchowski, Jakob J./Thoma, Clemens: Lexikon der jüdisch-christlichen Begegnung. Hintergründe - Klärungen - Perspektiven. Freiburg i.Br. 1989.
Einführung in die geistige Welt des modernen Judentums

Pracht, Elfi (Hrsg.): Jüdisches Kulturerbe in Nordrhein-Westfalen, 5 Bände, Köln 1997-2005.

Richarz, Monika (Hrsg.): Jüdisches Leben in Deutschland. Selbstzeugnisse zur Sozialgeschichte, Stuttgart 1976/1979/1982.
Dreibändige Sammlung kommentierter autobiografischer Quellen zum Alltagsleben der deutschen Juden

Rosenthal, G.S./Homolka, Walter: Das Judentum hat viele Gesichter, München 1999.
Informative Beschreibung der verschiedenen jüdischen Richtungen der Gegenwart

Rothschild, Walter: 99 Fragen zum Judentum, Gütersloh 2001.

Sassenberg, Marina (Hrsg.): Zeitenbruch 1933-1945. Jüdische Existenz in Rheinland-Westfalen, Essen 1999.
Knappe Zusammenfassung der Zäsuren jüdischen Lebens in der nationalsozialistischen Zeit

Simon, Heinrich: Leben im Judentum. Persönliche Feste und denkwürdige Tage, Berlin 2004.
Ein Überblick über jüdische Feste und Rituale im Lebenslauf

Solomon, Norman: Judentum. Eine kurze Einführung, Stuttgart 1999.
Eine knappe Einführung in Fragen des jüdischen Glaubens in Geschichte und Gegenwart

Steinecke, Hartmut/Nölle-Hornkamp, Iris/Tiggesbäumker, Günter (Hrsg.): Jüdische Literatur in Westfalen. 2 Bände, Bielefeld 2002 und 2004.
Das Projekt Jüdische Schriftstellerinnen und Schriftsteller in Westfalen bietet ein Archiv zu jüdischen Autor/innen mit biografischem Bezug zu Westfalen und dokumentiert hier zwei wichtige Tagungen zu seinem Thema

Ydit, Meir: Kurze Judentumskunde für Schule und Selbstunterricht, Neustadt a.d.Weinstraße 1984 (Selbstverlag).
Detaillierte Beschreibung des religiösen Lebensvollzugs und aller Feste mit ihrer Liturgie und ihren Bräuchen in strenger Bindung an die Tradition

Zimmermann, Michael (Hrsg.): Geschichte der Juden im Rheinland und in Westfalen, Köln 1998.
Vier Autoren beschreiben die Geschichte der Juden, ihrer rechtlichen und sozialen Lage und ihre kulturellen wie religiösen Selbstverständnisse in den beiden Teilen des heutigen Nordrhein-Westfalen.

Internet-Tipps

Bitte beachten Sie, dass das Internet auf Grund seiner dynamischen Entwicklung häufige Veränderungen erfährt, und bemühen Sie im Zweifelsfall eine Suchmaschine!

Jüdisches Leben

www.juden.de - informiert über das gegenwärtige jüdische Leben in Deutschland (Gemeinden, Politik, Kultur etc.)
www.juedische-allgemeine.de - die traditionsreiche „Jüdische Allgemeine Wochenzeitung"
www.zentralratdjuden.de - die Seite des Zentralrats der Juden in Deutschland; unter „Mitglieder" gibt es auch Informationen über die einzelnen Gemeinden
www.zwst.org - die Zentralwohlfahrtsstelle der Juden in Deutschland ist verantwortlich für die Sozialarbeit der jüdischen Gemeinden und die Organisation und Koordination der Jugendarbeit
www.liberale-juden.de - die „Union progressiver Juden" ist eine Ausdrucksform des sich allmählich erneuernden religiösen Pluralismus im deutschen Judentum.
www.ruhrminjan.talmud.de - die Seite der Jüdischen Liberalen Vereinigung „Etz Ami" im Ruhrgebiet und Münsterland e.V.
www.judentum.de/juden-in-deutschland/alltag.htm - die witzige und informative Piktogramm-Ausstellung „Zeichen des Alltags" gibt unkonventionelle Auskünfte über die Gegenwart jüdischen Lebens in Deutschland
www.hagalil.com - ein freies Informationsportal mit Nachrichten, Texten, Chat und vielem mehr zum jüdischen Leben heute
www.milch-und-honig.com - ein weiteres freies Internetangebot mit dem Schwergewicht auf jüdischer Kultur in Berlin
www.talmud.de - Informationen über jüdische Gegenwart und Geschichte, Religion und Kultur, Literatur und aktuelle Kontroversen
www.jewish-forum.de - ein Nachrichtenforum zu jüdischen Themen
www.aufbauonline.com - der „Aufbau" informiert seit 1934 - inzwischen als Monatsmagazin - über jüdisches Leben vor allem in USA und Deutschland
www.biu.ac.il/JS/Carlebach/ale.htm - „Alef-Bet Judentum" ist eine Informationsplattform des Joseph-Carlebach Instituts an der Bar-Ilan-Universität in Ramat Gan/Israel - eine Quelle für zuverlässige Informationen über das Judentum

Jüdische Geschichte

www.juedisches-leben.net - ein dreisprachiges Portal mit Geschichten, Informationen, Quellen (und didaktischen Hinweisen für Lehrer) über jüdisches Leben in Westfalen, im Raum Groningen und in der Region Lublin)
www.chotzen.de - Die multimedial aufgearbeitete Geschichte einer Berliner Familie vom Ersten Weltkrieg bis heute - ein Projekt des Deutschen Historischen Museums
www.synagogen.info - eine interaktive Datenbank zur Geschichte und Nutzung von 2000 deutschen Synagogen, u.a. auch mit virtueller Rekonstruktion der Architektur von 15 in der NS-Zeit zerstörten deutschen Synagogen
www.juedischeliteraturwestfalen.de - das Projekt „Jüdische Schriftstellerinnen und Schriftsteller in Westfalen" informiert über seine Ergebnisse mit Kurzbiografien, Werkproben, Quellenverweisen usf.
www.br-online.de/juedisches-leben - eine Seite des Bayerischen Rundfunks zur Geschichte und Gegenwart der Juden in Bayern, mit Chroniken, Informationen zur Geschichte und Gegenwart der Gemeinden und ausgewählten Lebensläufe bayrischer Juden
www.compactmemory.de - Ein interdisziplinäres Forschungsprojekt stellt hier ein unerschöpfliches Archiv jüdischer Zeitungen und Zeitschriften zur Verfügung.
www.stbib-koeln.de/judaica - „Germania Judaica", die Kölner Bibliothek zur Geschichte des deutschen Judentums
www.centropa.org - ein interaktives Archiv von Lebensgeschichten Dokumenten und Fotos über jüdisches Leben vor allem in Osteuropa

Regionalgeschichte

www.petrinum-dorsten.de/lebenswege - Schüler/innen aus Dorsten haben sieben jüdische Lebenswege aus Westfalen recherchiert und dokumentiert
www.gegen-vergessen-borken.de - Schüler aus 3 Borkener Schulen dokumentieren Informationen zum Schicksal von 30 jüdischen Familien in Borken (Westf.) und Gemen zur Zeit des Nationalsozialismus
www.muenster.org/spurenfinden/ - ein virtuelles Gedenkbuch der Münsteraner Villa ten Hompel für die Opfer des Nationalsozialismus aus dem Münsterland

http://195.127.226.30/abi/netzdersteine/index.html - ein Schülerprojekt zur Erinnerung an den jüdischen Friedhof von Ahlen/ Westfalen
www.realschule-stadtlohn.de/daten/schulname.htm - die Schulseite der Herta-Lebenstein-Realschule in Stadtlohn informiert über die Namensgeberin der Schule: geboren 1924, deportiert aus Münster 1941 und ermordet 1944
www.ass.schulnetz.hamm.de/juden/inhalt.htm - eine 10. Klasse der Albert-Schweitzer-Schule Hamm mit dem Projekt „Spuren: Juden in Hamm“
www.westfaelische-geschichte.de - ein Internetportal zur westfälischen Geschichte mit Datenbanken und verschiedenen Suchmöglichkeiten

Jüdische Museen und Gedenkstätten

www.juedisches-museum-berlin.de - Jüdisches Museum Berlin
www.juedischesmuseum.de - Jüdisches Museum Frankfurt/Main
www.juedisches-museum.org - Jüdisches Museum Franken (Fürth und Schnaittach) - u.a. mit einer umfangreichen Linkliste zu weiteren jüdischen Museen in Deutschland und ganz Europa
www.muenchen.de/juedisches-museum - im neuen Gemeindezentrum in München entsteht bis 2007 auch ein Jüdisches Museum München
www.jhm.nl - das Jüdische Historische Museum in Amsterdam
www.jmw.at - Jüdisches Museum Wien
www.jm-hohenems.at - Das stets innovative Jüdische Museum Hohenems erinnert an die landjüdische Gemeinde Hohenems.
www.bh.org.il - „Beth Hatefutsoth" ist das Tel Aviver Nahum-Goldmann-Museum zur Geschichte der jüdischen Diaspora.
www.ns-gedenkstaetten.de/nrw - die Informationszentrale der nordrhein-westfälischen Gedenkstätten - darunter viele Orte jüdischer Geschichte - mit Verweisen auf die einzelnen Institutionen, Materialien, Veranstaltungen
www.gedenkstaettenforum.de - ein Portal, das über die Tätigkeit der deutschen Gedenkstätten insgesamt Aufschluss gibt: u.a. mit täglicher Presseschau, Terminen, Diskussionsforen, Links, Publikationshinweisen

Bildnachweis

Teil 1

Jüdisches Museum Westfalen, Dorsten (13, 14, 15, 20, 25, 48, 53, 63, 70, 72; Rüdiger Eggert: 45, 46, 47, 52, 54, 65, 66, 68, 73 links; Thomas Ridder: 36, 50, 56, 60, 62, 71, 73 rechts, 74, 77, 78)
Jüdische Kultusgemeinde Minden (31);
Leo-Baeck-Institut, New York (27);
LWL-Medienzentrum für Westfalen, Münster (Olaf Mahlstedt: 33, 42; Anna M. Radau: 40);
Salomon Ludwig Steinheim-Institut, Gidal-Archiv, Duisburg (1);
Stadtarchiv Bielefeld (29);
Stadtarchiv Dortmund (42);
Stadtarchiv Ibbenbüren (51);
Stadtarchiv Münster (35);
Dirk Vogel, Dortmund (86);
WAZ, Bottrop (82).

Teil 2

Jüdisches Museum Westfalen, Dorsten (100, 113, 115, 117, 122, 129, 134, 136, 137, 172; Rüdiger Eggert: 170, 195; Thomas Ridder: 141, 142);
Rolf Abrahamsohn, Marl (175, 176, 177, 179);
Jenny-Aloni-Archiv, Paderborn (148, 150, 151);
Bernd Faulenbach (Hrsg.), „Habt den Mut zu menschlichem Tun." Essen 2002 (168, 169, 171 173, 174);
Geschichtsort Villa ten Hompel, Münster (158);
Hans-W. Gummersbach, Drensteinfurt (162, 163, 164);
Familienbesitz Jacob, Walter Katz (138, 140);
Almut Jürgensen, Siebenbäumen (139);
Sammlung Sylvia Kempf (118, 120, 121);
LWL-Landesmuseum für Kunst und Kulturgeschichte, Münster (Rudolf Wakonigg: 111);
Live Magazin Photo, (William Vandvert: 127, 128; Kenneth Berry: 130)
Marga Spiegel, Münster (152, 153, 154, 157);
Salomon Ludwig Steinheim-Institut, Gidal-Archiv, Duisburg (92, 93, 96, 98);
Stadtarchiv Bocholt – Sammlung Westerhoff (106, 107, 108, 109, 110);
Stadtmuseum Münster, Tomasz Samek (94);
Westfälisches Hauptstaatsarchiv Münster (97, 145);
WAZ, Dorsten (Tina Sarge: 165; Peter Neubauer: 181).

Stichwortverzeichnis

Veröffentlichungen aus dem Jüdischen Museum Westfalen

Norbert Fasse, Vom Adelsarchiv zur NS-Propaganda. Der symptomatische Lebenslauf des Dorsteners Heinrich Glasmeier (1892-1945) (Schriftenreihe des Vereins für jüdische Geschichte und Religion – Heft 2), Bielefeld 2001. (4,00 EUR)

Ludger Heid, „In Basel habe ich den Judenstaat gegründet!" Theodor Herzl - Wegbereiter des politischen Zionismus (Schriftenreihe des Vereins für jüdische Geschichte und Religion – Heft 1), Dorsten 1999. (1,00 EUR)

„Die Synagoge - Schnittpunkt jüdischen Lebens" - Museumsforum. Ausstellungszeitung des Jüdischen Museums Westfalen, Dorsten 1999. 16 Seiten, ca. 30 einfarbige Fotos. (2,50 EUR)

Zeitenbruch 1933-1945. Jüdische Existenz in Rheinland-Westfalen. Hrsg. von Marina Sassenberg, Essen, Klartext Verlag 1999. 102 S., zahlreiche, einfarbige Fotos. (Buch: 10,00 EUR, CD-ROM: 10,00 EUR, Kombipaket Buch/CD-ROM: 15,00 EUR)

Wolf Stegemann / Thomas Ridder, 20. Juli 1944. Die Schulenburgs. Eine Familie im tragischen Konflikt zwischen Gehorsam und Hochverrat. Dorsten 1994. (5,00 EUR)

Wolf Stegemann / Johanna Eichmann (Hrsg.), Der Davidstern. Zeichen der Schmach - Symbol der Hoffnung. Ein Beitrag zur Geschichte der Juden, Dorsten 1991. (8,00 EUR)

Wolf Stegemann / Johanna Eichmann, Juden in Dorsten und in der Herrlichkeit Lembeck, Dorsten 1989. (5,00 EUR)

Besucherinformationen

Adresse
Julius-Ambrunn-Straße 1
46282 Dorsten
(in unmittelbarer Nähe des Bahnhofs und Busbahnhofs Dorsten)

Telefon +49 (0)2362 4 52 79
Fax +49 (0)2362 4 53 86
E-Mail info@jmw-dorsten.de
Internet www.jmw-dorsten.de
(dort findet man unter anderem Anreisehinweise und unser aktuelles Programm)

Postanschrift
Postfach 100 622
46256 Dorsten

Öffnungszeiten
Dienstag bis Freitag: 10.00 - 12.30 Uhr und 15.00 bis 18.00 Uhr,
Samstag, Sonntag, Feiertage: 14.00 bis 17.00 Uhr
(Montags haben wir geschlossen. Das Museum ist vom 22. Dezember bis zum 1. Januar geschlossen).

Eintritt
Erwachsene: 4,00 EUR (in der Gruppe ab 12 Personen 2,50 EUR)
Schüler, Studenten und Auszubildende: 1,50 EUR
Mitglieder des Trägervereins und Kinder bis zum vollendeten 10. Lebensjahr haben freien Eintritt. Schulklassen und -kurse über 10 Personen aus den Mitgliedsstädten des Trägervereins (unter anderem Bottrop, Dorsten, Dortmund, Gladbeck, Marl, Münster, Oberhausen, Raesfeld, Recklinghausen, Schermbeck, Wesel) zahlen einen ermäßigten Eintritt von 15,00 EUR je Gruppe.

Auskünfte und Terminabsprachen +49 (0)23 62 4 52 79